社会治理微观问题研究

王杰秀 总主编

城市社区服务体系建设研究

刘丽娟 赵曼 著

中国出版集团有限公司
研究出版社

图书在版编目（CIP）数据

城市社区服务体系建设研究／刘丽娟著． -- 北京：研究出版社，2023.12
　ISBN 978-7-5199-1422-6

Ⅰ.①城… Ⅱ.①刘… Ⅲ.①城市-社区服务-研究-中国　Ⅳ.①D669.3

中国国家版本馆 CIP 数据核字（2024）第 016254 号

出 品 人：赵卜慧
出版统筹：丁　波
丛书策划：王杰秀　张立明
责任编辑：张立明

城市社区服务体系建设研究
CHENGSHI SHEQU FUWU TIXI JIANSHE YANJIU

研究出版社 出版发行

（100006　北京市东城区灯市口大街 100 号华腾商务楼）
北京中科印刷有限公司印刷　新华书店经销
2024 年 1 月第 1 版　2024 年 1 月第 1 次印刷
开本：710 毫米×1000 毫米　1/16　印张：14.5
字数：240 千字
ISBN 978-7-5199-1422-6　定价：58.00 元
电话：（010）64217619　64217612（发行部）

版权所有·侵权必究
凡购买本社图书，如有印装质量问题，我社负责调换。

前　言

城乡社区是社会治理的基本单元和民生保障的重要载体，社区服务体系建设是全面建设社会主义现代化国家新征程开端阶段的重要任务。2021年12月，国务院办公厅印发《"十四五"城乡社区服务体系建设规划》，提出以增进人民福祉为出发点和落脚点，以强化为民、便民、安民功能为重点，以不断满足人民高品质生活需求为目标，加快完善党建引领社区服务体系建设，增加服务供给，补齐服务短板，创新服务机制，为推进基层治理体系和治理能力现代化建设奠定坚实基础。党的二十大强调要"坚持大抓基层的鲜明导向"，"深入群众、深入基层，采取更多惠民生、暖民心举措，着力解决好人民群众急难愁盼问题"。中央精神一以贯之，是基层社区工作的旗帜和抓手，也为城市社区服务体系建设研究提供了政策遵循。

近年来，我国城市社区服务体系建设取得了较为显著的成效。基本公共服务制度体系初步建立，标准化建设和服务效能明显提升，服务领域持续拓宽，保障能力不断增强。在经过一系列体制机制创新后，逐步确立了公共服务社区化、均等化，社会服务全方位、多层次的发展目标。理论界对社区服务体系进行了开拓性研究，基层民政职能部门也进行了大量实践探索。但从总体上来看，城市社区服务体系建设仍然面临供给不充分、发展不平衡、体系不健全、职责不到位等困难和挑战，相关研究在以下方面较为薄弱：一是城市社区通过"服务居民、服务社会、应对重大事件"发挥社会组织与社会治理的理念、原则，如何落实到具体的制度和执行程序、方式方法之中；二是城市社区服务在实操层面的社会化、市场化如何更进一步，为谁服务、谁来服务、服务什么、如何服务；三是如何研判、归纳与提炼基层创新创制的经验，使之来源于实践又能够在更高的理论与政策层面上还原实践、指导实践。

治理语境下，城市社区服务体系建设是一项系统性、综合性工程，牵涉民生保障、基层治理、社会参与等多重议题。面对"十四五"时期人口结构变化、城乡结构变化、社会阶层结构变化的新形势，尤其是特大型和大中型城市人口的急剧膨胀，高达2亿多候鸟式迁徙于城市和乡村的流动农民工的社会保障，城乡和地区之间日益悬殊的贫富差距，因户籍和身份区隔导致的公共权益碎片化，偏远地区孩童的基础教育，民众普遍的看病难、看病贵及在重大疾病面前表现出的脆弱性，弱势群体的社会救助和极端事件发生等等情境，城市社区服务体系建设研究面临主题延续、拓展与转换的挑战。比如，在实施扩大内需战略和供给侧结构性改革背景下，现代城市社区服务的体制和机制创新的着力点是什么；如何借力新一代信息技术在提高城市社区服务"精度"的同时不失"温度"。

本书旨在对上述问题进行"求解"，紧扣"十四五"这一重要改革与发展的时间节点，探讨城市社区服务体系建设的制度与机制优化及其实施路径。全书共六章。第一章"城市社区服务体系及要素"展现了我国城市社区服务体系建设研究的部分图景。第二章"城市社区服务体系发展现状"从宏观和历史的视角审视城市社区服务体系建设在政策和实践中的演进。第三章"城市社区服务实践与探索"聚焦"均等化"理念下我国基本公共服务供给在社区层面的转型路径与突破。第四章"应急状态中的城市社区服务"提出应急状态下保障民生、稳定民心的新思路。第五章"国外城市社区服务经验借鉴"探索国外城市社区服务供给的经验得失与具体方案。第六章"构建新时代城市社区服务体系"则在政策、制度与实践等方面提出思考和建议。

总地来说，本书是对近年来中国城市社区服务体系建设理论和实践的阶段性总结和发展思考，其目的是抛砖引玉，共同推动我国社区服务体系建设的理论研究、实践应用和模式推广，促进我国民生事业健康快速发展。由于时间仓促和编者水平有限，本书难免存在疏漏和不足，敬请各位专家、读者批评指正。

目 录

第一章　城市社区服务体系及要素 …………………………………………… 1
　第一节　基本概念 ………………………………………………………… 1
　第二节　城市社区服务的多元述评 ……………………………………… 4
　第三节　新时代城市社区服务体系的内涵 ……………………………… 9

第二章　城市社区服务体系发展现状 ………………………………………… 21
　第一节　城市社区服务体系发展历程追溯 ……………………………… 21
　第二节　城市社区服务体系地方建设举措 ……………………………… 31
　第三节　城市社区服务体系发展现状和问题 …………………………… 43
　第四节　城市社区居民服务需求变化分析 ……………………………… 54

第三章　城市社区服务实践与探索 …………………………………………… 60
　第一节　城市社区政务服务 ……………………………………………… 60
　第二节　物业管理服务 …………………………………………………… 65
　第三节　城市社区卫生服务 ……………………………………………… 69
　第四节　城市社区养老服务 ……………………………………………… 77
　第五节　城市社区儿童保护与服务 ……………………………………… 86
　第六节　城市社区残疾人服务 …………………………………………… 105
　第七节　城市社区其他重要群体服务 …………………………………… 113

第四章　应急状态中的城市社区服务 ………………………………………… 126
　第一节　城市社区与应急挑战 …………………………………………… 126
　第二节　应急状态中的城市社区服务概述 ……………………………… 129

第三节　疫情防控：应急状态中的城市……………………134
第四节　应急状态中的城市社区服务思考…………………152

第五章　国外城市社区服务经验借鉴……………………………157
第一节　美国：市场化民营的社区服务……………………157
第二节　英国：官办民营的社区服务………………………161
第三节　北欧各国：高度制度化的社区服务………………163
第四节　日本：民办官助的社区服务………………………166
第五节　新加坡：政府主导的社区服务……………………169
第六节　总结与启示…………………………………………173

第六章　构建新时代城市社区服务体系…………………………177
第一节　城市社区服务体系架构……………………………177
第二节　城市社区服务主体联动方式………………………197
第三节　城市社区服务体系实践路径………………………210

参考文献……………………………………………………………216

第一章　城市社区服务体系及要素

社区服务是以社区为场域提供的社会服务。本章从基本概念的界定入手，详述了我国城市社区服务的内涵，并结合现状阐释城市社区服务体系的五大框架要素。

第一节　基本概念

一、社区

"社区"一词源于拉丁语，原意指共同的东西和亲密的伙伴。关于社区的基本概念主要有两种：一是强调社会性，即认为社区是由共同目标和共同利害关系形成的人群组织。如，首次提出"社区"概念的德国社会学家滕尼斯（F. Tonnies）在其著作《共同体与社会》中，把那些"由具有共同价值取向的同质人口组成的，关系密切、出入相友、守望相助、疾病相扶的，富有人情味的社会关系和社会团体"[①] 称为"Gemeinschaft（共同体/社区）"；二是强调地域性，即认为社区是由共同生活在同一地区且利益相关的人结成的地域组织。如1917年美国社会学家罗伯特·M. 麦基弗（R. M. MacIver）在《社区：一种社会学的研究》中提出，社区是"任何共同生活的区域：村庄、城镇，或地区、国家，甚至更广大的区域"。

在我国，社区更多时候是一个地域概念。20世纪30年代，community一词传入中国，以费孝通为代表的老一辈社会学家将之译为"社区"，并提

---

① ［德］滕尼斯：《共同体与社会》，林荣远译，商务印书馆1999年版。

出:"社"即人群,"区"即群体空间,两者的组合"社区"即"若干社会群体(家庭民族)或社会组织(机关团体)聚集在某一地域而形成的生活关联体"①。至1992年,郑杭生指出,社区是具有特定互动关系和文化维系力的人群进行社会活动的区域。其构成包含四大要素:一是相对稳定的地理区域,这是社区构成的前提和物质载体;二是一定数量的同质人口,这是社区构成的主体;三是相似或相同的文化背景和生活方式,这是社区构成的情感及利益联结;四是相对完备的管理制度和服务设施,这是社区构成的秩序保障。以上四大构成要素的完备程度和发展水平,彰显了不同的社区形态和面貌。

本研究之"社区",主要基于"地域生活共同体"的概念,指涉社会治理的基层空间与基础单元。

二、城市社区

城市社区指在特定的城市区域内,由从事各种非农业劳动而又有各种社会分工的密集人口所形成的社会共同体②。地域特点,城市社区处于特定的城市功能区位中,地理位置和交通条件决定了其拥有的资源和环境;人口特点,城市社区人口密度大、异质性强、流动速度快,人才质量较高;从组织特点来说,城市社区居民组织程度较高,存在多种类型的以地缘、兴趣或利益为纽带结成的群团组织,主要依靠法律和契约解决矛盾冲突;文化特点,城市社区的开放程度越高,社区文化的内容、形态和设施就越多样,新老文化、雅俗文化、城乡文化在社区的渗透和交融程度就越高。

我国城市社区以自然社区为基础形成,并逐步与行政区划实现一致。1986年,民政部首次引入"社区"概念,旨在引导和发动人们积极参与社区建设和公共事务。此时的"社区"主要指以道路或地势为划分边界的自然社区,如街坊巷弄、机关大院、混合居住区等。2000年11月,中共中央办公厅、国务院办公厅发布《民政部关于在全国推进城市社区建设的意见》(中办发〔2000〕23号),提出"目前城市社区的范围,一般是指经过社区体制改革后作了规模调整的居民委员会辖区"。自此,城市社区被界定为由区、街道、居

---

① 参见费孝通:《学术自述与反思》,生活·读书·新知三联书店1996年版。
② MBA智库百科:城市社区词条。https://wiki.mbalib.com/wiki/城市社区。

委会三个层次所构成的辖区共同体①。这个共同体以传统街区和居民大院等自然社区为基础建立，并根据不同层次的社区规模和服务半径，分别建设了若干社区公共设施和物业管理机构。

但从实践来看，区政府虽然能够促进辖区内公共服务尤其是硬件建设"提水平、上档次"，但在贴近群众上存在较大难度；居委会辖区普遍规模过小、资源有限，公共设施和服务机构很难配置健全。对此，有学者②认为，随着城镇化水平的快速提高，特别是在中国特大型城市，社区的地域范围与街道办事处一致，更有利于发挥基层政权统筹安排、上下配套的优势，满足居民不同层次需求。藉此，2006年，国家发改委、民政部发布《"十一五"社区服务体系发展规划》（发改社会〔2007〕975号），确立了以"街道、社区"为立足点的发展思路。街道主要承担社区服务的组织职能，而城市社区是具体的操作单元。

本研究之"城市社区"主要指城市街道、居委会两个层次所构成的社区体系，下属若干个居民小区。

三、城市社区服务

社区服务（Community Service）一词源于西方，更多的时候被称为"社会服务"（Social Service）或"社区照顾"（Community Care），指立足于社区的社会福利服务或社会工作。在我国，社区服务最初见于20世纪80年代，指由街道和居委会提供的社会福利和公益服务，也有小型经营性社区服务业，目的是满足群众的基本生活需要。

社区服务常与"社区建设""社区治理"等词一并提及；但三者在内涵和外延上并不相同，实际反映的是我国城市管理和社区发展在不同阶段的工作重点。"社区建设"强调依靠各方力量强化社区功能，促进社区协调健康发展，提高社区居民生活质量。2000年发布的《民政部关于在全国推进城市社区建设的意见》（中办发〔2000〕23号），是第一次以中央文件的形式提出社区建设问题，其中提到，要将社区服务作为社区建设的重点发展项目。"社区治理"作为近年中央文件中的高频词汇，其发展始终围绕党的十八大报告提出

---

① 参见唐忠新：《迈向和谐社会的社区服务》，中国社会出版社2005年第1版。
② 杨寅，罗文廷：《城市社区公共服务的完善与改革——以上海市普陀区长寿路街道为例证》，载《浙江学刊》2008年第5期。

3

的,"在改善民生和创新社会管理中加强社会建设",将城乡社区服务纳入"加强和创新社会管理"体系。由此可知,社区建设统领社区所有工作,不仅包含社区公共服务建设,也包含了社区组织建设、社区居民自治、社区管理等。而社区服务,不仅是社区建设的起点,亦是社区治理的重要内容和重要抓手。

本研究之"城市社区服务"主要指为城市社区成员提供的公共服务和其他物质文化服务。

第二节 城市社区服务的多元述评

一、社区服务的定义

社区服务的概念最早出现于国家政策语系。1987年,时任民政部部长崔乃夫在大连社区服务工作座谈会上提出:"社区服务是在政府的倡导下,发动社区成员开展互助性的社会服务活动,就地解决本地区的社会问题。"同年,时任民政部副部长的张德江在武汉全国社区服务工作座谈会上提出,"社区服务是指在社区内为人们的物质生活和精神生活所提供的各种社会福利与社会服务"。由此可知,社区服务最初被定义为区域性、福利性、服务性和互助性的社会服务活动。

社会学界对社区服务的界定分歧较大,围绕社区服务的性质、功能、主体、对象、内容范畴等元素,存在多样的理解和阐述。

狭义包括:①社会福利说,即认为社区服务只具有公益、福利、非营利的属性,不包含商业化服务。如,王国枫指出,社区服务是"在政府扶持和社会资助下,由社区居民自行组织,以满足居民物质和精神生活需要为目的的非营利性、福利性、公益性社会公共服务"[1];又如,徐永祥在其所著《社区发展论》中指出,"社区服务是社区社会服务的简称,是指在政府的资助和扶持下,根据居民的不同需求,由政府、社区内的各种法人社团、机构、志愿者所提供的具有社会福利和公益性的社会服务以及居民之间的互助性服务",这种社会服务的"本质特征是无偿性的服务,并辅以不以营利为目的的微利、低

---

① 王国枫:《我国社区服务的科学定位》,载《黑龙江社会科学》2005年第1期。

偿性服务","社区服务的范畴,不能也不应包括第三产业的属性"①;再如,黄序在其主编的《城市发展中的社区建设》一书中提出,社区服务是"以生活在一定社区地域内的全体成员为对象,在政府和其他社会力量的支持下,有居民互助服务和与单位双向服务的社会福利性服务"②。这个定义虽然将社区服务的对象范围扩大到全体社区成员,但落脚点仍是福利性服务。②公共服务说,即认为社区服务是社会保障制度的组成部分或特殊形式。如,于燕燕认为,"中国城市社区服务是一个新的概念,理应属于中国社会保障和社会福利事业的延伸,是中国政府公共服务的体现"③。③自助互助说,即认为社区服务是居民自助或互惠互助活动。

就广义来说,包括:①双重属性说,即认为社区服务具有福利性和经营性两种属性。如,周薇在《社区服务的性质、定义及其产业化》中指出,"社区服务是在政府倡导和支持下,为满足社区成员多层次需要,依托街道办事处和居民委员会,发动社区各种力量开展的具有福利性和经营性双重属性的社区福利服务和社区社会化服务"④;又如,罗萍认为,"对特殊群体是福利性服务,对一般居民是经营性服务。前者是无偿服务,后者是低偿和有偿服务。……根据服务对象的差异性及服务需求的层次性、多元性,采取无偿、无偿与有偿相结合、有偿三种服务方式,建立福利型服务与经营型服务两种服务机制。"⑤ ②大社区服务说。如,2006年国务院发布的《关于加强和改进社区服务工作的意见》(国发〔2006〕14号),认为社区服务包括社区公共服务、社区自助和互助服务、社区志愿服务以及社区商业服务,其中,社区公共服务包括社区就业服务、社区社会保障服务、社区救助服务、社区卫生和计划生育服务、社区文化教育体育服务、社区流动人口管理和服务、社区安全服务;又如,唐忠新认为,社区服务是"在党和政府的主导下,依托社区组织,动员各方面力量,利用各方面资源,直接为社区广大成员提供福利性、公益性服务和便民利民的生活服务,以不断满足社区成员日益增长的物质文化需要的过程"⑥。该

---

① 参见徐永祥:《社区发展论》,华东理工大学出版社2000年版。
② 参见黄序主编:《城市发展中的社区建设》,中国城市出版社2002年版。
③ 参见于燕燕:《政府在社区服务中的作用》,载《北京社会科学》2006年第6期。
④ 参见周薇、童星:《社区服务的性质、定义及其产业化》,《中国社会科学》1996年第5期。
⑤ 罗萍:《略论社会转型呼唤社区服务发展》,载《武汉大学学报(哲学社会科学版)》1998年第5期。
⑥ 参见唐忠新:《迈向和谐社会的社区服务》,中国社会出版社2005年第1版。

表述较客观地反映了中国社区服务的发展现状，即福利性与经营性服务结合、政府引导与市场驱动并行、无偿低偿与有偿服务叠加。

综上，狭义的社区服务主要面向社区中的弱势群体，如不能自理的老人、遭受家庭暴力的妇女、受侵害的儿童、生活困顿的外来人口，以及刑释人员、社区矫正人员等社会弱势或边缘群体，其适用的空间范围和受益范围都较为狭窄。广义的社区服务不仅包括社区福利性、公益性服务，还包括商业性便民利民服务，以及为辖区内单位提供的后勤保障服务，服务内容更全面，受益范围更广。

二、社区服务的属性

由前述定义之争可以看出，社区服务既包含了福利、公益等非营利属性，也带有商业经营等营利属性。实践中，中国的社区服务始终具有福利性与经营性的双重属性。这是由资源短缺的现实决定的，也是党和政府一以贯之的态度和思路。

20世纪90年代，民政部提出"社区服务业既是一项不以营利为主要目的的专业性社会服务事业，又是一项特殊的产业，其特殊性就在于它是属于社会工作的范畴，具有福利属性"[1]，希望通过"社会福利社会化"和"社区服务产业化"的方式，弥补纯福利服务的不足，丰富社区服务内容，提高服务品质，扩大惠及面；2006年4月，国务院发布《关于加强和改进社区服务工作的意见》（国发〔2006〕14号），明确指出社区服务的内容包括社区公共服务、社区自助和互助服务、社区志愿服务和社区商业服务；2016年10月，民政部等16部门联合印发《城乡社区服务体系建设规划（2016—2020年）》（民发〔2016〕191号），将商业性质的物业服务和社会工作专业服务纳入社区服务范畴。

福利性与经营性的结合与厘清，是影响中国社区服务未来发展的重要议题。原因在于：社区服务在本质上属于福利性和公益性事业、注重追求社会效益，而市场服务的本质却是追求利润最大化。二者在理论上的模糊，不仅容易造成新的"社企不分"、管理混乱，也极易引发过度经营化倾向，形成公共利益与经济利益对立，违背政策初衷。解决思路是分类指导、分类治理，即根据社区服务的不同事项、对象和层次，选择"政府"提供抑或"市场"提供及

---

[1] 民政部社会福利司：《全国社区服务经验交流会议文件汇编》，1995年版。

其组合方式。选择的关键点在于社区服务本身的属性，即属于基础民生的"公共产品"由政府直接提供或购买服务，实现托底；而对于"准公共产品"和"私人品"等，在政府监管下，市场机制能解决得好的，让市场解决；社区自治能解决得了的，让社区解决。

三、社区服务的内容

国际上通行的社区服务由社会福利服务、社会公共服务和社会化私人服务三部分组成。社会福利服务是为满足特定人群尤其是弱势群体的生存需要，以服务形态提供的社会福利，如养老服务、社会救助服务等；社会公共服务是依托政府或公共设施、公共资源提供的服务，如公共安全、医疗卫生服务等；社会化私人服务是为满足个性化需求、由社会组织或商业组织提供的服务，如心理咨询、家政服务等。社会福利服务和社会公共服务因其共有的公益特性，有时也被归为一类。

在我国，基于对社区服务内涵的不同理解，学界在其内容构成上也存在不同观点。如，唐忠新认为，社区服务的主要内容可概况为三个方面：面向弱势群体和优抚对象的福利服务；面向广大社区成员的便民利民服务，这其中还包含了面向辖区单位提供的后勤保障等有偿服务；面向下岗失业人员的就业再就业和社会保障服务[1]。唐钧认为，社区服务包括行政事务性服务、福利性服务和商业性服务，其中，行政事务性服务是主要内容，即为帮助社区居民解决生活困难而提供的非营业性低偿服务，如水电维修、家政服务等；福利性服务是核心或重点内容，即为满足特殊困难或有特殊贡献的人群的生活需要而提供的无偿服务；商业性服务是扩展内容，即为私人个性化需求提供的营业性有偿服务[2]。张之望从基层实践的角度，认为社区服务主要包含9个系列，即优抚对象服务、卫生安全服务、家务劳动服务、文化生活服务、民俗改革服务、咨询服务、职业指导服务、经济服务和社区矫正服务[3]。夏学銮从服务主体的角度，将社区服务分为六个层次：一是个人为社区服务，包括社区志愿者提供的定期的志愿服务和社区居民自愿参加的公益活动；二是人际互助服务，即邻里之间的互惠互助活动；三是社企互助服务，即社区与社区内企事业单位之间的

---

[1] 参见唐忠新：《迈向和谐社会的社区服务》，中国社会出版社2005年版。
[2] 唐钧：《关于城市社区服务的理论思考》，载《中国社会科学》1992年第4期。
[3] 张之望：《创建新型城市社区服务体系问题研究》，载《社科纵横》2009年第11期。

双向服务，如，社区为单位提供后勤保障，单位为社区提供设施、物质、人员等服务资源；四是社区为居民服务，即社区直接递送的服务，如水电维修、"救助电话"、志愿网络等；五是政府为民政对象服务，即政府为弱势群体提供的社会救助，为优抚对象提供的优待抚恤；六是政府为社区服务，即政府为公众提供的公共福利服务，如公共治安、医疗保健、就业服务、文体教育等。这六个层次又可分为三个大的层次。其中，个人为社区服务和人际互助服务是非正式层次，依靠互助机制驱动；社企互助和社区为居民的服务是准正式层次，依靠市场机制驱动；政府为民政对象和社区的服务是正式层次，依靠福利机制维持①。

政策层面，社区服务的内容构成也一直处在变化中。1993年11月，民政部等14部委发布《关于加快发展社区服务业的意见》（民办函〔1993〕255号），将社区服务界定为社区福利服务业、便民利民服务业和职工社会保险管理服务业三部分。2000年11月发布的《民政部关于在全国推进城市社区建设的意见》（中办发〔2000〕23号），提出"四个面向"（即面向老年人、儿童、残疾人、社会贫困户、优抚对象的社会救助和福利服务；面向社区居民的便民利民服务；面向社区单位的社会化服务；面向下岗职工的再就业服务和社会保障社会化服务）。2016年10月发布的《城乡社区服务体系建设规划（2016-2020年）》（民发〔2016〕191号），在综合考虑服务供给主体和性质属性的基础上，将社区服务界定为三大内容：一是社区公共服务，包括社区就业、社会保障服务、社区医疗卫生和计划生育服务、社区文化教育体育服务、社区法律安全服务以及社区社会服务；二是社区便民利民服务，包括物业服务、公用事业服务（如邮政、水电、金融等）以及市场主体提供的便民服务（如餐饮、美容美发、看护护理等）；三是社区志愿服务和专业服务。其中，专业服务指专业社会工作。

---

① 夏学銮：《中国社区服务的内容体系、运行机制和其他》，载《社会工作》1998年第1期。

第三节　新时代城市社区服务体系的内涵

一、城市社区服务体系的基本界定

体系，泛指一定范围内或同类事物按照一定秩序和内部联系组合而成的有机整体。城市社区服务体系是由"在社区""为社区""社区办"等一系列要素相互作用构成的有机整体。具体而言：

城市社区服务体系建立的基础是社区。社区所在的土地，界定了社区服务的地域空间；社区的硬件设施，决定了社区服务的形态和层次；社区居民的生存及发展需要，决定了社区服务的供给内容；社区的治理体系和组织架构形成了社区服务的运作机制。

城市社区服务体系的核心是服务。这要求，一方面，理顺基层管理与服务的辩证关系，即管理是为了更好地服务，而服务是管理的出发点和归宿；另一方面，讲求以人为本的理念，把社区需要放在首位，围绕人民群众热切关注、迫切需要的问题，确定服务项目和服务方式。

城市社区服务体系是一个多元供给、多方协作的治理体系。政府不是唯一的服务供给主体，非营利组织、志愿组织、商企、单位和个人都可以加入到社区服务的生产和供给中来，强调多元社会主体的共同参与、良性互动。

二、城市社区服务体系的框架要素

（一）社区服务主体

社区服务主体包括社区服务的规划者、组织者、生产者、管理者和直接提供者。从国际趋势来看，社区服务主体的构成呈现社会化与多中心供给的特征。国外普遍认为，作为一项公民权利，社区服务的成效依赖于当地社区（公民和团体）参与公共事务的积极性。因此，社区服务中的政府功能仅限于宏观规划、政策扶持和资金投入，具体事务由社区内的组织、个人管理供给。

中国城市社区服务现行多元供给机制，其主体系统由政府、社区党组织、居民委员会、社会组织、私营机构、驻区单位和个人构成。

1. 政府

政府是社区服务的重要主体和主导力量。中国城市社区服务是在政府的倡导和组织下、自上而下开展起来的。特别是在初始阶段，由于民间力量弱小以及缺乏居民参与基础，社区服务由民政部门和街道办事处提供，基本属于"政府包办"。21世纪以来，随着改善民生成为社会建设的重点，政府在社区服务特别是社区公共服务中的主体地位更加凸显。

政府在社区服务特别是社区公共服务供给中的主导地位，是由其性质和职能以及社区服务的性质和内容决定的。首先，作为公共财政的支配主体，政府有责任向全体人民提供基本公共服务，满足人们日益增长的对美好生活的物质和文化需要。其次，社区服务的基本属性是福利性和公益性，提供基本公共服务、发展社会公益事业，实现"幼有所育、学有所教、劳有所得、病有所医、老有所养、住有所居、弱有所扶"，是社区服务最基本的内容。最后，社区服务是一项复杂的系统工程，需要从整体出发制定政策措施，规划长期发展，并有能力付诸实践。而政府作为最具权威性的组织机构，能够有效运用行政、法律和经济手段协调各种力量，沟通各种关系，最大限度地开发、整合、利用各方面资源，推进社区服务发展，同时确保其发展不偏离方向。

政府在社区服务中具体行使五大职能。一是指导职能。表现为：从社区和居民的实际需求出发，制定各类长短结合、分步实施的社区服务发展规划和实施方案；指导街道办事处及其他社区组织的工作规划；制定相关政策法规，保证社区组织在健康有序的轨道上运行。二是管理职能。表现为：运用法律行政手段，制定相关规章制度，督促、检查社区服务工作；及时纠正社区服务发展中的不良倾向。三是组织职能。表现为：广泛发动社区各类主体参与社区服务活动；协调社区组织关系，使之构成社区服务持续发展的整体合力；培育社区社会组织，壮大社区自治力量。四是保障职能。作为公共财政的支配主体，政府有责任保障社区福利性、公益性事业发展。表现为：有计划地兴建社区公共服务设施；加大对社区助残、卫生、文体等基本公共服务的资金投入；改善社区服务手段，尤其是利用现代化信息技术，提高社区服务效率。五是公共服务职能。政府对职责范围内的社区福利服务负有直接供给的责任。如，为贫困人群提供最低生活保障及其他形式的社会救助；为失业人员提供就业咨询指导、就业培训和社会保障服务；为老人、残疾人、儿童等弱势群体提供养老助残、教育救助、法律援助等福利服务；为优抚对象提供优抚保障服务等。

目前，中国城市社区服务供给涉及两个行政层级：区政府和街道办事处。其中，区政府是社区服务的龙头，负责制定出台政策措施，示范和指导社区服务进程，在全区范围内整合条块资源，建设健全服务设施。街道办事处是区政府的派出机构，拥有完备的组织架构和专职的人员队伍，能够配置社区资源，指导、规划、组织、协调辖区内各单位的关系，开展大型社区服务活动。居民委员会作为群众自治组织，是社区服务最基层的操作单位。

2. 社区党组织

社区党组织是按照《中国共产党章程》的规定，在社区成立、以全体社区党员为组织对象的党的基层组织。社区党组织在街道党工委指导下开展工作，其在社区服务中的职能定位突出表现为示范引领和为民服务两方面。具体工作包括：一是党建引领。宣传和执行党的路线、方针、政策，落实上级决议和部署；领导社区居民自治组织，支持和保证其依法充分行使职权，推进社区居民自治；领导社区群众组织，支持和保证其依照各自的章程开展工作；加强社区党组织自身建设，做好思想引导、管理监督以及服务和发展党员工作。二是组织群众。密切党群关系、干群关系，利用贴近群众的特性，动态把握民心民意，引领舆论，化解矛盾，形成社会共识；链接驻社区单位、企业、群团组织等多个主体，搭建社会网络，聚合力量资源，共同参加社区建设。三是广泛动员、组织党员和群众，作为有生力量参与到社区各项任务中去，努力为群众解决热点难点问题。例如在疫情期间，各地党员干部下沉社区一线，与社区工作者结对换岗、替换轮休，有效缓解了基层疲惫。

3. 居民委员会

社区居委会是城市社区服务最基础的操作平台，也是最基本的操作主体。从某种程度上说，中国城市社区服务是在居委会工作的基础上发展起来的。早在20世纪五六十年代，居委会就在街道办事处的指导下为满足居民生活温饱需要提供服务，如社区社会救助、助残服务、为老服务、优抚工作、文化服务等，都是通过居委会来组织落实的。改革开放后，随着专业性社会服务组织的发展，物业管理服务（如社区环境卫生、车库管理等）被逐渐剥离，但大量社区服务工作，尤其是福利性、公益性服务事业仍需要居委会发挥骨干作用。

根据2021年民政部公布的《中华人民共和国城市社区居民委员会组织法（修订草案征求意见稿）》，居民委员会自设立之日起即具有基层群众性自治组织法人资格。实践中，社区居委会承接了大量政府下沉的职能和工作任务，是社区服务的前沿阵地。其服务职能突出表现在：一是协助政府及其派出机构街道办事处做好基本公共服务工作，尤其是最低生活保障、再就业服务、优抚安置、养老助残服务、未成年人思想道德教育、企业退休人员社会化管理和服务等工作。二是依法组织居民开展自治活动，动员居民参与公共事务，以居民小组为依托开展邻里互助、志愿服务等群众性自我服务活动。三是支持和引导群团组织、社会组织、社会工作者、志愿者、驻社区单位、物业管理企业以及其他社会力量依法开展社区服务活动，发展公益慈善事业。居委会大都建有社区服务站和社区志愿服务队伍，在本社区内开展扶贫帮困、邻里互助、家政服务等活动，通过这些活动，使社区成员在广泛参与的同时，实现互助互惠和情感交流。

4. 社会组织

在中国，具有法律地位的社会组织包括社会团体、民办非企业单位和基金会，具有非营利性、非政府性、自治性、公益性和志愿性等基本特征。其中，以社区为活动范围、以社区居民为服务对象、以满足社区需求为目的的非营利性组织被称为社区社会组织，它们之中既有登记注册的正式组织，也有在街道备案、社区代管的"草根"组织。

相较于政府和市场而言，社会组织在社区服务的供给中具有独特优势。具体而言，一是补充优势。与政府相比，社会组织普遍规模较小、结构简单、运行灵活，更能适应社区不断变化的状况，解决最基层的问题；与市场组织相比，社会组织因不受限于营利目标，更贴近社区居民的利益。二是效率优势。相对于政府，社会组织更贴近群众，了解最基层群体的实际情况和利益诉求，同时具有在特定领域的专业优势，能够做一些技术含量较高的工作，如心理咨询、危机干预等。三是灵活优势。一方面，随着社会多元化发展，城市居民多层次、差异化的服务需求仅靠政府难以满足，而类型多样的社会组织正好弥补这一不足；另一方面，社会组织由代表不同利益的群体组建而成，能够准确把握各个利益群体的现实需求和潜在需求，其提供的服务因而比政府或市场组织更有效率、有质量，且覆盖面更广。四是资源优势。社会组织一方面通过开展各种公益性、主体性活动，吸引社会捐助，为社区服务筹集资金、物质资源；另一方面通过积极发动志愿者以及社会各阶层专业人士，扩充社区服务的队伍，为社区提供多元化的人力资源。

社会组织参与社区服务适应了新时代的发展趋势与政策目标。一是适应了政府职能转变的需要。伴随市场经济发展，政府逐步从全能型向有限型、从管理型向服务型转变，这要求政府扮演好"掌舵者"而非"划桨者"的角色，将原来包揽的部分职能转移给社会，在这个过程中，社会组织通过积极承接公共服务职能，使这一转变成为可能。二是适应了"共治共建共享"的社会治理新格局。新时代的政策目标是要形成党建引领下的政府、市场与社会协同共治的"善治"模式，依托社区平台，激发社会组织的活力，参与到社会治理和公共服务中来。政社合作的建构机制和途径有多种，可以通过"我出钱，你出力"的购买模式实现，也可以通过公共政策激励来实现。关键是要合理划分边界、厘清职责。三是适应了社会治理重心下沉的需要。社区处于资源分配的末端，既往那种从区级政府到街道办事处再到居村委会的一元体制远远不能满足社区居民的各种服务需求。基本公共服务下沉到社区，社会组织依托其专业技能，承接政府购买的基层社会服务项目或直接提供服务，弥补政府和市场在"老有所养、幼有所托、孤有所扶、残有所助、贫有所济、难有所帮、学有所教、需有所供"等方面的不足。

5. 私营机构

私营机构主要指在社区提供有偿服务的经营性商业组织。早期的社区商业性服务以街道主办的社区经济和个体私营为主，如早餐店、修车铺等，通常规模较小且缺乏规划。随着市场经济发展，大量提供便民利民生活服务的社区商超、便利店、餐饮、家政服务、养老护理、心理咨询、文化娱乐等私营机构蓬勃兴旺。

社区商业组织的构成和类型较为丰富。从经营规模角度，可分为企业和个体经营两类。前者在经济较发达地区发展较快，呈现连锁化、信息化、规模化趋势；后者在老旧社区较为多见。从服务内容和项目角度，可分为社区物业管理公司、社区家政服务公司、社会化养老服务机构、社区文化娱乐组织及其他社区商业企业与合作经济组织等。

当下社区最重要的商业服务力量是物业管理企业。物业管理企业是指受业主或业主委员会委托，根据合同约定进行专业物业管理服务的企业。物业管理企业具体执行物业管理的诸项事务，除提供基本生活服务（如水电维修、小区绿化、小区治安等）外，还提供多元化的专项服务（如中介、家政等）和委托性特约服务（如代为购物、送奶送报、订票送票等）。

6. 驻社区单位和居民

社区居民和驻社区单位既是社区服务的主体，也是社区服务的受益者：一方面为社区服务提供必要的人力、财力、物力、智力及场地资源，另一方面也接受社区或其他居民的服务。

由于历史及现实原因，驻社区单位和居民主要是作为社区服务的客体存在的，其法定职责和义务基本处于空白。2021年民政部公布《中华人民共和国城市社区居民委员会组织法（修订草案征求意见稿）》，其中对驻社区单位支持居委会工作、促进社区共建共治共享作出了相应规定，但只限于民主协商、民主评议方面事宜。社区居民在参与提供社区服务的意识和能力上亦有较大提升空间。

（二）社区服务客体

社区服务客体即社区服务的对象，广义上包括社区内所有成员。

社区居民是社区服务最主要、最广泛的服务对象。他们对社区服务的需求千差万别，这也是造成社区服务的形态和层次丰富多元、参差多样的重要原因。

弱势群体、边缘群体和特定群体是社区服务的重点对象。其中，弱势群体指因生活困难、能力不足等而被边缘化、受到社会排斥的人群，包括老人、残疾人、妇女儿童、失业者和贫困者等。弱势群体由于其弱势或弱能，在生活、就业、住房、医疗、子女教育、法律维权等方面身处困境，是民政兜底保障的对象。边缘群体主要指城市流动人口、刑满释放及社区矫正人员。边缘群体往往由于经济因素或政治文化原因被主流社会所忽视，利益表达机制较为欠缺，若不能得到公正处理很容易对社会稳定产生消极影响。特定群体主要指涉军群体，他们是国家和社会优待抚恤的对象，自然也是社区服务的重点对象之一。

驻区单位也是社区服务的潜在对象。因为伴随市场经济发展，企事业单位以往自我服务、自我解决后勤保障的做法被打破，社会化服务恰好可以弥补这一缺失。

（三）社区服务设施

社区服务设施指开展社区服务时所需的场地、房屋和设备的总和，是社区服务的载体和依托。从服务半径和服务范围的角度，可分为社区服务中心、社区服务站和依需求建立的社区服务网点；从服务内容和服务功能的角度，可分为综合性社区服务设施和专项社区服务设施；从供给主体的角度，可分为市政设施（如公共交通、供电供水供气、公共厕所、邮局等）、公共服务设施（如养老中心、早托机构、社区卫生服务中心等）和生活服务设施（如超市、餐馆、药店、菜场、美容美发等）。依据不同的经济条件、地理区位和文化特点，社区之间的服务设施建设差别较大。

依据《城乡社区服务体系建设规划（2016—2020年)》（民发〔2016〕191号），社区服务设施包括社区综合服务设施、专项服务设施和社区服务网点。社区专项服务设施对应国家基本公共服务，包含行政管理与社区服务设施、社会福利和社会保障设施、文化娱乐设施、体育设施、医疗卫生设施等，如社区卫生服务中心、老人日间照料中心。服务网点是便民利民生活服务设施，规模小，覆盖广。

社区综合服务设施由市（区）服务中心、街道社区服务中心、社区服务站三个层次构成，分工协作。其中，市（区）服务中心以规模化和提供地方特色服务为特点。工作包括执行和落实有关社区发展的政策举措；指导、组织和监督街道、社区两级服务中心（站）的工作；推动跨街道、跨社区的主题服务活动；组织协调大型餐饮、流通和再生资源回收企业进社区，促进社区服务连锁化；开展社区工作者教育培训；街道社区服务中心以提供"一站式"服务为特点。工作包括配合政府职能部门开展行政事务服务，如劳动力资源管理、失业登记、社会保险登记与发放、低保资格认定审查、暂住登记等；协调和动员社会力量利用辖区内的闲置房屋、设施等开展公益性服务和便民利民服务；指导和组织相关政策法规的宣传工作。同时，面向辖区所有居民组织开展社区治安、社区卫生和计划生育、社区环境、就业服务和文体教等公共服务；针对社区内弱势群体、特殊群体开展救助帮扶、护理照料和拥军优属等专项服务。社区服务站以综合性、多功能为特点。社区居委会及其他各类基层社区组织，依托社区服务站，为居民参与政府下沉到社区的基本公共服务提供便利，保障居民基本权益；组织动员社区居民和驻区单位开展邻里互助服务，保障社区服务可持续；及时掌握、收集、反映社区居民服务诉求，保障党的政策和社情民意上传下达的通畅；开展普法宣传和精神文明建设，倡导履行公德公约，维护社区稳定。

(四) 社区服务类型

社区服务类型是指社区服务的种类，存在不同的划分标准。

依照服务实现形式的不同，可分为设点或集中服务、上门服务等。前者如街道或社区综合服务中心提供的"一门式"服务，后者如为有需要的老人或家庭提供的家政服务、康复护理服务等。

依照服务付费形式的不同，可分为无偿服务、低偿服务、商业服务。其中，无偿服务主要是由民政部门提供的公益性、福利性服务；低偿服务主要指由政府资助或补贴的社区服务机构提供的便民利民服务；商业服务指由市场主体提供的以营利为目的的社会化服务。实践中，低偿服务存在分化趋势，即与居民基本权益密切相关的养老、助残、教育等方面的服务正在逐步实现政府托底、向无偿服务转化，而生活品质方面的服务则更多地引入市场主体、向商业服务转化。

依照服务主体和内容的不同，可分为政务服务、公益服务、商业便民服务等。其中，政务服务指由政府部门运用行政力量为社会提供的公共服务，如行政审批。公益服务既包括民政部门提供的福利服务，也包括由公益组织或个人基于社会责任感和使命感，主动谋求公共利益的满足与维护，为解决或改善社会问题提供的服务，以及由居民或居民组织基于道义、信念、善意和责任，在不为物质报酬的前提下，利用自己的时间、精力、技能和资源，为他人、社区和社会提供的志愿服务。商业便民服务指由市场主体提供的以营利为目的的生活服务，如修理服务、早餐服务、美容美发服务、快递物流服务等。

依据服务需求的属性和特点不同，可分为基本公共服务、非基本公共服务、非公共服务。其中，基本公共服务大多属于民生工程的内容，与政府的社会管理和公共服务职能以及社区大多数居民的共同利益相关。如提供就业岗位、培训机会和就业信息的社区就业服务、社区社会救助服务、社区流动人口管理服务、社区卫生与计划生育服务、社区文化教育体育服务、社区市政设施建设服务等。非基本公共服务指基于特定区域或利益群体的需求而提供的服务，具有属地性和一定的特殊性。如老旧小区物业管理服务、社区内交通服务、社区公共设施建设服务、小区路面改造服务等。非公共服务主要是基于对高品质生活和个性化需求而提供的服务，属于居民个人或家庭的私人事务。如社区停车服务、社区超市服务、社区家政服务等。

（五）社区服务资金

充足稳定的资金来源是决定社区服务品质的重要因素。一般而言，国家对基本公共服务的硬件设施投入较大，软服务方面则由政府、市场和社会依据责任与权能合作供给。以下主要对中国社区公共服务的资金来源进行阐述。

政府投入。在中国，社区公共服务承担了相当部分的社会保障和社会福利任务，因此政府投入一直是社区公共服务最主要的资金来源。政府投入分为直接投入和间接投入。直接投入指纳入政府财政预算的，以专项资金、补贴性资助及民政经费形式下拨的款项。其中，地方政府投入以省、市、区三级财政和街道投入为主。间接投入指政府通过税收优惠、场地提供等方式减少社区服务的经费支出。

社会捐助。社会捐助不仅有来自社会各界、慈善组织、国际组织的捐助，而且有驻区单位和居民个人的捐助。前者既包括直接的资金援助，也包括单位在人员、信息、技术等方面的支持，以及单位内部设施的共享；后者则是居民个人通过社区捐助站、慈善超市等公益机构，或扶贫基金、助学基金等社区基金项目，捐款或集资。随着经济发展和社会责任意识的增强，社会捐助的范围和数量呈逐年增长态势，正逐步成为社区服务重要的资金来源。

福利彩票。作为社会有奖募捐资金，福利彩票公益金是政府财政投资社区公共服务的重要来源。《2020年民政事业发展统计公报》显示，2020年，全国福利彩票销售额达1444.9亿元，筹集公益金约444.6亿元，其中用于社会福利160.7亿元，用于社会救助10.5亿元[①]。

服务收入。即社区非经营性低偿服务和经营性有偿服务的收入。在实际工作中，如何把握低偿的比例以及平衡低偿和有偿的关系，是关系社区基本公共服务是否能够保持其公益性的关键。

由于尚未形成长期、稳定的资金投入机制，中国城市社区服务长期存在资金来源渠道单一、投入总量不足的问题。早期，一些地区的社区服务经费以街道和居委会自筹为主，以有偿服务弥补无偿服务是中国城市社区服务发展过程中的特殊现象。"十三五"规划期间，国家不断加大对社区基本公共服务的投入力度和供给范围，扩大支出领域，突出支出重点，增强支出刚性，为实现基本公共服务均等化创造条件。但限于国家和地方财力，公共服务支出仍较为有

---

① 民政部网站：《2020年民政事业发展统计公报》，2021年9月10日。

限且不稳定。在这种情况下，提高公共支出绩效，建立以多元混合支付为特征的筹资机制十分必要。

三、新时代城市社区服务体系

"基础不牢，地动山摇"。社区不仅是现代社会的基本单元，也是基层党建和基层行政管理的基本单元。社会治理的重心下沉到社区，社区管理和服务办得如何，直接关系居民的切身利益和执政党的群众基础。

党的十九大指出，"推动社会治理重心向基层下移"。党的十九届三中、四中全会再次要求"推动治理重心下移，尽可能把资源、服务、管理放到基层，使基层有人有权有物，保证基层事情基层办、基层权力给基层、基层事情有人办""推动社会治理和服务重心向基层下移，把更多资源下沉到基层，更好提供精准化、精细化服务"。党的十九届五中全会更进一步提出，"构建网格化管理、精细化服务、信息化支撑、开放共享的基层管理服务平台"。藉此，新时代的政策目标，是以居民服务需求为导向，以精细化、精准化为标准，以合理界分社区各方利益关系为切入点，全面规范社区服务行为，扎实推进社区居民自治，构建政府主导、多方参与、规范运作、协同供给、共建共享的现代社区服务体系。

第一，社区服务体系建设的基本原则是以人为本，为民服务。习近平总书记曾指出，城市的核心是人，城市工作做得好不好，老百姓满意不满意，生活方便不方便，城市管理和服务状况是重要评判标准，"坚持人民城市为人民"，是做好城市工作的出发点和落脚点。党的十九届五中全会再次强调，坚持把实现好、维护好、发展好最广大人民的根本利益作为发展的出发点和落脚点，完善共建共治共享的社会治理制度。社区服务体系建设坚持以人民为中心的价值取向，就是要以社区居民的需要为出发点和归宿，满足社区居民日益增长的对美好生活的向往，解决社区居民特别是弱势群体的生活保障、服务保障、安全保障、就业保障等问题。

第二，社区服务体系的属性强调福利性与经营性结合。中国特色社会主义进入新时代，社会主要矛盾已经转化为人民日益增长的美好生活需要和不平衡不充分的发展之间的矛盾。一方面，应继续坚持以人民为中心的发展思想，着力加强基本公共服务制度体系建设，切实提高基层服务机构设施和能力建设；另一方面，要为社区经营性服务提供实实在在的政策优惠和支持，大力发展私人服务和定制服务,更好满足居民差异化、个性化的需求。在此过程中,上述两类性质的社区服务均可通过智能化应用让便利生活触手可及。

第三,社区服务体系的功能强调民生保障和社会服务并举。随着城市化进程的加快,社区规模不断增长,社区组织构成和人员构成更加复杂,不同年龄、身份、职业、收入及不同生活方式和文化背景的群体聚居在同一个社区,其在生活和发展上的诉求可能完全不同。这要求社区服务在加强普惠性、基础性、兜底性民生建设的同时,也要加快构建优质均衡的公共服务体系、全覆盖可持续的社会保障体系和多层次高质量的社会服务体系,努力实现"幼有善育、学有优教、劳有厚得、病有良医、老有颐养、住有宜居、弱有众扶"。

第四,社区服务体系的运行强调政府主导、社会参与。党的十九届四中全会提出,创新公共服务提供方式,鼓励支持社会力量兴办公益事业,满足人民多层次多样化需求,使改革发展成果更多更公平惠及全体人民。这表明多样化的民生需求要在"共建共享"的社会建设中率先破题。首先,中国政府是人民的政府,是为人民服务的政府,是对人民负责的政府。从这个意义上来说,政府是社区服务特别是社区公共服务的第一责任人,必须承担起提供政策资源、资金资源和物质资源保障的主体责任。同时,社区组织、社会服务组织、商企、个人等也要以各种方式参与到社区治理和服务中来,成为社区服务重要的生产者和提供者,实现"有为政府"与"有效市场""有活力社会"的有机统一。

第五,社区服务体系的供给方式强调设施服务和互助服务配合。设施服务主要指以各类社区服务中心为平台提供的"一站式""一门式"服务,大力发展设施服务,既有利于服务资源聚合优化,又能够促进社区服务提高服务质量,提升群众满意度。互助服务则是由社区志愿者或组织以及其他民间组织开展的扶贫救困、邻里互助等志愿活动,具有组织灵活、成本低、覆盖广等特点,是设施服务的重要补充。

第六,社区服务体系的运作强调以行政社区为载体,构建区、街道、社区居委会三个层次的操作格局。其中,区政府负责制定政策,建设健全服务设施;街道办事处是社区服务的基层行政组织,负责组织协调、整合资源;居委会是社区服务的前沿阵地,负责引导和带动社区居民、业主、企事业单位自我管理、自我服务。目前三个层次的功能权限在各地方改革中有所变迁。

第七,社区服务体系建设的过程强调属地性。属地性源于空间定位或地域认同。社区服务自始就带有鲜明的地域特征，其服务半径由辖区规模大小决定；服务内容和层次依据本辖区居民和单位的真实需求设计；服务形式受到本辖区地理环境、人口特征、经济状况、人文条件等影响；责任主体是本辖区的基层政权组织、民间组织、企业、单位和个人。这要求社区服务体系在建设过程中秉承因地制宜的原则，注重发掘和使用本地资源，建设具有本土特色的社区服务体系。

第八，社区服务体系建设的目标是精细化和精准化。习近平总书记在上海视察时曾提出，"城市管理应该像绣花一样精细"。作为政府职能转变和基层社会治理的重要手段，社区服务精细化意在通过精准识别服务诉求、精确定位服务对象、精益匹配服务供需、精心打造服务过程、精效评估服务质量，提升社区服务效率，提高社会治理效能。同时，借助智能化手段，将大数据、云计算等互联网技术应用到社区服务中，不断创新社区服务方式方法，推动社区服务新理念新业态、新模式加快成长。

第九，社区服务体系建设的方向是社会化和专业化。社会化指用社会化资源解决社区服务的设施、经费和管理问题。服务主体上强调政府不是唯一的主体，社会各方力量共同参与；服务对象上强调不仅面向困难群体，同时面向普通居民和辖区单位；服务经费上强调多渠道筹措资金。社会化有利于资源整合，集中力量办大事。专业化指社区服务有专业化的组织、专业化的队伍和专门的资金来源[1]。专业化不足是目前中国社区服务质量普遍不高、社区服务项目单一化的重要原因。

---

[1] 刘祖云：《香港与武汉：城市社区服务比较》，载《华中师范大学学报（人文社会科学版）》2000年第1期。

第二章　城市社区服务体系发展现状

中国城市社区服务是对传统"单位福利网络"的功能承接。在经过一系列体制机制创新后，社区服务逐步确立了公共服务社区化、均等化，社会服务全方位、多层次的发展目标。本章详细梳理了中国城市社区服务在政策和实践中的演进历程，总结了城市社区服务40余年的发展成就和经验，剖析了问题及其原因。最后，针对现阶段变化了的居民服务需求及其对社区服务体系建设的影响进行了分析。

第一节　城市社区服务体系发展历程追溯

中国城市社区服务体系是在市场经济转型、政府职能转换的时代背景下，经过一系列体制机制创新逐步形成的，其演变轨迹与改革开放的历史进程高度吻合。

一、第一阶段：兴起与发展（1980—1989年）

20世纪80年代，伴随改革开放的浪潮，计划经济体制下的"单位福利体制"受到冲击，原本由单位承担的住房、医疗、养老、教育等各项服务职能逐渐向外溢出或流失；而与此同时，工业化、城镇化带来大规模人口流动，居民社会服务需求剧增。为"推进城镇社会福利事业改革和解决城镇居民生活中多元化的服务需求"[1]，1980年，民政部相继恢复街道办事处和居民委员会职能，1984年，在社会福利事业杭州（漳州）会议中提出"社会福利社会办"

---

[1] 《中国社会福利事业发展报告1992年白皮书》，载《中国社会报》1992年10月13日。

的思路，筹划建设"街道福利服务网络"。

1986年，民政部在部门文件中首次引入"社区"概念，倡导在城市基层开展社区服务工作，并在借鉴香港地区及国外经验的基础上提出，社区服务应包括面向传统民政对象的社会福利服务，和面向社区居民的便民利民服务。

1987年，民政部接连在大连和武汉召开全国民政工作现场座谈会，正式提出社区服务的构想。会议提出，"社区服务是在政府的倡导下，发动社区成员开展互助性的社会服务活动"，目的在于"调解人际关系，缓解社会矛盾，创造一个和谐、良好的社会环境"。会后，根据民政部部署，部分城市展开社区服务试点工作。试点内容包括：建立社区服务的指导机构，制定发展规划，探索不同层次、不同类型的服务模式[1]。期间，天津市和平区组建了全国第一个社区服务志愿者协会，是为中国城市社区志愿服务的开端。

1989年10月，民政部在杭州召开全国城市社区服务工作经验交流会，提出"实行'无偿、低偿、有偿'相结合的方式，根据不同对象和服务项目采取不同的收费方式，以服务养服务，保持自我生存和发展的基本能力"[2]。这是民政部首次明确社区服务的发展路径，即以"低偿、有偿"的便民服务来"养"无偿的福利服务，从中可瞥见社区服务产业化的端倪。同年12月26日，第七届全国人大常委会第十一次会议通过《中华人民共和国城市居民委员会组织法》（2018年新修订），正式使用"社区服务"这一表述，为居委会兴办有关服务事业提供了法律依据。至此，以"社区"取代"单位"提供社会福利及服务的思想正式得以确立。

这一阶段有四个特点：

其一，在社区服务的性质属性上仍处于探索阶段。一方面明确了社区服务的内核是福利性和公益性，表明其应与社会服务性行业"严格区分"；另一方面将社区服务界定为"互助性社会服务"，强调社区成员互助互惠、社区自我服务。

其二，在社区服务的内容范围上，突破了传统的、单纯面向民政对象的福利服务，适度扩展社会化生活服务，如文化娱乐、公共治安、环境卫生、家务劳动等。但在实践中，传统民政对象仍是各级政府关注的重点；生活服务规模普遍较小，形式单一，以早餐店、杂货店、理发店等居多。

---

[1] 参见唐忠新：《迈向和谐社会的社区服务》，中国社会出版社2005年版。
[2] 《中国社会福利事业发展报告1992年白皮书》，载《中国社会报》1992年10月13日。

其三，在社区服务的运作机制上，街道和居委会的管理地位得以确立。具体来说，街道办事处一级成立街道社区服务协调委员会和社区服务办公室，负责日常行政事务；居民委员会成立社区服务管理委员会，由居委会负责人、驻区单位负责人、居民代表和志愿者代表组成，负责具体事务。

其四，在社区服务的供给方式和资金筹集上，国家包揽的局面逐步改变，鼓励社区自我供给。这一时期，针对公共设施和服务，国家财政尚未形成稳定的资金投入机制，基层社区只能通过开展营利性商业服务获取资金，以补贴福利供给经费及用于社区自身发展；而社会服务所产生的巨大资金需求远远超出了社区的资金供应能力，导致社区服务普遍面临资金困境。对社区自主供给的过度强调，导致财政投入明显不足，实质上造成政府在公共事务领域的职能缺位。

二、第二阶段：拓展和提高（1990—1999年）

这一阶段，如何在国力有限的情况下实现社区服务可持续发展成为当务之急。

1992年7月，中共中央、国务院颁布《关于加快发展第三产业的决定》（中发〔1992〕5号），正式将社区服务业纳入第三产业范畴，并明确提出要将大部分福利型、公益型、事业型第三产业单位向经营型转变。同年，党的十四大提出"坚持以经济建设为中心不动摇"的总纲领，以市场为导向的经济体制改革在各个领域全面铺开。自此，社区服务开启了以社区经济发展为目标的产业化道路。

1993年11月，民政部联合国家计委、财政部、体改委等14部委发布《关于加快发展社区服务业的意见》（民办函〔1993〕255号，以下简称《意见》）。这是有关社区服务发展的第一个政策性文件，其中对社区服务的性质、服务内容、发展方向、目标任务等均作出明确规定。《意见》指出，社区服务业"是在政府倡导下，为满足社会成员多种需求，以街道、镇和居委会的社区组织为依托，由社区福利事业、社区便民利民服务业和职工社会保险管理服务业组成的居民服务业"，"是社会保障体系和社会化服务体系中的一个重要行业"。《意见》发布后，街居经济发展迅猛。1994年底，为纠正在部分地区出现的社区服务过度商业化倾向，民政部在上海召开全国社区服务经验交流会上重申了社区服务的福利宗旨，指出"社区服务具有双重属性……作为事业，是不以营利为目的的专业社会服务；作为产业，是一种特殊的第三产业，其特殊性主要表现在社会福利属性上"。同时强调，不应为片面追求经济效益而损害社会效益。而在实践中，由于两种效益的天然冲突，传统福利性服务虽依然存在，但受重视程度相对降低。

1995年底，民政部印发《全国社区服务示范城区标准》（民福发〔1995〕28号），提出到20世纪末，"社区服务业产值每年要以13.6%的速度增长"，"利润年增长率达到8%以上"，进一步将社区服务业推向市场。彼时各种小超市、小餐馆、菜市场、理发店如雨后春笋出现在居民小区；与此同时，各级各类社区服务中心由于居民参与率过低，只能以出租场地、设施的方式勉强维持。

这一阶段有二个特点：

其一，社区服务规模不断扩大。政府持续加大投入力度，在各个城市街道、居委会规划建设社区服务中心和便民利民服务网点。数据显示，至1997年底，全国已建成区级社区服务中心745个、街道社区服务中心3385个、居委会社区服务站435427个；与此同时，在政府鼓励下，基层社会组织不断扩展服务领域，丰富服务项目。

其二，社区第三产业发展迅猛。具体而言：首先，在理念上明确了社区服务的双重属性，指出社区服务要坚持走产业化、行业化道路；其次，在资金来源上明确了多方筹集的思路，提出要广泛吸收社会资金、引进国外资金，同时建立起标准有别的社区服务价格体系；最后，在运行机制上提出建立灵活的经营管理模式，明确社区服务业单位有权根据服务质量、经营状况等决定员工的收入和分配。

必须指出的是，这一时期的政策初衷是整合社会资源，补贴社会福利事业，达成公共目标。但在实践中，一些社区服务组织热衷于发展营利性服务，而对福利性服务敷衍了事，以致公共利益和社会效益受到损害。

三、第三阶段：多元发展（2000年至今）

21世纪以来，伴随社区建设的深入推进，城市管理体制改革和基层政权重建成为国家治理的主题：一方面，政府机构改革和职能转变要求政府权力下放，另一方面，作为基层管理的操作单元，社区有责任承接部分公共服务职能。在此影响下，社区服务政策不再强调市场导向，而转为凸显政府基本公共服务功能。这一阶段社区服务的目标有二：一是推动基本公共服务向社区延伸，二是引导社区服务向公共目标转型。

2000年11月，中共中央、国务院转发《民政部关于在全国推进城市社区建设的意见》（中办发〔2000〕23号），正式将社区服务纳入社区建设战略布局，明确了城市社区服务的指导思想、基本原则和主要目标，并就社区服务的组织、规划、人员队伍及工作重点提出指导意见。随后，针对该文件提出的"四个面向"（面向老年人、儿童、残疾人、社会贫困户、优抚对象的社会救助和福利服务，面向社区居民的便民利民服务，面向社区单位的社会化服务，面向下岗职工的再就业服务和社会保障社会化服务），一批社会政策相继出台。如，2000年12月出台《关于加强社区残疾人工作的意见》（残联办字第142号），2002年8月出台《关于加快发展城市社区卫生服务的意见》（卫基妇发〔2002〕186号），2003年12月出台《关于积极推进企业退休人员社会化管理服务工作的意见》（中办发〔2003〕16号），2005年10月出台《关于进一步做好新形势下社区志愿者服务工作的意见》（民发〔2005〕159号），2006年2月出台《关于加快发展养老服务业的意见》（国办发〔2006〕6号）、《国务院关于发展城市社区卫生服务的指导意见》（国发〔2006〕10号）等，为相关服务领域提供了政策依据。

2006年4月，国务院发布《关于加强和改进社区服务工作的意见》（国发〔2006〕14号，以下简称《意见》），提出社区服务工作的三项原则，即坚持以人为本原则、坚持社会化原则、坚持政府分类指导原则，明确"政府提供公共服务，鼓励、支持社区居民和社会力量参与社区服务"，并就社区就业服务、社区社会保障服务、社区救助服务、社区卫生和计划生育服务、社区文化教育体育服务、社区流动人口管理和服务、社区安全服务等作出一系列政策部署。由此，社区服务进入政府主导、社会参与的新时期。

2007年5月，国家发改委和民政部联合发布《"十一五"社区服务体系发展规划》（发改社会〔2007〕975号），首次提出"社区服务体系"的概念，即"以各类社区服务设施为基础，以社区居民、驻区单位为服务对象，以满足社区居民公共服务和多样性生活服务需求为主要内容，政府引导支持，多方共同参与的服务网络及运行机制"，并提出"将延伸服务职能、使政府相关公共服务覆盖到社区作为主要工作内容"。社区服务体系建设的提出，标志着社区服务进入更规范、更均衡、更协调的发展阶段。

2011年12月,国务院办公厅印发《社区服务体系建设规划(2011-2015年)》(国办发〔2011〕61号),在"十一五规划"的基础上,首次将社区专业服务与社区商业服务进行了区分,再次强调社区服务体系建设的重点任务是"积极推进公共服务覆盖社区",并首次将社区服务的对象范围扩大到社区全体居民和驻区单位,强调了社区的社会兜底功能。

2016年10月,民政部等16部门联合印发《城乡社区服务体系建设规划(2016-2020年)》(民发〔2016〕191号),要求"构建机构健全、设施完备、主体多元、供给充分、群众满意的城乡社区服务体系",并将社区服务的内容扩展为社区公共服务、社区便民利民服务(物业服务)、社区志愿服务和社会工作专业服务。

这一阶段有三个特点:

其一,国家通过社区传递社会保障和社会服务成为创新社会治理的有效方式。在构建服务型政府的时代背景下,社区服务被纳入国家行政职能范围并统筹规划:党的十六大首次提出"发展社区服务,方便群众生活";党的十七大提出加快推进以民生为重点的社会建设,扩大公共服务,努力使全体人民学有所教、劳有所得、病有所医、老有所养、住有所居;党的十八大要求改进政府提供公共服务方式,增强社区服务功能;党的十九大提出以网格化管理、社会化服务为方向,健全基层综合服务管理平台,强化社区自治和服务功能;党的十九届五中全会更进一步提出,"推动社会治理重心向基层下移,……加强城乡社区治理和服务体系建设"。

其二,政府在社区公共服务供给中的主体责任得以明确。一方面强调政府应通过直接或间接提供(政府购买服务、政府采购或其他)的方式,加大对教育、卫生、公共安全、社会保障、生态环境建设等公共设施和服务的投入力度,推动基本公共服务均等化;另一方面,强调鼓励和引导社会组织、企业、个人共同参与,并开始探索分类服务、分类供给。即政府及相关部门,对社区公共服务所需的资金、场所和人员配置,有责任协助落实;对社区互助服务、志愿服务及非营利性低偿服务,应给予政策优惠和资金扶持;对社区商业性服务,应给予必要的引导,如,支持私营经济兴办或参股社区服务业,鼓励大型服务企业兼并、控股国有社区服务单位,推进股份制改造等。

其三,政府职能转型带动社区多元行动主体共同参与。一方面,通过政策激励、资金扶持、服务购买等方式,在公共服务领域引入商业组织和专业社组织，凸显社会力量；另一方面，通过资源链接、能力建设等方式向社区赋权增能，引导居民参与社区事务，提升自治能力。

表2-1 城市社区服务体系建设在中国的政策演进

时间	相关政策表述	特点
1987.8	全国社区服务工作座谈会（大连）：社区服务是在政府的倡导下，发动社区成员开展互助性的社会服务活动，就地解决本地区的社会问题	首次提出"社区服务"概念，并赋予其区域性、福利性、服务性和互助性四种属性
1987.9	全国社区服务工作座谈会（武汉）：社区服务是指在社区内为人们的物质生活和精神生活所提供的各种社会福利与社会服务	
1989.12	《中华人民共和国居民委员会组织法》正式采用"社区服务"概念，提出："居委会应当开展便民利民的社区服务活动，可以兴办有关服务事业。"	以立法形式明确将社区服务列为居民委员的职责
1991.11	全国社区服务工作研讨会（北京），指出社区服务的主要内容包括：（1）针对社区民政对象开展的为老服务、助残服务、优抚服务；（2）面向全体居民的各类便民利民服务	明确社区服务的本质是社会福利工作
1992.7	中共中央、国务院发布《关于加快发展第三产业的决定》（中发〔1992〕5号）	首次将社区服务列入第三产业范畴，并明确要求大部分福利型、公益型和事业型第三产业单位要逐步向经营型转变
1993.11	民政部、国家计委等14部委发布《关于加快发展社区服务业的意见》（民办函〔1993〕255号），指出"社区服务业是在政府倡导下，为满足社会成员多种需求，以街道、镇和居委会社区组织为依托，具有社会福利性的居民服务业。社区服务业由社区福利服务业、便民利民服务业和职工社会保险管理服务业三部分组成，是社会保障体系和社会化服务体系的一个重要行业"	这是有关社区服务发展的第一个政策性文件。正式对社区服务的性质、内容、目标、任务等作出规定，并首次提出"社区服务业"的概念，明确社区服务的产业属性

续表

时间	相关政策表述	特点
1994.12	时任民政部部长多吉才让提出：社区服务业，既是一项不以营利为主要目的的专业性社会服务事业，又是一项特殊的产业，其特殊性就在于它是属于社会工作的范畴，具有福利属性	针对地方政府大搞经营性服务的问题，修正对社区服务的认识，重申其"福利性"初衷
1995.12	民政部发布《全国社区服务示范城区标准》（民福发〔1995〕28号），确定了社区服务的组织管理、资金筹集、设施建设、人才队伍及服务业产值效益等发展指标	首次提出社区服务标准体系，推动社区服务向标准化、规范化方向发展
2000.2	国务院办公厅转发民政部等部门《关于加快实现社会福利社会化的意见》（国办发〔2000〕19号）	进一步明确社区服务的对象和内容
2000.11	中央办公厅、国务院办公厅转发《民政部关于在全国推进城市社区建设的意见》（中办发〔2000〕23号），规定社区服务的主要内容包括：（1）面向老年人、儿童、残疾人、社会贫困户、优抚对象的社会救助和福利服务（2）面向社区居民的便民利民服务（3）面向社区单位的社会化服务（4）面向下岗职工的再就业服务和社会保障社会化服务	明确社区服务是社区建设的重要内容，其以居委会辖区为操作范围。强调各级政府对社区服务的责任
2006.4	国务院下发《关于加强和改进社区服务工作的意见》（国发〔2006〕14号），提出"大力推进公共服务体系建设，使政府公共服务覆盖到社区"，并明确了社区服务的主要内容：（1）社区公共服务，具体包括社区就业服务、社区社会保障服务、社区救助服务、社区卫生和计划生育服务、社区文化教育体育服务、社区流动人口管理和服务、社区安全服务（2）社区自助和互助服务（3）社区志愿服务（4）社区商业服务（即各类便民利民的经营性服务）	首次明确社区服务四大服务领域，并强调了政府对社区服务的主导作用

续表

时间	相关政策表述	特点
2007.5	国家发改委、民政部共同发布《"十一五"社区服务体系发展规划》(发改社会〔2007〕975号),提出"社区服务体系是指以各类社区服务设施为基础,以社区居民、驻区单位为服务对象,以满足社区居民公共服务和多样性生活服务需求为主要内容,政府引导支持,多方共同参与的服务网络及运行机制。"社区服务的主要内容:(1)社区公共服务,具体包括社区就业和保险服务、社区救助服务、社区卫生和计划生育服务、社区安全服务、社区文化教育和体育服务、社区老年服务及社区环境服务 (2)便民利民服务	这是社区服务第一个五年发展规划,强调构建社区、街道、区(市)分工协作的社区服务组织网络,发动和培育社会组织,形成全方位、多层次的社区服务
2011.12	国务院办公厅印发《社区服务体系建设规划(2011-2015年)》(国办发〔2011〕61号),提出"社区服务体系,是指以社区为基本单元,以各类社区服务设施为依托,以社区全体居民、驻社区单位为对象,以公共服务、志愿服务、便民利民服务为主要内容,以满足社区居民生活需求、提高社区居民生活质量为目标,党委统一领导、政府主导支持、社会多元参与的服务网络及运行机制。"社区服务的主要内容:(1)社区公共服务,具体包括社区劳动就业、社会保险和社会服务、社区医疗卫生和计划生育服务、社区文化教育体育服务、社区法律、治安服务 (2)志愿服务 (3)便民利民服务	首次将社区服务的对象范围扩展到社区全体居民,并提出社区基本公共服务均等化
2012.11	党的十八大报告指出:"在城乡社区治理、基层公共事务和公益事业中实行群众自我管理、自我服务、自我教育、自我监督,是人民依法直接行使民主权利的主要方式。要健全基层党组织领导的充满活力的基层群众自治机制,以扩大有序参与、推进信息公开、加强议事协商、强化权力监督为重点,拓宽范围和途径,丰富内容和形式,保障人民享有更多跟切实的民主权利"	明确将"增强城乡社区服务功能"列为社会建设的重要内容,并对完善覆盖城乡居民的基本公共服务体系提出了更高要求

续表

时间	相关政策表述	特点
2016.10	民政部等16部门联合印发《社区服务体系建设规划（2016-2020年）》（民发〔2016〕191号），提出"推动城乡社区服务精细化、专业化、标准化；构建机构健全、设施完备、主体多元、供给充分、群众满意的城乡社区服务体系"。社区服务主要内容：（1）社区公共服务（2）社区便民利民服务（物业服务）（3）社区志愿服务和社会工作专业服务	首次将社会工作专业服务和物业服务纳入社区服务的范畴，并提出均等化、智能化、多元化的发展方向
2019.6	财政部等6部委联合印发《关于养老、托育、家政等社区家庭服务业税费优惠政策的公告》	提出，社区养老、托育、家政等服务机构，按照规定享受免征增值税、契税、基础设施配套费的等优惠政策
2019.10	党的十九届四中全会通过《中共中央关于坚持和完善中国特色社会主义制度、推进国家治理体系和治理能力现代化若干重大问题的决定》指出：必须健全幼有所育、学有所教、劳有所得、病有所医、老有所养、住有所居、弱有所扶等方面国家基本公共服务制度体系，尽力而为，量力而行，注重加强普惠性、基础性、兜底性民生建设，保障群众基本生活	明确"保基本，强基层"是基本公共服务体系建设的工作重点
2020.10	党的十九届五中全会《建议》提出：推动社会治理重心向基层下移，向基层放权赋能，加强城乡社区治理和服务体系建设，减轻基层特别是村级组织负担，加强基层社会治理队伍建设，构建网格化管理、精细化服务、信息化支撑、开放共享的基层管理服务平台	明确简政放权，提出基层管理服务要实现网格化、精细化、信息化、开放共享的目标
2021.4	《中共个中央 国务院关于加强基层治理体系和治理能力现代化建设的意见》	该文件是推进新时代基层治理现代化建设的纲领性文件。提出了新时代基层治理的总体要求、工作目标和具体举措

综上，改革开放 40 多年来，中国城市社区服务已经由面向特殊群体扩展到面向所有社区成员，由产业属性回归福利性和公益性，由服务功能上升为基层社会治理功能，由福利服务延伸至全方位的基本公共服务、志愿服务和商业服务。

第二节　城市社区服务体系地方建设举措

20 世纪 80 年代起，伴随国内城市管理体制改革和社区建设的热潮，各地方政府在加大公共设施投入的基础上，纷纷开启对城市社区服务组织管理机制以及运作方式等方面的改革与探索。

一、北京市社区服务："三位一体"

北京社区服务发展路径是：充分发挥社区党组织、社区居委会和社区服务站"三位一体"的体制优势，通过政府公共服务资源的注入，增强社区居民自我管理、自我服务能力，进而实现政府行政管理和公共服务与基层自治的良性互动。

（一）社区服务在北京的发展

北京是全国较早开展社区服务工作的城市之一。20 世纪 80 年代，北京市在"立足民政，面向社会"的思路引导下，开办了各种社区服务活动，服务对象也从传统的民政对象转为一般社区居民。1999 年 11 月，北京市政府批转市民政局《关于加快发展社区服务事业的意见》（京政发〔1999〕34 号），指出要根据社区服务的福利性、群众性、服务性和区域性等特点，从满足社区居民的需求出发，加快建设"多种经济成分并存、服务门类齐全、服务质量和管理水平较高的社区服务网络"，积极鼓励社会资金进入社区服务业。这一时期，北京各街道建起社区服务中心，开展便民家庭服务、婚丧服务、初级卫生保健服务、文体健身娱乐服务、婴幼儿教育服务、养老服务、心理咨询服务等服务项目，初步形成设施服务与社会互助服务相结合的社区服务模式。

21 世纪以来，北京市着力推动政府公共服务向社区延伸。2001 年 8 月，北京市委、市政府出台《关于推进城市社区建设的意见》（京发〔2001〕11

号），提出加强社区治安、拓展社区服务、发展社区卫生、繁荣社区文化、美化社区环境等重要举措。2010年9月，北京市发布《北京市社区基本公共服务指导目录（试行）》，在全市城乡社区实施"1060"工程，进一步充实社区公共服务的内容。近年，在国家政策指引下，北京市着力打造"社区之家"和"一刻钟社区服务圈"，实施社区全响应服务机制，努力实现社区"民有所呼、我有所应"。2011年，北京市委发布《关于加强和创新社会管理 全面推进社会建设的意见》，提出"基本实现社会服务管理网格化、社区建设规范化……基本实现各类人群服务管理全覆盖"的发展目标，同时提出，通过体制创新完善社区服务管理格局，构建社区党建、社区自治、社区服务"三位一体"的工作格局。

（二）社区服务的管理机制

北京市已基本形成了以社区党组织、社区居委会、社区服务站"三位一体"为特征的社区组织结构，以及覆盖社区社会组织、驻区单位和社区居民的社区组织管理体系。

社区党组织在社区管理和服务中发挥领导核心作用。主要通过定期组织并召开联席会议或例会，研究讨论社区建设、管理、服务中的重要问题和重大事项，协调和对接社区内部工作环节。

社区居委会是社区自我管理、自我服务的社区自治组织，主要职能是组织动员社区居民开展多种形式的便民利民服务活动，开展与辖区单位共驻共建共享，整合社区资源，管理和维护社区财产等。

社区服务站是政府在社区层面设立的综合性公共服务平台，主要职能是代理代办政府在社区的公共服务，协助社区居委会办理社区公共事务和公益事业，开展便民利民服务。社区服务站实行双重领导，既接受街道办事处的领导和政府职能部门的业务指导，又接受社区党组织的领导和社区居委会的监督。社区服务站工作人员实行公开招录，全员培训。政府购买的社区社工岗位纳入社区服务站。社区党组织、社区居委会与社区服务站工作人员可视情况适度交叉任职。社区服务站的发展方向是专业化、社会化，逐步与居委会职能分开。

（三）社区服务的供给内容

北京市社区服务大体可分为基本公共服务、非基本公共服务和非公共服务三类。

一是基本公共服务。属于民生工程，指由政府或政府授权的社会组织提供的一般性社会服务，包含社区就业服务、社区社会保障服务、社区社会救助服务、社区卫生和计划生育服务、社区文化教育体育服务、社区流动人口和出租房屋服务、社区安全服务、社区环境美化服务、社区便利服务及其他共十大类60项。政府在基本公共服务的供给中占主导地位。

二是非基本公共服务。具有属地性，指由社区居委会和业主委员会等社区组织负责提供的社区共同性服务，包括自助互助服务、志愿服务、应急服务、辅助性生活救助服务及非营利服务（如小区停车、路面改造）。

三是非公共服务。即建立在个人偏好基础上的个性服务、商业性便民服务项目，如家政、餐饮。主要由社区服务类组织及物业管理公司以社区服务中心为平台提供。

政府组织、居委会、业主委员会、社区服务类组织及物业管理公司均是社区服务的提供者，居民也可根据具体需要自主寻求相应组织的服务。

二、上海市社区服务："街居一体化"

上海社区服务体系建立在"街居一体化"的基础之上，即将社区定位于街道，通过加大街道权力、扩大街道管理权限，实现各方资源在街道层面的优化整合。

（一）社区服务在上海的发展

上海市社区服务的发展经历了三个阶段。

第一阶段是1978年至1999年。彼时，伴随社会福利服务由国家包揽向街道社区转移，上海开始建立以街道为基础的社会福利服务网络，具体包括在每个街道举办一厂（福利工厂）、二站（孤老服务站和精神病诊疗站）、二所（伤残儿童寄托所、敬老所）、二组（孤老包护组和精神病看护组）[1]。同时，为拓展劳动就业及满足居民日常所需，街道开始举办经营性服务企业，如小商品零售、小型加工厂等，居委会也自筹资金举办了一系列便民利民的生活服务项目，如理发、修车、公用电话、送奶送报、裁剪缝纫等。1992年，上海市政府将社区服务列入民生实事项目。1994年12月，上海市17局委联合发布

---

[1] 范元伟：《上海市社区服务建设研究》，载《上海党史研究》1999年S1期。

《关于加快发展上海市社区服务业的意见》，将部分社区服务项目纳入第三产业范围，进一步推动社区服务业发展。至1999年底，上海全市共建成10个区级社区服务中心，122个街道（镇）社区服务中心，2739个社区服务分中心，社区服务工作人员2.5万人[①]。这一阶段，上海市基本形成以市-区-街道-居委会四级管理为依托、以公共福利服务和便民利民服务为主要内容的社区服务格局，并形成以街道社区服务中心和居委会社区服务分中心为基础、以便民服务网点为拓展的纵横交错的服务设施网。

第二阶段是2000年至2011年。随着行政工作重心下移，政府职能服务开始向社区延伸。为克服条块壁垒、加强协同，上海市街道办事处设立"四委一办"，即市政管理委员会、社会治安综合治理委员会、社会保障委员会、财政经济委员会和行政办公室（与党政办公室合署办公）。社区服务工作由社会保障委员会负责。1996年3月，上海市委、市政府发布《关于加强街道、居委会建设和社区管理的政策意见》（沪委〔1996〕5号），提出"以街道为主导，动员全社会共同参与"，并开始在全市筹建电脑亭和社区信息网络，组建专业社工队伍。2007年6月，发布《关于完善社区服务促进社区建设的实施意见》（沪府发〔2007〕19号），指出要推进覆盖基层的具有服务功能的社区实体建设，提升社区服务能力，如，社区事务受理中心、社区卫生服务中心、社区文化活动中心、社区生活服务中心等。2011年11月，《关于加强新形势下社区建设的若干意见（讨论稿）》再次提出要建设融"助老、助残、家政、维修、送餐、救助"等服务为一体的社区生活服务中心。这一阶段，社区服务的重点是实体化和社会化，具体而言，一方面通过公共服务实体建设，引导分散的"条线"资源向社区集中，提供"一门式"政务服务；另一方面最大限度地开发、利用社区资源，培育、整合社会力量，构建扶贫济困、敬老养老、便民利民、自助互助的服务网络。

第三阶段是2012年至今。党的十八大以来，社区服务在国家基层治理中的地位不断凸显。2014年初，上海市启动社会治理一号课题，并出台《关于进一步创新社会治理加强基层建设的意见》（沪委发〔2014〕14号）及6个配套文件，标志着基层社会治理进入新阶段。这一阶段最大的变化是，街道招商引资的经济职能被彻底剥离，公共管理、公共服务和公共治安成为其主要职

---

① 张海：《基层治理视域下城市社区服务发展的历史思考——以上海市为例》，载《中国特色社会主义研究》2018年第4期。

能；社区服务工作由街道办事处下属的社区服务办公室主要负责；政府购买服务力度加大，越来越多的社会组织、经济组织进入社区；社区便民服务设施布局不断完善，在居民区建设综合为老服务中心、邻里中心、市民中心等，着力打造15分钟社区生活圈；利用"互联网+社区服务"，打造网络信息平台，推动线上线下资源优化整合。

（二）社区服务的管理机制

在上海市典型社区中，社区服务的组织管理体系由街道办事处、社区居民委员会、社区工作站、物业管理公司组成。

街道办事处是社区建设和社区服务的第一责任人。根据1997年出台的《上海市街道办事处条例》（2016年最新修订）规定，街道办事处是在区人民政府的授权下，依据相关法律法规，对辖区内的公共管理、公共服务和公共治安行使领导、协调、监督、核查等行政职能。街道办事处下设的社区服务办公室是负责社区服务工作的核心部门，其主要职责包括：落实惠老、助残等社区基本民生保障；规划、组织、实施、管理社区服务工作；整合、充实社区的物资、人力和组织资源。

居民委员会是街道办事处的基层办事机构。居委会下设民政专职委员会，如治安调解委员会、社会保障委员会、社区服务委员会等，分类负责社区事务。在一些街道实行的"议行分设"改革中，居委会是议事的主体，执行的主体是社区工作站。目前议行分离的改革"尚在路上"，居委会自治功能有限。

社区工作站亦称为居委社工站，是政府出资购买服务的社区政务性组织①。上海市社区工作站是街道在社区设置的社会工作岗位，大多与居委会是"两块牌子、一套班子"，其工作人员主要由街道在居委会内部招聘，活动经费由街道提供。社区工作站的职能是承接街道办及政府职能部门下沉到社区的各类行政事务类和公益类服务工作，目的是为居委会减负。

（三）社区服务的供给内容

上海市社区服务分为公共服务和生活服务两大类。

---

① 段慧霞、国云丹：《居委社工站与社工机构的定位与区别——以上海市浦东新区社会工作的实践为例》，载《中国社会工作》2009年第33期。

一是公共服务。包括专职服务和志愿服务。其中，专职服务指专门从事社会工作的人员提供的服务，包括：为老服务、助残服务、文化活动、社区体育、医疗保健、法律服务、就业服务、教育科普、社区治安、慈善服务、社团服务以及水电金融等公用事业服务。

志愿服务是上海市社区服务的重要组成部分，不仅人员规模庞大，涉及的领域也十分广泛。数据显示，截至2021年底，上海实名认证注册志愿者超过590万人，占该市常住人口比例超过17%[1]；志愿服务内容包括功课辅导、社区调解、医疗服务、社区代购、环保工作、维修服务、电脑技术、治安巡逻、法律援助、慰问探访、心理辅导、活动策划等百余项。

二是生活服务。即由经济组织提供的有偿服务，包括：管道疏通清洗、修锁开锁、脱排清理、家电维修、燃气具检修、电脑维修、数码摄像制作、保洁服务、家政服务等。其中，助老服务和医疗服务是亮点。

上海普遍推行政府购买服务，只要社会组织能够有效提供的社会服务，一般都采取政府购买方式解决。与此同时，政府采取多种措施支持、鼓励和扶持公益性、服务类社会组织参与社区服务建设。上海政府购买服务的方式主要有三种：一是"费随事转"。即市区政府委托社区社会组织开展就业帮扶、助老服务、慈善救助等公共服务，由相关政府部门为社会组织提供经费或补贴；二是公开招标。即市区政府通过公开招标的形式将社区服务项目委托给有资质的社会组织承担；三是项目发包。即市区政府将社区公益性文化项目通过购买服务或者公益创投项目的竞争性招投标的形式交给社会组织承担，变"以钱养人"为"以钱买项目"。

三、深圳市社区服务："一会（分）两站"

深圳社区服务发展较快且服务质量相对较高，得益于政府行政管理系统与社区自治管理系统的共生机制。"一会（分）两站"即通过将社区居委会与社区工作站、社区服务站从组织结构、工作职能到人员[2]、经费、场地的全面剥离，实现社区自治、行政和服务功能的分化。社区组织的结构性变化，使社区

---

[1] 澎湃新闻：《截至去年底，上海实名认证注册志愿者590万余人》，载 https://baijiahao.baidu.com/s?id=1726264331469415224&wfr=spider&for=pc，最后访问日期：2022年3月3日。

[2] 根据2006出台的《深圳市社区工作站管理试行办法》，社区工作站工作人员实行公开招聘；兼任居委会成员的不享受居委会成员补贴。

服务的分类供给更加顺畅。

(一) 社区服务在深圳的发展

深圳的社区服务治理机制经历了三次制度创新。

第一次是以居委会为社区主体组织的"议行合一"治理机制。这一阶段，居委会承担了政府指派的大量行政事务，其办公场地和经费均由区政府和街道办事处负责。

第二次是以"议行分设"为理念构建的"一会（合）两站"治理机制。2002年盐田首先启动"居站分离"改革，社区服务机制由社区党支部、社区居民委员会和社区居民会议三部分组成。社区居民委员会下设社区服务站和社区工作站。这一阶段，社区居委会负责社区事务的决策，管理和指导"两站"工作；社区服务站承担社区服务功能；社区工作站承担政府指派的行政工作。

第三次是以"居站分离"为理念构建的"一会（分）两站"治理机制。2005年，深圳市在盐田经验的基础上发布《深圳市社区建设工作试行办法》，提出"社区工作站在街道党工委和街道办事处的领导下开展工作……积极配合、支持和帮助社区居民委员会依法履行职能，支持社会力量开展便民利民社区服务"。这一阶段，社区工作站成为街道下设的政府机构，与社区居委会既分工又分家，二者之间是平行、合作关系。

(二) 社区服务的管理机制

社区居委会回归社区自治组织的法律地位。在社区服务领域，通过与业主委员会配合，在社区物业管理服务相关领域向居民提供有偿服务；协调居民与政府及社会中介组织之间的关系，如业主委员会与物业公司之间的关系；根据居民需求和就近原则，按市场规则通过社区服务站开展便民利民的有偿服务。

社区服务站隶属于社区居委会，是为社区居民提供各种社会服务的功能性民办非企业单位。经营范围包括社区棋牌室、图书室、健身房、培训室、家政服务、中介服务、治安保卫、环境卫生等，也包括政府委托的社会福利和社会保障相关公益性服务。社区服务站属于非营利组织，通过政府购买服务或低偿服务收费获得资金，所得利润只能用于本社区的公益事业和社区公共事务。

社区工作站隶属于街道办事处，属于政府派出机构，专门承担政府下沉到社区的行政事务，包括社区治安服务、社区人口与计划生育服务、社区就业服务、社区文化服务等。

(三) 社区服务的供给内容

深圳社区服务大致分为三类。

一是社区公共服务，包括社区救助服务、社区为老服务、社区劳动和社会保障服务、社区安全服务、社区卫生服务、社区计划生育服务、社区教育文化体育服务、社区环境卫生和环境保护服务和社区信息化服务。

二是居民自助互助和志愿服务，包括社会救助、优抚、助残、老年服务、再就业服务、维护社区安全、科普和精神文明建设活动等。

三是市场化服务，包括经济组织提供的购物、餐饮、家政、中介等服务；驻区单位提供的场地、人才和技术支持；物业管理公司提供的物业服务等。

深圳社区服务的专业化程度颇高。首先是专业社工队伍庞大。深圳持证社工超2万人，其中60%在社区服务中心工作，82%本科学历以上[1]。其次，专业社工服务深入社区。政府通过"岗位+项目+社区"的多元化购买模式引入专业社工服务，服务涵盖妇幼、民政、教育、医务、司法、企业等14个专业领域。

四、武汉市社区服务："赋权社会"

武汉社区服务改革创新的核心是政府职能转变，即政府主要采取间接方式参与社区治理，通过放权于社会，授权于社区，提高服务供给的效率。

(一) 社区服务在武汉的发展

武汉市社区服务最早始于江汉区大智街道的"包护"服务。1984年，应民政部关于福利事业"由封闭向开放转变、由福利救济向社会化办院"转变的倡议，武汉在江汉区大智街道展开面向街区孤寡老人的生活照护和看护服务，这种服务主要以邻里或社会单位"专人承包"为主要形式，可视作武汉社区志愿服务的雏形。1986年，江汉区民族街道召开现场会，对该区基层社会保障工作进行调查总结，并基本确立了以街道办事处为主体、以居委会为依托，面向老人、伤残儿童和优抚对象的社区服务体系。1987年，民政部在武

---

[1] 王义：《学习借鉴深圳社区服务经验助推城市品质改善提升攻势》，载《青岛日报》2019年4月2日。

汉召开全国城市社区服务工作座谈会，对江汉区社区服务的首创精神予以肯定，并将相关做法和经验推广至全国。自此，武汉市社区服务工作在广度和深度上进入新的阶段。

20世纪90年代，武汉市继续坚持"以街道为主体、以居委会为依托"的组织运行机制，街道办事处负责提供工作指导和组织保障，居委会则兼具直接管理者和组织者的双重角色。这一阶段，武汉市社区服务呈现两大特点：一是社区康复服务兴起。随着经济社会的发展，人们的健康意识逐步增强，武汉市社区康复服务在服务对象上由残疾人单一主体扩展到失能半失能的老人及慢性病患者，在服务项目上增设了体育保健、健康教育、文化娱乐康复等。二是公共服务设施建设进入高速增长期。1990年，武汉市民政局发布《全市社区服务深化发展三年规划（1990-1992）》，要求每年新建公共服务设施50处，促使社区服务工作"整体上规模，服务上档次，效益上水平"。

2002年底，武汉市正式启动社区建设"883行动计划"，即3年内在全市7个中心城区的883个社区推行城市管理、社会保障和就业、社会治安综合治理、社会服务"四进社区"。到2005年底，全市共投入12.6亿元，数百万市民从中受益[①]。"883行动计划"之于武汉市社区服务的意义在于，健全了社区事务分类管理和准入制度，有效减轻了居委会行政负担；建立了多元筹资机制，使政府财政资源和民间资源得以高效整合；创新了社区服务的需求表达机制和多方协商机制，即通过居民论坛、社区对话、市长热线等方式，收集公共需求；通过政府组织、社区组织、辖区单位、居民多方协商，确定公共服务的数量和质量标准。"883行动计划"奠定了武汉市社区服务创新发展的底色。

"十三五"期间是武汉市基本公共服务投入最大、市民得实惠最多的一个时期。九大领域的民生指标全线飘红，但社区服务依然存在规模不足、质量不高、发展不平衡等短板。

2020年，基于社区管理和服务在疫情防控中暴露出的短板、弱项，武汉市出台一系列政策举措，着力夯实基层基础。如，建立"4岗18级"岗位等级序列，提升社区工作者队伍的专业化、职业化水平；实行社区党组织书记事业岗位管理试点，拓宽社区工作者职业上升渠道；形成"双报到、双报告"制度，推动在职党员下沉社区常态化、长效化。2020年6月，武汉市委第十

[①] 《从四进社区到四到家园：武汉城乡协调发展纪实》，人民网转载《人民日报》，2007年8月20日。http://finance.cctv.com/20070820/109342.shtml。

三届九次全会提出，围绕提升人们的安全感、幸福感、获得感，织密"五张网"（城市应急处置网、公共卫生防护网、基层社会治理网、矛盾风险化解网、城市精细管理网），打造"七个圈"（15分钟生活圈、10分钟活动圈、12分钟文体圈、国内主要城市3小时交通圈、武汉城市群2小时出行圈、市域1小时通勤圈，以及中心城区10分钟、新城区12分钟医疗急救圈），构建涵盖"衣食住行"、贯穿生命全链条的养老、托幼、教育等服务保障机制。同时，强调治理和服务向居民小区拓展，通过创新设置小区党组织、深化"三方联动"服务机制等，打造居民家门口的服务阵地。

(二) 江汉区社区服务运作机制

武汉市江汉区是全国的"社区建设试验区"，改革目标是理顺政府与社区的关系，探索行政调控与社区自治在机制、功能、资源上的互补与整合。

江汉区社区公共服务历经三轮探索。2000年，江汉区街道根据地域、人群等因素，将原227个居委会调整为112个新社区，将基层管理和服务的平台控制在每个社区规模"小于街道、大于居委会"（1000-3000户）的层面；同时，明确划分了街道和居委会的相关职责，指出二者的关系应定位在"指导与协助、服务与监督"。2002年，以"883行为计划"为契机，健全社区事务分类管理和准入制度。2008年，进一步提出"三个归位"（即政府职能归位、社区自治功能归位、社会中介组织功能归位）、"五到社区"（即工作人员配置到社区、工作任务落实到社区、服务承诺到社区、考评监督到社区、工作经费划拨到社区），整合"八大员"，建立社区综合协管与综合服务体制，进一步分离居委会行政职能[①]。至此，上级政府的公共服务职能，要么通过街道社区服务中心政府购岗并下派的专职人员（服务员和协管员）直接到社区落实，要么通过"责随权走，费随事转"的方式委托居委会办理。

江汉社区的社区公共服务运作机制是"政府购买、社区服务中心运作、居委会协调监督、居民受益"[②]。区政府是社区公共服务供给的责任主体。具体职责包括：制定规划，筹措资金，协调工作，建设公共服务设施，购买公益

[①] 卢爱国、陈伟东：《"江汉模式"新一轮改革：破解基层社会管理的体制瓶颈》，载《领导科学》2012年第13期。

[②] 湖北省委政研室、湖北省民政厅联合调研组：《十年探索结硕果"江汉模式"誉全国——武汉市江汉区推进社区管理体制改革创新调查》，载《政策》2010年第8期。

岗位并对相关人员进行业务指导和技能培训。街道办事处作为区政府的派出机构，拥有相关人、财、事的管理权，并通过向街道社区服务中心（内设综合服务部和综合协管部）购买服务的方式，提供"一站式"公共服务。社区居委会独立于行政系统之外，主要发挥自治功能，如推行社区服务项目制，组织和发动社区社会组织为居民提供"订单式"服务项目。社区公共服务站接受街道社区服务中心的指导，具体实施政府延伸到社区的公共服务。

（三）百步亭社区服务运作机制

百步亭社区地处武汉市江岸区，1995年由社会资本百步亭集团开发建设。它是全国首个不设街道办事处的社区，也是首个将社区开发与社区建设、社区管理和社区服务融为一体的新型社区。百步亭社区服务是"企业服务社区"的典型，用三个词概括，即政府服务、居民自治、市场运作。在社区党组织领导下，社区管理委员会、物业管理公司和居委会建立起三方联动机制，共同为居民提供服务。

社区管理委员会（简称"管委会"）该社区的最高管理机构，由区委区政府授权，直接履行基层政府的部分职能，并负责组织、协调、指导、督办社区组织及各项活动。管委会由社区自治组织、业主委员会、物业管理委员会、百步亭集团（房地产开发商）代表和政府部门代表组成，是一个半行政半自治的组织。

社区居委会是社区自治性服务体系的核心。与传统的区-街道-居委会的三级行政不同，百步亭社区形成了区-社区-居委会的扁平化社区管理架构，通过开展"楼栋居民论坛""网上居委会"等形式将自治管理带进日常生活。社区居委会和业委会的成员由居民民主选举产生。

物业管理公司是社区服务的供给主体。百步亭社区按照600-800户的标准划分为22个苑区，每个苑区设立一个独立的物业公司。物业公司属于百步亭集团旗下机构，但由社区统一支配管理，收取的物业费也不上缴集团而是全部用于社区建设；物业公司以市场导向提供社区服务，将有偿、低偿的商业服务与无偿的福利性服务、志愿服务结合在一起。

该社区服务涵盖基本生活、教育、医疗、交通等。由开发商旗下的物业管理公司提供，体现全方位、全天候、全过程的特点。一是通过社区服务中心提供全方位服务。如通过行政服务中心提供社会保障、劳动就业等基本行政服务，通过卫生服务中心提供医疗卫生、日常保健服务，通过兴办各类教育机构提供优质教育和终身学习服务。二是通过社区服务热线和"爱社区·江岸社区管家"网络信息服务平台提供24小时全天候服务。三是依托各类社区组织和服务机构，组建志愿者团队和专业服务团队，开展针对弱势群体的志愿帮扶，以及管道疏通、家电维修等无偿的生活服务。此外，社区还建有社区小学、幼儿园、老年大学、市民学校等社区教育场所，足球场、篮球场、网球场、绿化广场等社区体育娱乐设施，并开通10余条公交线路，方便居民出行。基础设施的建设资金基本出自物业服务费。

五、地方城市社区服务建设的经验总结

地方政府在积极探索社区服务的组织方式、管理方式、供给方式上进行了大量创造性工作，取得了显著成绩，也积累了宝贵经验。

一是以社区党组织为核心的多元治理模式是社区服务工作健康发展的保障。如，在以北京、深圳为代表的基层社区治理中，通过理顺和规范社区组织之间的关系，充分发挥社区党组织的作用，建立了社区党组织领导下的多元治理模式，形成了政府主导、社会多元主体共同参与的社区服务供给格局。这种治理模式既有利于发挥社区党组织的政治优势，保证社区发展的正确方向，又能够克服社区行政化和单一治理模式的缺陷，有利于整合社区资源，发挥各方力量共同参与社区服务的积极性。同时，对进一步完善基层群众自治机制，加强社区自治功能具有重要意义。

二是明晰的社区服务组织体系是社区服务工作有序开展的前提。社区服务管理涉及市、区、街道等多个层面，其组织体系包括政府组织、社区自治组织、公益性社会组织、商业组织和社区居民等。组织之间的权责明晰、协调统筹，有利于实现各方力量的互联互动和服务资源的高效整合。此外，市、区、街道各级政府职能部门之间的联系和协调沟通也十分重要，是解决社区服务政策落实不到位、部门之间相互推诿的关键。

三是社区服务方式创新是提高社区服务效率、推进社区服务建设的重要途径。首先是建立社区公共服务长效供给机制。如，上海下大力气完善和规范政府购买服务的政策和程序，推进社区公共服务市场化，基本形成政府主导、社会组织和企事业单位广泛参与的公共服务供给机制。其次是依托专业化、规范化的公共服务平台，实行社区"一门式"服务，是打造服务型政府的重要举措。再次是"15分钟社区服务圈"实现了社区公共服务、社区自治服务和市场化服务的有机结合,为社区服务多元化发展提供范例。最后是社区信息化建设。即综合运用各种新技术,加强社区人、事、地、物、组织等相关要素系统整合,提高社区服务能力和服务效率。

第三节 城市社区服务体系发展现状和问题

一、城市社区服务体系的建设成效

近年来,在打造服务型政府和推进基本公共服务均等化的政策指引下,国家不断加大对基础性公共服务的建设投入,社区服务在数量和质量均有较大提升。目前,中国已初步构建起覆盖全民的国家基本公共服务体系,城市社区服务范围持续拓展,服务样式更加多元,居民满意度显著提升。

(一)社区服务机构设施不断完善

一是社区服务机构建设有序推进。大部分城市已基本形成以区级社区服务中心为龙头,以街道社区服务中心为主体,以居委会社区服务站、住宅生活小区社区服务点为依托的"纵分层次、横结网络"的社区服务设施体系。

二是社区公共服务机构覆盖率不断上升。据民政部统计,截至2020年底,全国共有社区综合服务机构和设施51.1万个,社区养老服务机构和设施29.1万个。城市社区综合服务设施覆盖率已经达到100%,农村社区综合服务设施覆盖率达65.7%[1]。社区服务设施普及率的提高,推动了各类基本公共服务项目在城市社区的广覆盖。

三是社区服务商业设施加快布局。为满足人民群众对舒适便利生活的更高期待,各省市从社区规划入手,依据经济水平、人口规模等因素,通过积极引入市场机制、鼓励居民参与等方式,构建起各类囊括社区养老设施、康复健身器材、科普长廊、文化广场、农贸市场、理发店、修车铺、早餐摊点的"社区服务圈""便民生活圈",使社区便民网点和商业服务设施的种类更为多样。

---

[1] 民政部:《2020年民政事业发展统计公报》,2021年9月10日。

（二）社区服务内容供给不断丰富

一是服务领域不断拓宽。在国家基本公共服务均等化的政策推动下，各省市相继出台基本公共服务指导文件，细化服务事项，并以此为依据，增加本地特色服务项目。如北京市出台的《社区基本公共服务指导目录》，包含十大类180余项具体服务项目，基本涵盖与人们生活息息相关的环境与治安、劳动就业咨询、医疗卫生、文化娱乐等服务。

二是服务形式不断创新。一方面，公共行政服务高效化。各地以方便居民、服务社区为宗旨，建设"一门式"行政服务大厅、街道社区代理站点，推行电子政务，让居民在办理户籍、家政、就业咨询等行政事务时"少跑路"或"不跑路"；另一方面，生活服务便民化。各地积极打造"社区服务圈""便民生活圈"，以居民日常生活需要为导向，采取多种方式整合辖区内的服务设施和资源，使居民能够在步行15分钟甚至更少时间的范围内，享受到"看单点菜"式的社区基本公共服务，以及购物、餐饮、缴费、日常修理等方面的便利服务和特色服务。

三是服务水平不断提升。一方面，专业水平提升。社区依托社会综合服务机构，积极引进精神慰藉、资源链接、能力提升、关系调适、社会融入等专业社会工作服务，发挥专业社会工作在传统社区照顾、扩大社区参与、促进社区融合、推动社区发展、参与社区矫正和社区戒毒、社区康复、社区交通安全宣传教育等方面的作用；另一方面，智能化水平提升。依据国务院发布的《关于加快推进"互联网+政务服务"工作的指导意见》（国发〔2016〕55号），各地纷纷出台相关政策，加快智慧社区信息基础设施建设，积极开发智慧社区移动客户端，提高社区窗口办事效率。如武汉市推广"微邻里"微信平台、广东省开发"粤省事"微信小程序等，为居民提供便捷高效的生活和及政务服务。

（三）社区服务人才队伍日趋优化

一是社区服务人员队伍不断壮大。政府通过建立健全社区工作者录用、考评、教育培训体系以及晋升激励机制，加强社区工作者队伍建设。鼓励大学生到社区基层工作，推动在职党员干部下沉社区常态化、长效化、制度化。积极探索建立社区志愿者注册、服务、管理、评价制度，推行"时间银行"、积分制等社区志愿互助新模式,壮大志愿服务力量。

二是社区服务人员专业化水平进一步提升。据民政部统计,截至2020年底,全国社会工作专业人才总量接近149万人,持证社会工作者共计66.9万人,其中助理社会工作师50.7万人,社会工作师16.1万人①。北京、上海等地的社区工作者九成以上具有大专学历②,近四成有本科学历,年轻化、知识化倾向较为突出。

三是社区服务人才体系初步形成。各地通过探索建立岗位薪酬制度并完善动态调整和职业成长机制,不断健全社区工作者职业体系;依托相关院校平台优势,开展社区服务相关人才培养和社区工作者能力提升培训,构建人才供给体系;同时,发挥社区平台、空间的创新承载作用,引进新的社区服务、生活和商业模式,汇聚基层创新创业人才。

(四)社区服务体制机制持续创新

一是"政府主导、各方协作、市民参与"的多元供给格局逐步建立。一方面,在明确区分"服务生产"与"服务提供"的基础上,基层政府加快职能转变,由原来公共服务的唯一提供者兼生产者转变为组织协调者,由"划桨"向"掌舵"转型;另一方面,各地结合本地实际,引入市场机制,发动社区组织和各类社会服务组织参与社区服务的生产和提供,社区服务供给主体和供给方式日益多元化。

二是"三方联动""三社联动"社区服务机制初具雏形。一方面,各地以推动党组织覆盖、深化红色物业为重点做实小区,"红色物业管理""红色引擎工程"等初见成效,既解决了小区管理"真空"的问题,又满足了居民多样化、个性化、精细化的服务需求;另一方面,社工作为相对固定的专业人员,依托社区平台,衔接慈善公益组织、社会组织和志愿者,以社区民生项目为载体,以政府购买服务为保障,开展公益创投、项目补贴、项目奖励以及社会组织认领服务等活动,基本形成社会组织承接项目、社工团队协助执行项目、面向社区实施项目的格局。截至2020年底,各地已开发设置社会工作岗

---

① 民政部:《2020年民政事业发展统计公报》,2021年9月10日。
② 骆倩雯:《九成社区工作者学历为大专以上》,载《北京日报》2018年10月11日。

位44万多个①。

三是社会组织参与社区服务的政策与规制不断完善。政府通过购买服务、补贴奖励、项目管理、资源共享等方式,支持各类社会组织及企事业单位积极参与社区服务;枢纽型社会组织工作体系进一步健全,以社区公共服务设施网络为依托,加快推进各级各类社区组织、非营利组织和志愿服务组织迅速发展。社会组织管理和监督进一步加强,行业协会商会脱钩改革全面推开,涉及收费行为进一步规范。此外,社区社会组织壮大发展。2016年出台的《关于改革社会组织管理制度 促进社会组织健康有序发展的意见》(中办发〔2016〕46号)释放了社区社会组织是"重中之重"的政策信号,此举直接推动草根型社区社会组织数量"井喷"。截至2018年底,中国社区社会组织数量已达39.3万个,其中基层民政部门登记6.6万个,街道和社区管理32.7万个②。2020年12月,民政部印发《培育发展社区社会组织专项行动方案(2021-2023年)》(民办发〔2020〕36号),进一步对社区社会组织结构布局优化、服务特殊群体能力增强提出要求。

二、城市社区服务体系存在的问题

中国城市社区服务体系建设虽然取得了一些成绩,但是,仍面临供给不充分、发展不平衡、体系不健全、职责不到位等困难和挑战。

(一)社区服务效能与实际需求之间存在差距

一是供给总量不足。基本公共服务供给总量不足,民生工程欠账还较为突出,真正可利用的照料性服务,如社区老人护理床位、普惠托育学位等,还不能与社会现状相匹配。城乡基本公共服务不均等现象仍普遍存在。还没有形成针对多层次、多元化服务体系建设的稳定投入,随意性较大。特别是对于一些"准公共产品",如社区自助互助服务、应急服务、辅助性生活救助服务等,由于供给主体不明确,以致成为社区服务中的漏洞和短板。

二是专业性不强。现有社区服务项目主要集中在环境绿化、老人照顾、职

---

① 詹成付:《贯彻落实党的十九届五中全会部署 提高基层治理水平》,载《社会治理》2020年第11期。
② 罗争光:《我国已有社区社会组织39.3万个》,载新华网http://www.xinhuanet.com/fortune/2018-11/22/c_1123754433.htm。

业介绍、卫生保洁等方面，以经验性服务和体力劳动服务居多，只能满足居民基本生活需要；而一些知识含量较高的专业化服务，如老年陪护、幼儿托育、问题青少年的行为矫治、精神障碍者回归社会辅导、刑释人员的社会化辅导、单亲家庭的心理辅导等，进展缓慢。

三是功能性欠缺。基层减负政策还未得到全面落实，多数社区居委会和社区服务组织依然忙于行政事务或社区福利事业，没有精力也没有能力组织社区文化教育服务和志愿服务，更没有动力开发与居民生活密切相关的商业便民服务。

四是信息化利用效率较低。从总体来看，信息化社区服务平台的使用率和满意率均不理想。受限于资金及观念问题，一些地区的互联网信息化建设严重滞后；而一些发展较好的地区，其信息资源也仅限于在街道范围内配置整合，未在全区范围内推广。

（二）社区公共设施建设不足且分布不均衡

一是社区公共服务设施建设不足。大量老旧社区还没有设置一站式服务大厅、图书室、警务室、托老所、文体活动室等服务场所；一些基层社区服务部门，如社区服务站，还没有独立的办公场所，或办公面积小、设施简陋，只能通过争取财政补助和自筹等方式，租、借或占用社区其他办公空间。随着城镇化推进，城市新建商品房小区日益增多。因缺少行政职能部门监督和指导，房地产商更青睐于经营性服务设施，如会所、绿地花园等，而对与老人、残疾人、青少年等社会弱势群体息息相关的公益性服务设施不予重视。有些甚至出于商业利益，挪用或占用社区福利设施建设用地。

二是社区服务设施设置单一且利用率不高。如，体育设施虽然覆盖率较高，但大多以室外康复运动器材、健身步道为主，篮球场、羽毛球场、乒乓球场等设置较少。社区服务设施大多是地方政府自上而下推动的项目，目的是达到相关部门出台的标准。部分设施由于没有充分考虑社区实际情况和居民需要而存在着利用率不高的现象，有些设施甚至在验收后闲置，造成资源浪费。与此同时，一些居民急需、呼声很高的民生项目却因为缺少"亮点"而被搁置。

三是社区服务设施建设不均衡。多数社区由于经济实力有限，至多形成"小而全"的建设规模，而高档社区设施闲置、老旧社区设施缺损的情况同时存在。一般来说，新建商品房小区内的公共设施配置比较齐全、水平较高，而老旧社区特别是外来人口聚居的棚户区，社区公共服务设施陈旧短缺；中心城区的公共设施较为密集，而边缘城区则缺乏与当地人口相适应的设施规模。

（三）社会化服务和志愿服务层级较低

一是社会组织和市场力量参与不充分。首先，社会组织提供的服务多集中于文体娱乐、社区环保等技术含量较低、比较容易做好的领域，"以活动代替服务、以代表代替大众、以方案代表成效、以口号代表行动、以花钱代替办事"的问题普遍存在。同时，对于困境儿童关爱、扶老助老、扶残助残等技术活儿既做不了、也不愿意去做。而这些恰恰是社区最需要，也是最容易出事的风险点。其次，政府购买社会服务的领域不宽、项目不多、总量不大、稳定性不强，一些社会组织为了谋求生存，一味迎合政府需求，频繁切换服务领域，而不管是不是自己的专业领域、有没有专业能力、有没有可资利用的资源，结果既做不好也做不了。大部分城市的社区服务以政府供给为主、政府购买服务为辅，市场供给仅在经济发达地区有一定规模。

二是社区居民参与热情较低。居民参与是社区发展的主要力量，也是社区服务扩大发展的重要条件。居民参与程度用两个标准衡量：一个是社区服务对象的参与率，即社区居民是否普遍参与了某项社区服务活动；一个是参与服务的广泛性，即社区居民参与社区服务的领域是否广泛。总体来看，中国城市社区服务的居民参与率不高，参与渠道有限，参与规模和频次分布不均衡。大多数居民不愿参与社区服务，有的甚至没听说过社区服务。一些社区居民即使参与了社区服务，也是在居委会或上级行政机关的倡导下被动参与，积极性不高，且参与的多是较低层次的行政事务，如环境卫生、人口普查等，以临时性活动为主，对社区服务的管理和决策等较少关心。

三是常态化社区志愿服务发展不足。志愿服务是居民参与社区服务的重要载体。据已知数据，截至2018年底，全国共有社区志愿服务组织（团体）12.9万个[1]，注册志愿者1.4亿人。这个数字相对已有很大进步，但从现实来看还远远不够。一方面，社区志愿服务多以自发性、临时性活动为主，多数志愿服务组织没有形成长效的管理机制和运行机制，权责不明晰、服务不规范、管理能力不强、效率不高等问题普遍存在，严重影响了社区志愿服务的可持续

---

[1] 民政部：《2018年民政事业发展统计公报》，2019年8月15日。

发展；另一方面，社区志愿服务活动涉及的领域有限，部分志愿服务在政府统一部署下开展，行政色彩浓厚，不能调动居民群众的参与积极性和热情。

三、城市社区服务体系发展不足的原因

（一）社区服务资源投入不足

社区服务的正常开展，有赖于资源的供给和有效利用。但目前中国社区服务建设在财力资源、社会资源、政策资源等方面均存在困境。

一是财力资源不足。首先，缺乏稳定多元的资金投入机制。一方面，政府投入有限且不稳定。另一方面，社区服务的社会资金筹集机制尚未形成，社会组织和市场组织介入社区服务的门槛较高，尚未形成社会力量支持社区服务的投入机制；且由于多数社区服务项目规模不大，收益有限，也很难吸引社会投资和银行贷款。与此同时，慈善捐赠、福利彩票等资金来源所能发挥的作用较为有限。受限于资金短缺，社区服务很难在内容和规模上有所拓展。其次，资金投入存在体制性的补贴错位。政府倾向于投入需求量小、受益面相对广泛、政绩显示度比较高的项目。例如，用较少的资金就可以为相对健康的人群提供广泛的社区文化娱乐服务等。上述做法并没有错，只是那些最弱势但相对人数较少的群体，对补贴与服务的需求量更大、需求强度高，并且是持续性需求，而这部分需求往往不能被持续性关注和满足。

二是社会资源整合较差。社会资源不仅包括来自企业、基金会等社区外部的资金支持，也包括社区内的企事业单位，如高校、商企等提供的资金、人力、智力和技术支持。首先，社区与辖区单位之间"共驻共建、资源共享"仍是愿景。原因有二：一方面，传统单位体制的惯性使然。一些辖区单位延续着计划经济时代相对封闭的大院式生活环境，单位内的公共设施和服务资源仅限内部人员使用，不对外开放，除涉及公共事务（如计划生育等）时与社区居委会联系，平时基本属于各自为政。另一方面，辖区单位对社区并未形成归属感和认同感，认为支持社区服务不仅不能给单位带来利益，相反还有可能产生麻烦和损失，因此对社区服务资源的共享和开放并不热心。其次，大型社区服务设施多建在区街层面，地域界限较为明显，公共服务资源分配不合理、共享不充分，导致公共服务利用率低下。

三是政策资源较为缺乏。首先，宏观政策缺乏配套细则，操作起来有难

度；一些政策虽较为明晰，但缺乏权威性，执行上不易落实。此外，由于缺少统一部署、分类指导和长远规划，实践中职能部门各行其政，缺乏衔接。如卫生部门开展社区医疗服务，民政部门提倡居家养老服务，教育部门要求促进社区教育、终身学习，文化部门要求充分利用文化设施……这些服务虽然在内容和目标上具有重复性和共通性，但由于条块分割而未能实现优化整合，难以对社区服务形成健全的政策支持和制度规范。其次，政策错配往往导致供需错配。由于政策细分往往以辖区属地或部门分工为依据，加之缺乏协同机制，结果是部门和区域分割了服务对象，造成重复覆盖、遗漏、不均衡、不公平、低效率等。最后，政策固化与滞后。社区服务关系民生，面对的是鲜活的市井民情和日常的民众生计。但是，由于基础参数更新不及时乃至无更新，导致紧急事件发生时应对不足。例如，第一代独生子女的父母步入老年，失独家庭的保障本是大概率事件，与其相关的老年服务设施、服务项目、服务队伍等方面还需要提升。

(二) 社区服务组织管理体制不顺

社区服务工作的效果很大程度上取决于社区服务的组织管理体制机制是否畅通和高效，而社区组织体系的构建取决于制度环境及其与组织主体的适配程度。

宏观层面来看，社区服务的组织体系发展不健全，不均衡。不同城市、区县之间的社区组织体系存在较大差异。经济发达地区的社会组织、志愿服务组织等发展较为成熟，而经济欠发达地区的社会组织数量较少，规模较小；即使在同一城市，社区组织体系的完善程度也呈现出由城市中心向周边弱化的趋势。如，有的大型社区为满足居民需要设立了"一居两站"或"一居多站"，而老旧社区大多尚未建立社区服务站，或社区服务站未配备专职工作人员。

微观层面来看，当下的城市社区服务，特别是城市社区基本公共服务，主要由代表政府的街道办事处和代表社区自治组织的居委会负责管理运作。组织之间的角色错位，关系不顺，权责不清，导致社区服务在发展和运作中受到制约。具体表现在：

一是政府的角色定位不清晰，何时掌舵何时划桨尚不明确。中国的社区服务是在政府领导下通过自上而下的方式逐级推进的，组织体系上表现为区、街道、居委会三个层级,与行政体系对应,组织管理上表现为由同级政府主管部门或相关行政部门及居委会干部负责。因此,无论从纵向还是横向上看,政府都位于社区服务组织体系的中心。政府主导的组织体制在传统的主要面向民政对象的社区公共服务中确实起到了积极作用,但随着时代发展,政府的职责应该从直接、单向地提供服务转变为规划、指导、协助和监督。从现实来看,很多地方政府还无法真正实现这种转变。有的表现为包办倾向,管了一些不该管的事,不利于市场服务的进入和壮大;有的表现为过度市场化,把本属于政府责任的公共事务推向市场,损害了社区服务的公益性和福利性。

二是社区权小任务重,没有得到应有的支持。首先,社区管理和服务的外部环境支持与保障不足。随着城市管理重心下移,政府各职能部门纷纷在社区设立相应机构,将大量行政事务(如社会治安、环境卫生、人口普查、计划生育等)转移到社区,而与此同时,并未做到"权随责走、费随事转",基层无力承担,只能消极应付;同时,由于在行政事务上耗费了大量时间和精力,原本用于社区服务的资源和空间被严重挤压。此外,相当部分社区既没有与街道办事处建立工作对接机制,也没有与劳动保障、司法、警务等政府职能部门建立常态化的工作对接联动关系,这也在很大程度上影响了社区提供公共服务的能力和工作效率。

三是物业与业主(居民)之间权利失衡。一方面,原本应该代表业主利益的业主大会和业主委员会,因为主管部门不懂、不愿或没有能力介入,而普遍存在成立难、运行难的现象,导致居民与物业没有办法做到平等对话。另一方面,物业与社区居委会权责不明晰。从法理上讲,居委会与物业管理公司之间是指导与被指导、监督与被监督的关系,但在现实中,很多小区的物业公司由开发商选聘,与社区和相关部门缺乏衔接。且由于没有相关政策法规作为依据,二者之间存在权责上难以规范和明确。

四是社区服务的决策机制还需完善。表现在:决策前期征集民意不够,居民参与渠道有限。决策过程中以行政诉求为主,服务的类型、结构、数量和质量均体现政府的政策目标、利益、判断和偏好。在缺乏有效监督和制约的情况下,各级政府热衷于投资短平快项目,而对难出政绩的长线项目不能充分供给。决策推行过程中,以"自上而下"的行政方式推动,具有很高的统一性和强制性;由于民主反馈机制还不健全,居民不能有效参与和监督公共资源的分配。供给决策机制和需求表达机制的不健全,导致社区服务建设缺乏长远规划和科学设计。

(三) 社会力量参与社区服务的意愿和能力不足

一是社会组织发育尚不成熟。首先,社会组织专业能力有限。社会组织普遍力量薄弱,不具备清晰的目标定位和成熟的运营能力,对于谁来服务、该服务谁、如何服务等都是摸石头过河甚至摸不到石头,以致在服务上做不到精准匹配、针对性投放。其次,社会组织服务难落地。由于社会组织大都无法扎根社区长期经营,在服务对象的招募和服务活动的开展上高度依赖于所在地的群众自组织(主要是社区居委会);而许多居委会对日常事务之外的社会组织活动并"不待见",缺乏一定的认可、认知以及配合支持,这使得社会组织对服务对象的真实需求难以甄别,对服务过程的规范细节难以把控,进而导致服务项目和服务对象难以精准匹配,影响服务效果。最后,社会组织与社区、市场、社会及其行业内部的其他组织之间缺乏联动,以致找不到资金、项目乃至志愿者资源。

二是居民参与缺乏文化土壤和技术铺垫。首先,居民的社区意识淡薄。社区在中国的发展历史较短,人们还未形成强烈的社区认同感和归属感,与此同时,人们习惯于计划经济体制下的单位依赖,认为工作单位才是社会生活的重心,因此对社区活动缺乏热情。其次,居民对社区工作不信任不满意。由于对社区工作的认知不足,人们习惯于在遭遇到问题时求助亲友,对社区解决问题的能力持怀疑态度,加之目前社区服务的水平有限,无法充分满足居民需求,也导致居民参与的积极性不高。最后,居民参与的渠道不畅。居民参与社区服务需要各种各类的社区组织作为行动载体,但当下社区社会组织仍发展缓慢,数量少、规模小,专业程度不高,没有能力承担起组织居民活动的责任。

三是社区志愿服务缺乏长效机制。一方面,志愿服务立法较为滞后。目前,中国虽有约 2/3 的省市制定了地方性志愿服务法规,但全国性志愿服务法依旧"难产"[1];现有的地方性法规,对基本法律关系、权利义务和责任分担等并无权威界定,可操作性不强。另一方面,由于缺乏长效管理机制和运行机

---

[1] 民革中央:《志愿服务亟待法律"护航"》,载人民政协网 http://www.rmzxb.com.cn/c/2015-07-03/527420_1.shtml,最后访问日期:2015年7月3日。

制,社区志愿服务组织普遍存在权责不明晰、服务不规范、管理能力不强、效率不高等问题,严重影响了社区志愿服务的可持续发展。

(四)社区工作者队伍结构有待优化

一是专业服务人才缺口较大。街道和居委会层面的社区服务人员普遍存在年龄偏大、学历能力偏低等问题,缺乏社会工作经验,不具备有效开展社区服务工作所必需的科学知识和专业技能;而一线的社区服务人员多以离退休人员、下岗职工、进城务工人员为主,文化水平总体偏低且一般没有接受过系统专业的社区服务技能训练,导致社区服务项目只能局限在最基本的生活服务上,对于诸如医疗保健、精神康复、教育、护理等知识含量较高、专业性强、社区需求大的服务项目尚未或很少开展。

二是管理机制不健全,职业化水平较低。在基层社区从事管理和服务的人员,劳动关系既有属于体制内的公务员编制、事业编制,也有体制外的无编制人员,如以居民区干事、各类中心工作人员等为主的街镇聘用人员,以协管类、公益服务类等为主的政府购买服务人员。这两类人员或与街道(乡镇)或招聘单位签署服务协议,或与劳务派遣公司等市场主体签订短期劳动合同,进入、退出、退休没有明确的法律法规和政策规定,相关权益难以保障;人员考核、退出机制也不规范。主管单位的不同,也容易造成工作上的交叉或脱节,因待遇差异引发不满矛盾等。

三是缺乏激励机制,人才流失较大。社区工作人员薪酬水平总体较低,不仅远低于城镇单位就业人员平均工资,缴纳的基本养老保险标准也较低。很多县(市、区)只重点保障了社区主职的工资,其他社区工作人员工资需要自筹;与此同时,现行政策只解决了养老保险"有没有"的问题,却并未明确缴纳的类型及标准,实际工作中参照城镇单位就业职工、企业职工、灵活就业人员缴纳的同时存在,导致社区服务人员在退休前后待遇落差过大。虽然在国家倡导下,有大批大学生社区工作者进入社区,使社区服务队伍的素质得到极大提高,但由于缺乏制度化的培训机制、晋升机制、激励机制,事业单位、公务员等职业待遇偏低、保障较差、前景不明,对很多大学生而言,社区工作只是跳板,而非归宿,导致"能干的留不住、年轻的干不长"。

第四节 城市社区居民服务需求变化分析

居民需求是民生的本源，也是城市社区服务体系建设的逻辑起点。随着经济社会发展和生活水平提高，人们对社区居住环境、医疗卫生、文化娱乐、物业管理等方面的需求被不断激发并逐步升级。在此背景下，社区服务设施的综合化和人性化、服务项目的多样化和多层次、服务供给的社会化和专业化，将是未来趋势。

一、人口变量对居民服务需求的影响

（一）人口总量与结构

人口总量。据国家统计局数据，截至2021年末，中国大陆总人口14.13亿，其中城镇常住人口9.14亿，占总人口数量的64.7%[1]。全国人户分离人口5.04亿，其中流动人口达3.85亿。《中国城市竞争力第17次报告》预测，到2035年，中国城镇人口将超过9.8亿。

年龄结构。一是少儿数量持续减少。据国家统计局数据，六普到七普十年间，全国0-14岁少儿占人口总数的比例始终徘徊在16.6%左右。虽然二孩政策的推行起到了一些缓解作用，但全国出生率仍发生断崖式下跌，2020年低至8.52‰。二是老年人口规模快速增加。65岁以上老年人口数量和比重快速提升，老龄化程度进一步加深。截至2020年底，65岁以上老年人口数量达1.91亿，占总人口数量比例为13.5%，老年抚养比19.7%[2]。

家庭结构。一是家庭规模向小型化方向发展。根据2020年"七普"数据，当前全国共有家庭户4.9万户，平均每个家庭户人口为2.62人，比2010年减少0.47人，比2000年减少0.82人[3]。这个数值跌破3，意味着传统一家三口的结构已经完全被颠覆，一人家庭远比想象中更多。二是家庭类型以核心户为主，"421"或"422"倒金字塔型家庭（即一对独生子女夫妇结婚后组成的家

---

[1] 国家统计局：《2021年国民经济和社会发展统计公报》，2022年2月28日。
[2] 国家统计局：《中国统计年鉴2021》，2022年1月12日。
[3] 国家统计局：《第七次全国人口普查公报（第七号）》，2021年5月11日。

庭中，夫妇上有4个父母长辈，下有1个或2个小孩）逐渐成为新组建家庭的主要形式。三是空巢家庭、流动家庭数量和比重持续上升。据可查询到的公开数据显示，2015年，中国空巢老人占老年人口总数的一半，其中，独居老人占比近十分之一。"人户分离"的流动家庭占家庭总户数的17.2%，流动家庭平均每户有2.59人，说明夫妻携子女共同流动的情形较为普遍[1]。

就业和产业结构。截至2020年，全国就业人员7.51亿，其中，第三产业就业人数3.58亿，占比47.7%[2]。白领（服务业从业人员）比例大幅增加，并远远超过蓝领（工业从业人员）[3]。新兴的网络职业，如网店经营、短视频制作、网络直播、网络作家、网约车等从业人员增长较快。

（二）人口变量对居民服务需求的影响

基本生活服务。中国大部分城市已经进入以第三产业为主的高度城镇化阶段，物质的丰富和收入的增加，使人们对生活品质的要求水涨船高，消费方式也由温饱型向小康型、由自给型向交易型转变。据北京大学一项问卷调查结果，93%以上的居民认为政府应该提供劳动就业、社会保障、医疗卫生、文教体育、环境卫生、公共安全等公共服务及设施，87%的居民认为政府提供的公共服务越多越好[4]。

"一老一小"服务。少子化和老龄化是全世界国家共同面临的难题。在人口老龄化进程加速的同时，0-14岁少儿数量快速下降，意味着人口红利走向枯竭，将形成劳动力供给的潜在风险，对中国经济产生深远影响。"一老一小"服务不仅是国家缓解人口危机的重要举措，也是"以人民为中心"的服务型政府的职责所在。家庭仍是中国老人照护和儿童照料的主要承担者，社会照料十分欠缺。《中国家庭发展报告2016》指出，近90%的家庭有不同程度的照料需求，近40%的家庭有双重照料需求。此外，由于现行体制机制不健全、政策碎片化、服务设施不足、护理体系尚未建立等原因，"一老一小""靠政府"只能保基本，许多个性化问题很难解决。

---

[1] 孙乐琪：《2015家庭发展报告：中国家庭平均3.35人》，载《北京晚报》2015年5月13日。
[2] 国家统计局：《中国统计年鉴2021》，2022年1月12日。
[3] 詹成付：《贯彻落实党的十九届五中全会部署 提高基层治理水平》，载《社会治理》2020年11月17日。
[4] 参见黄恒学，等：《北京社区公共服务建设研究》，中国人民大学出版社2016年版。

流动人口服务。受城镇化影响，京津、深莞惠、广佛肇、厦漳泉、长株潭、苏锡常、重庆、南京、武汉等都市圈、城市群正在快速成为人口集聚地。2016年10月，国务院办公厅印发《推动1亿非户籍人口在城市落户方案》（国办发〔2016〕72号），放松重点城市落户条件，截至2019年底，全国已发放居住证超过1亿张①。由于家庭落户较之从前比重较大，其背后的"宜居"愿望更加迫切。对城市而言，扩大普惠型公共服务覆盖面，改善公共服务供给能力，提升社区所有居民的获得感和归属感，是十分重要的举措。

二、社区不平衡发展对居民服务需求的影响

（一）地域差异

社区建设水平很大程度上受到城市经济和社会发展水平的影响。中国幅员辽阔，区域经济发展极不平衡。总的来说，东部沿海地区经济发达，中西部经济相对落后。这种差距既影响公共服务的供给能力，也影响居民在社区服务上的需求。在经济相对落后的地区，居民群众对托底性民生保障的需求更为迫切；而在经济发达的地区，社区居民的需求已由生存型向享受型转变，既表现出对政府提供基本公共服务的需要，同时又不满足于低水平的基本公共服务供给，旅游、保健、交通、保险等成为新的消费热点，与之相关的服务需求将大幅增加。

（二）社区差异

至2016年全国共有街道7957个，城市社区10万个②。根据资源禀赋、经济条件、地理区位、功能定位等标准，可将社区分为不同类型，如中心城区、城乡结合部社区、农村社区；新建住宅区、在建住宅区、老旧住宅区；普通平房区、高层住宅区、别墅区；商品房区、单位家属区、公租房区、廉租房区等。

对应不同居民特征和现实问题，继而产生不同种类或程度的服务需求。如，中心城区的社区对出行停车、高层次文化服务和优质商业服务的要求较

---

① 《我国户籍人口城镇化率提高到44.38%》，载光明网 https://www.sohu.com/a/423068853_162758，最后访问日期2020年10月7日。

② 《城乡社区服务体系建设规划（2016-2020年）》，2016年10月28日。

高，城市外围的"村改居"社区则对医疗、治安、就业等基本公共服务有较高期待；老年人口占多数的社区要求更加完善的养老服务设施，中青年人口占多数的社区则对婴幼儿托育和学前教育服务的需求更为迫切；外来人口多的社区，需要大力推进基本公共服务均等化；社会治安较差的地方，需要把公共安全、应急救援等作为工作重点；商品房社区的需求多通过物业服务提供，单位社区则依靠单位提供后勤保障和生活服务。其中，新建社区产权清晰，一般建有配套服务设施，而老旧社区产权不清，服务设施不全，若没有单位依托则会留下管理和服务"真空"。

三、需求变化对城市社区服务体系建设的影响

（一）社区服务供给结构

国内人口发展已从生育主导转为迁移主导，并呈现全家迁移的特征。据原国家卫计委统计，在已婚新生代流动家庭中，夫妻二人共同流动的占81.7%，携子女流动的占比84.7%，携带老人流动的家庭也逐渐增多[1]。人口的流动迁徙将导致两方面问题：

一是人口膨胀或外流造成社区服务设施布局失衡：既有"小马拉大车"的不堪重负，也有"大马拉小车"的资源闲置。前者如大中型城市的各种超大规模住宅区、园区、商圈、城市综合体、公租房楼群，人口分布过于集中给社区服务供给带来巨大压力。据调查，北京市社区的居民户数一般在1000-3000户，多的在5000户以上，早已超过《城市居民委员会组织法》规定的每个社区100-700户的规模，外来人口增长是社区规模快速膨胀的重要原因；但是，社区服务设施规划主要针对户籍人口编制，配建指标也主要考虑户籍人口需求。后者如人口持续外流的"空心村"和"空心镇"，其经济弱、设施差、布局散、土地利用率低，有些连基本的治安都维持不了。

二是流动人口的管理和服务供给经常陷入"两不管"的尴尬处境。形象说法是，流入的感觉这一群体看得见，但管不着；流出的感觉这一群体看不见但还得管。流出地的经济一般较为落后，加之流动人口实行流入地的属地化管理原则，因此，流出地并不会多投入经费给这一群体。流入地则按现行户籍制

---

[1] 孙乐琪：《2015家庭发展报告：中国家庭平均3.35人》，载《北京晚报》2015年5月13日。

度的划分，主要服务管辖地户籍人口，不愿让数量庞大的流动人口均衡分享社会福利和公共服务。国家应从宏观层面明确划分流出地与流入地的职责，以避免出现问题后相互推诿。

(二) 基本公共服务均等化

新生代农民工是新型城镇化的主流群体。新生代农民工是指80、90后打工人群，他们活跃并流动在国内大型生产制造业的前线，成为产业工人的主体。与他们的父辈相比，这个群体大多没有务农经历，已经与农村事实分离和脱离，向往大城市的生活节奏和环境；受教育程度较高，物质和精神享受的要求较高；"标配"是小夫妻俩一起流动，父母"跟进"带孩子或从事"三产"。

就其居住状态而言，由于受到经济收入、文化程度等种种因素制约，他们很难融入城市，享受城市主流文化。虽然不乏"六个钱包"凑钱买了房的，或在成熟社区租房以及住集体宿舍或工棚的，但更多是抱团取暖、"扎堆"房价便宜且管理松散的城乡结合部或城中村，依托老乡、亲戚、朋友等形成一个个独立的生活圈和社交网络。这些区域基本上是人户（户籍）分离和人房（租房）分离，本地的居委员会难以将其纳入管理服务范围。与此同时，由于本地人与外来常住人口的"户籍"所拖挂着的"福利包"不同，本地人反对"福利摊薄"，政府有效供给又跟不上，外来人口在大都市只能"赤膊打拼"。比如外来人口最为看重的是随迁子女就近入学。然而，优质中小学教育资源最为稀缺，也最难获取。长此以往，城市将形成主流社会和边缘社会的双重结构，带来隔离、矛盾和失序。

任何针对新生代农民工市民化的解决方案都必须是建设性的、前瞻性的，应当着眼全局，顾及长远，立足于撑起这一庞大群体的未来和希望。当下最重要的是亟须在城乡一体化建设的基础上，建立公平可靠的社会保障体系和均等化的基本公共服务体系，尤其是在医疗、教育、养老、保障性住房等方面，破除城乡藩篱，让每一个群体都能平等地"共享发展成果"。

(三) "一老一小"服务体系布局

家庭原本是养老抚幼的主要载体。然而，由于城镇化、工业化以及人口快速流动，加之家庭结构解体、家庭关系分化、家庭结构小型化等因素，家庭内部照护功能严重弱化，社会照护需求猛增。

目前是"一老一小"服务体系建设的最佳布局期。任何一个社会服务的解决方案，都要看它对外部环境和财政保障的要求是否高，方可判断其可推广性、可复制性以及财务的可持续。"一老一小"服务处于公共产品和市场提供产品之间的绵延带，呈犬牙交错之势。需要率先厘清政府、市场、社会和个人的责任，精准定位，建立分责机制。政府的定位是要保基本，市场的定位则是寻找合理的商业模式，提供更加丰富的养老服务产品，社会是政府与市场之间的缓冲。换言之，养老和托育作为大众需求必须经过市场化、产业化这样一条路来满足。

(四) 社区服务分类供给

社区服务体系分类指导、分类构建是社区服务建设的客观需要。一是以公平可及作为公共服务设施空间布局的原则，把握好区域之间社区服务设施供给与需求的平衡。充分考虑不同规模、面积以及功能定位的社区条件和需求，统筹兼顾，合理配置。二是根据居民服务需求的属性和特点，同时考虑政府和社区组织在社区服务中的不同定位，将社区服务划分为基本公共服务、非基本公共服务和非公共服务，分类指导、分类构建，科学划分了社区服务主体的供给责任，能够更好发挥政府、社区组织、社会组织、企业和个人在社区服务中的作用。

第三章 城市社区服务实践与探索

城市社区服务最重要的功能就是为居民群众提供日常生活便利。其中，针对城市社区弱势群体及特殊困难群体的保障服务属于国家基本公共服务范畴，体现着国家和地方政府的民生温度、治理精度。本章以不同人群特征和需求为标准，分别介绍了中国城市社区政务服务、物业管理服务、卫生服务、养老服务、儿童保护与服务、残疾人服务以及其他重点人群服务，并就其发展现状和存在的问题进行了分析，结合地方创新经验提出了优化建议。

第一节 城市社区政务服务

社区便民服务与居民生活息息相关，其核心是以人为本，为民服务。社区服务中心提供社会救助、文化体育、敬老养老等公共服务，以及家政、培训等便民服务；社区商业设施（如便利店、菜市场、干洗店、小饭馆等）提供个性化生活服务；社区物业企业提供小区物业管理服务。有条件的城区和社区，还通过引入市场机制，鼓励居民参与，建立"社区生活服务圈"或"社区便民商业圈"，为居民提供多元化、多功能、灵活便捷的各种服务。

政务服务是政府部门及其所属机构为公民、企业及社会组织提供的行政服务，既包括代理代办各类审批事项，也包括各类便民服务事项。党的十八大以来，党中央、国务院稳步推进政治体制改革，大力推动简政放权、深化审批服务制度改革，政务服务先后在信息化、公开化方面取得突破进展，目前正在探索向基层延伸。2016年，国务院印发《关于加快推进"互联网+政务服务"工作的指导意见》（国发〔2016〕55号），明确提出"推动基层服务网点与网上服务平台无缝对接"，街道社区应设置便民服务中心或政务服务综合受理平台，综合利用线上线下等多种方式，重点围绕社保、低保、就业等民生关切事项，主动为基层群众提供政策咨询、申请帮助、免费代办等综合服务。

一、发展现状

政务服务就是政府部门及其所属机构为公民、企业及社会组织提供的行政服务，既包括代理代办各类审批事项，也包括各类便民服务事项。自党的十八大以来，党中央、国务院稳步推进政治体制改革，大力推动简政放权、深化审批服务制度改革，政务服务先后在信息化、公开化方面取得突破进展，当下正在探索向基层延伸。2016年，国务院印发《关于加快推进"互联网+政务服务"工作的指导意见》（国发〔2016〕55号），明确提出"推动基层服务网点与网上服务平台无缝对接"，街道社区应设置便民服务中心或政务服务综合受理平台，综合利用线上线下等多种方式，重点围绕社保、低保、就业等民生关切事项，主动为基层群众提供政策咨询、申请帮助、免费代办等综合服务。

党的十九大报告强调："必须坚持一切行政机关为人民服务、对人民负责、受人民监督，创新行政方式，提高行政效能，建设人民满意的服务型政府。"[①] 社区政务的生命力在于服务群众，为群众提供便利。

从体系看，"省—市—区—街—居"五级联动的政务服务体系正在形成。其中，区政务服务中心既能够提供全面的政务服务，也承担着整个区域政务服务的统筹规划、组织实施和监督评价等工作；街道便民服务中心（办事站）和社区便民服务中心（办事点）直接面向大众，将服务送到居民"家门口"：对于可办理范围内的事项，居民只需就近递交材料，社区就可代办代理；对于查询业务则可现场处理。

从内容看，社区政务服务主要涉及与居民生活密切相关且办理量较大的事项，具体包括公民类行政审批事项，如户籍、婚育、出入境证明；公共服务事项，如水电气缴费、老年优待证办理、医保参保续保、就业困难人员申请核定等。依据实际情况，各个社区办事点的具体服务事项不尽相同。

从模式看，主要分为"一站式"和"一窗式"。前者是将分属于政府不同部门的业务受理网点集成到一个办事机构，通过窗口办、网上办、自助办、帮

[①] 习近平：《决胜全面建成小康社会夺取新时代中国特色社会主义伟大胜利——在中国共产党第十九次全国代表大会上的报告》，载中国政府网 http：//www.gov.cn/zhuanti/2017-10/27/content_ 5234876. htm。

办代办等形式，使一个服务对象的所有事项都能够在一个地点完成；后者则是将过去以部门业务划分的"专项业务办理窗口"合并为"综合服务窗口"，使居民在一个窗口就能走完某一类事项的提交材料、资料初审、后台审批、统一出件等全部流程。

政务服务下沉到社区，既有利于民生信息的向上集中，也推动了公共服务的向下派送。既往有关间隔性生育二胎、调查失业率、中央统筹基础养老金、靶向低保人群服务等民生问题，往往由于信息不准确，导致管理效能低下。现在，通过在市政府各职能部门和市民之间建立提供服务和反馈信息的窗口，实现居住证、就业合同、社保权益记录、签约医生和健康档案等信息整合并向上集中，通过建立主管职能部门之间的信息共享和密钥管理制度，克服信息孤岛和信息梗阻痼疾。如此，既提高宏观决策质量，又提高基层的工作效能。

二、问题与建议

目前，各地虽然纷纷在街道、社区建设政务服务机构，在一定程度上实现了民便利的目标。但是也存在着一些问题：一是基层的服务承接能力不足，工作人员业务能力有待提升。如，一些窗口未按规定制定申请材料的示范样例，或办事指南表述不详，导致办事人填写不规范或提交材料错误；又如，一些窗口在服务过程中作风粗暴、态度恶劣，即使是可以事后补齐的非关键性申请材料没准备齐全，也会被拒绝受理。二是服务权限不足。由于社区窗口没有最终审批权和制证权，多数业务受理后仍需要送回原单位办理，时限较长，反而不如市区政务中心便利。三是服务项目不够丰富。随着生活水平的提高和生活方式的多样化，原有的基础服务项目已不能满足居民需求。特别是在一些发达地区，居民对于房产过户、年检年审、电动车上牌等新兴需求十分迫切。

政务服务下沉到社区，是建设服务型政府的重要举措。建议：一是推进政务服务中心规范化。提升建设标准，统一标识形象，提供自助终端查询、免费上网及相关事项办理，强化基层便民服务场所"一站式"功能；提升业务能力，组织窗口人员集中学习政务服务"应知应会"的知识，分级开展培训工作，培养能够胜任跨部门、跨行业、多业务的综合审批工作的"全能"窗口人员；延伸服务触角，开展创建"志愿服务岗"活动，以志愿服务活动提升窗口服务效能，推动政务服务走出大厅、走入人心。二是推进政务服务事项法定化。梳理服务事项，推动街居两级开展指导目录事项认领工作，通过制定

"负面清单""权力清单"和"监管清单",厘清部门职责权限;编制服务指南,清晰告知"哪些事项应该入门"、窗口工作人员"事情应该怎样办"和群众"在基层政务服务中心可以办理什么业务、接受什么服务"。三是推进社情民意专项分析精准化。以大数据为手段,围绕政务服务、营商环境、民生保障、互联网+党务政务服务等方面,对各地 12345 政务服务热线收集的群众建议、评价、咨询和投诉开展精准分析,为提升政务服务质量提供数据支撑。

三、实践与探索

（一）佛山：禅城区"一门式"政务服务改革

2014 年以来,佛山市禅城区以群众和企业需求为导向,以"互联网+"技术应用为支撑,全面推进"一门式"政务服务改革。所谓"一门式"行政服务模式,即通过整合服务资源、共享办事信息、优化办事流程,把政府各部门的行政审批事项和公共服务事项整合到一个"门"里来办理,从而实现一窗通办、一次办结。目前,此项改革不仅在区、街层面得以推广,部分事项已深入社区;其对自然人、法人两类业务系统的创新性整合,实现了对国内已有模式的突破,被评为"全国创新社会治理最佳案例"。

作为一把手工程,禅城"一门式"改革由区政府办公室和区行政服务中心负责推进。具体做法有四:

一是"三单"管理,"推权入笼"。针对传统行政审批不规范、不透明等问题,全面梳理区、街、居三级审批事项,制定"负面清单""权力清单"和"监管清单",明确部门职责,厘清权限边界;对纳入审批的事项形成"三个标准"、制定"三个告知",实行全流程规范化、标准化运作。这样,不仅在客观上形成了办事与审批的物理隔离,屏蔽了人情关系,而且减少了办事人员的自由裁量空间,实现了"认流程不认面孔、认标准不认关系"的无差别服务。

二是流程再造,简至"一窗"。设立能够办理多业务的综合窗口。只要是同一类办事专厅,包括跨部门、跨行业事项,任何一个窗口都可以办理相同业务,实现群众只需进"一门"、到"一窗",就能办理多个事项。这一改革实现了群众办事少跑门（自然人事项在街道实现一窗受理 282 个事项、村居 77 个,法人事项一窗受理 410 个）、少费时（等候时间缩短 50%以上,即时办事项增加到 78 项）、少材料（使用电子章、电子化数据,减少申请材料事项达 47 项 67

份)、多办事(即办事项提升30%,现场办结业务量提升至23%)的承诺。

三是融合系统,信息"跑路"。依托一门式综合信息平台,在不破坏各部门原有专业系统和不威胁各专线子系统安全的前提下,通过横向系统对接、纵向专线跳转等方式,实现跨部门、跨层级资源共享、业务协同、互联互通。同时,在各级各类行政服务中心设置"市民之窗"自助终端服务机和无纸化网上自助办理登记点,全面覆盖公立医院和社保分局,部分延伸到商场、银行、园区等,可办理交通罚款缴纳、社保清单打印、养老资格待遇认证、个税清单打印等100多项便民服务事项。2019年,通过自助终端"人机对话",禅城已实现所有公安业务自助办。

四是数字画像,智慧决策。"一门式"主系统动态收集自然人大数据信息,通过身份证号构建诚信系统,以姓名、性别等1000多个标签为每个市民勾勒"数字画像",为政府科学决策、精准决策提供依据;整合企业信用信息,据此建立市场主体准入、退出、失信惩戒机制;以"一照一码"为索引,实现企业经济行为全程留痕,并据此对市场主体实行"全生命周期"监管①。

(二)西安:社区便民服务室便利又暖心

党的十八大以来,国家持续深化"放管服"改革,着力解决人民群众急难愁盼问题。为响应党中央号召,满足市民事务办理的基本需求,陕西省西安市提出打造"15分钟政务服务圈",梳理公民个人办事事项,建设基层社区(村)便民服务室(站),将便民服务事项向社区下沉。基层便民服务室(站)集基层党建、社会治理、优化服务于一体,接受市区街三级管理,在试点推行过程中持续优化,形成了标准统一、流程公开的政务服务体系。基层便民服务室(站)工作人员由专职社工担任,社工经民政部门规划名额、政府统一招聘、所在街镇签署服务协议后培训正式上岗,表现优异者可优先选任社区"两委"成员。

芊域溪源社区设立于2017年,位于西咸新区沣东新城王寺街道,是一个保障性公租房小区。作为西安市"15分钟政务服务圈"建设示范点,芊域溪源社区便民服务室以党建为引领,结合社区特点,逐步推进政务服务改革试点工作,形成了独具特色的基层政务服务形式。具体做法包括:第一,打造

---

① 刘泰山、陈冬生:《佛山禅城运用大数据改变政府管理服务》,载《人民日报》2018年3月3日。梁志毅:《港澳政协委员点赞禅城政务服务改革》,载《南方日报》2019年3月27日。

"和谐社区+政务服务"模式。社区以"1521"党建为民服务机制为抓手,结合党群服务与便民服务,紧紧围绕"一门办、一站式"原则,公开办事指南和流程,强调规范化办理,帮助群众实现简单事项就地办、其余事项帮忙办。第二,抓实社区级智能政务服务重点。社区从两方面推进智慧政务建设:一方面安置政务服务自助终端等智能设备提升服务效率,另一方面铺开智慧社区云平台建设,囊括"智慧物业"和"智慧生活"版块,实现了问题及时上传、事项智能办理、过程有据追溯。第三,暖心聚焦老年人相关政务服务。针对老年人这类特殊群体,社区采取了降低高频事项准备材料难度、配备大厅适老设施和就近办理老年服务等一系列措施,推动政务服务适老化,让老人办事更便捷高效。

目前,芊域溪源社区便民服务室已开设综合、民政、计生、社保4个窗口,受理20项服务事项。它不仅延伸了政务服务窗口末梢,让社区及附近居民切实享受到智慧、便利、高效服务,而且为政务服务下沉基层一线提供了可推广复制的经验借鉴:一是发挥基层党组织的战斗堡垒作用,依据地方实际构建特色党建模式,将党的路线、宗旨落实到政务服务工作的全过程;二是打造"互联网+政务服务",从而拓宽群众办理渠道、快速响应群众需求、吸引群众参与治理,做到优政、惠民、兴企;三是向特殊人群倾斜,通过完善办理渠道、服务设施,帮办代办等途径,向"主动服务"模式转变,让服务更暖心、贴心、顺心。

第二节 物业管理服务

物业管理服务是物业服务企业按照合同约定,为住宅小区内的房屋、车辆、公共场地及配套设施提供管理、维修和养护,维护区域内环境卫生和治安秩序的活动。提供服务的物业服务企业由业主委员会选聘,物业服务合同由双方协商制定。物业管理服务具有社会化、经营化、专业化三大特征。其中,社会化体现在,物业的所有权和使用权与物业管理的经营权分离,物业所有者(业主)通过契约的方式将实质性的管理服务工作委托给物业服务企业来进行;经营化体现在,物业服务企业是自主经营、自负盈亏的企业组织,遵循市场原则,提供有偿服务;专业化体现在,物业服务企业是否具备专业管理知识、专门管理工具、专职管理人员的服务机构。

一、发展现状

中国物业管理服务始于 20 世纪 80 年代。其时，地处改革开放前沿的深圳、广州等地，借鉴国外先进经验，率先在涉外商品房住宅区推行物业服务，引起政府和社会关注。1994 年，国家建设部颁布《城市新建住宅小区管理办法》（建设部令第 33 号，已废止），指出"住宅小区应当逐步推行社会化、专业化的管理模式，由物业管理公司统一实施专业化管理。"此后，《城市住宅小区物业管理服务收费暂行办法》（计价费〔1996〕266 号，已废止）《住宅公共部位共用设施设备维修基金管理办法》（建住房〔1998〕213 号，已废止）《物业管理企业财务管理规定》（财基字〔1998〕7 号，已废止）等政策文件相继出台。2003 年，国务院颁布《物业管理条例》（2018 年最新修订），对物业管理的基本原则、业主及业主大会、前期物业管理、物业管理服务、物业的使用维护以及法律责任等逐一进行明确，标志着物业管理服务进入法治化轨道。2020 年 12 月，住建部等十部门联合发布《关于加强和改进住宅物业管理工作的通知》（建房规〔2020〕10 号），首次将住宅物业管理服务融入基层社会治理体系，并指出，我国住宅物业管理服务实行党建引领下的物业服务企业与城市政府或属地街道联合共管。

当前，中国物业管理服务进入迅速发展期，各方面主体的积极性被充分激发。从政府来说，各地以落实"三方联动"机制、推进红色物业创建为重点做实小区，取得了显著成效。在社区"大党委"的领导下，社区居委会、物业服务企业、业主委员会整体联动、形成合力，共同为社区居民提供公共服务、物业服务和志愿服务。"三方联动"解决了基层自治组织与市场组织的博弈与合作问题，其核心是以党的领导作用凝聚三方主体作用。从市场来说，在新的社区经济概念和生活服务定位下，物业服务企业更加关注服务品质提升和业主的精神需求；在服务项目上，深挖业主需求，定制符合居民层次的特色产品及个性化服务；探索"物业服务+生活服务"模式，拓展养老托幼、文化健康、家居生活、快递收发、房产经纪等多元服务内容；在服务技术上，更多地运用智能化技术、运行网络平台，管理规范程度和服务开发能力大大提升；在服务效能上，强调设备升级、服务亲和力、服务高效与服务评价。

二、问题与建议

物业管理服务是承载基层各种群众利益需求、矛盾纠纷的载体和平台。随着城镇化率快速增长、住房商品化程度逐年攀升，物业服务与社区居民的利益关系愈加密切和复杂，因物业服务缺失或物业服务不当所产生的问题屡见不鲜。一是物业服务尚未实现全覆盖。特别是在一些经济条件较差的地区以及数量广泛的老旧小区，由于基础设施条件普遍较差、房屋产权不清等历史遗留问题，加之居民参与公共事务意愿薄弱、物业消费意识不足，市场参与意愿不强等原因，导致专业物业服务的覆盖难度较大，部分生活服务，如供水供电、环境卫生等，也存在空白。二是业主与物业之间关系不顺。由于居委会、业委会、物业所代表的利益群体、拥有的权限和资源、应履行的义务和责任不尽相同，三方因管理交叉、利益争夺而产生的矛盾难以避免。如，大多数小区的物业公司由开发商选聘，与社区和相关部门之间缺乏衔接；还有的"以企代政"，在引入物业管理的同时排斥建设社区居委会，导致相关服务监管落不到实处。又如，有的居委会以"领导"取代"指导"，把业委会当成自己的传声筒；有的业委会对居委会的监督指导不予理睬。

藉此，加强物业管理服务的路径有三：一是加强基层党组织领导，推进物业服务和业委会组织建设。按照属地管理和区域化党建要求，采取单独建、联合建、挂靠建、选派党建指导员等多种形式，推进物业服务企业党的组织和工作全覆盖。通过选聘市场化服务企业、引入社会资本、成立公益性物业服务企业、街道社区牵头居民自助服务等方式，逐步实现商品房小区、单位自管小区、居民自管小区等专业物业服务全覆盖。坚持居民自治，大力推进符合条件的小区组建业委会。二是发挥社区党组织的领导、引领、统筹、协调作用，牵头建立联动巡查、联动分析、联动处置的工作机制，合力推进解决小区环境改造、公共设施改善等公共事项。三是建立健全社区物业管理工作联席会议制度，赋予街道社区在物业服务企业信用评级、行业评比、物业项目招投标中的"话语权"，引领督促物业企业提高服务质量。

三、实践探索

（一）武汉：西桥社区"五保"自助物业服务

武汉市江汉区唐家墩街西桥社区地处江汉、江岸两区三街结合部，面积0.68平方公里，常住人口7351户、16633人。西桥社区流动人口多、老年人口多、棚户区和老旧小区多，小区公共服务呈现"政府管不了、物业公司不愿管、居民不会管"的困局。为解决小区无物业的问题，社区采取了"党委领导、社区搭台、党员牵头、居民唱戏"的方式，在与居民骨干反复讨论的基础上，率先在景桥小区试点成立了武汉市首家"居民自助物业服务站"。其推行的自助物业"五保"（保绿、保洁、保安、保稳定、保本）管理模式，解决了老旧小区无物业管理、垃圾成堆、粪水四溢、乱停乱放、偷盗频发等突出问题，使居民群众真正得到了实惠，被国家建设部誉为"西桥模式"。

西桥社区的经验在于：一是自治自管。服务站站长和工作人员全部由本小区居民自荐或推荐产生，实行自我管理、自我教育、自我服务、自我监督的自治机制，以低价有偿、保本微利的方式运营。二是规范运营。在厘清社区、物业公司和业委会职责边界的基础上，将三方权责利在各小区进行公示，并强调"四有"（有组织、有章程、有制度、有队伍）、"四公开"（公开服务职责、服务项目、服务承诺、收费标准）、"五统一"（统一标准、统一项目、统一收费、统一考核、统一着装）。三是链接资源。引导专业物业公司发挥技术优势，就近帮扶老旧小区，给予安全防范、工程维护、应急援助等基本服务。截至目前，社区4个自助物业小区收费率达95%以上，小区环境卫生、治安情况明显好转，并已得到90%以上的居民认可。

（二）杭州："自管物业"破解安置小区治理难题

杭州市拱墅区上塘街道蔡马社区地处京杭大运河拱宸桥畔，呈口字形地状，占地面积1.2平方公里，常住居民1737户，户籍、流动人口7500余人，辖区内软硬件设施齐全，功能完善。蔡马社区成立于2003年，2010年10月该社区正式启动城中村改造，2015年11月首批拆迁的居民入住蔡马人家一期。作为典型的回迁安置小区，蔡马人家社区在社区建设和治理中存在诸多挑战，如快递收取不便、电瓶车停放点不够、整体环境提升难等。为提升服务效能，蔡马人家创建自管物业，除保洁、保安以及工程管理招聘专业人员外，物业管理者均由社区派选居民代表担任。自成立以来，蔡马物业陆续组织实施"非机动车通道阶梯改坡道""升级智慧社区平台系统""垃圾分类定时定点投放点改造"等民生项目，使小区居住条件和环境得到了明显的提升和改善，受到居民一致好评。

蔡马物业精细化管理的成功经验可以总结为四点：一是"红色当家"。蔡马物业坚持党组织领导，充分凝聚党员力量，建立"党群连心"机制，实现组织与服务"双覆盖"。二是"自治持家"。通过"夜谈、夜访"工作机制以及"美好家园"建设专题会充分了解居民真实诉求，引导居民主动参与环境美化、平安文明建设、矛盾化解等工作，形成"居委会—物业—居民"三方共管共治。三是"文化润家"。蔡马物业与社区、业委会携手筹建社区文化家园，为居民提供五星级文化体验；打造法治讲堂、法治公园、法治图书角等法治文化阵地，为群众普及《宪法》《民法典》等法律法规。四是"智慧管家"。借助"智慧物业规范管理平台"进行系统管理、系统决策，为居民提供"足不出户"的服务项目；打造"新型智慧警务室"、升级"智能安防设备"，掌握小区内的动态信息，保障居民生活安全；开辟蔡马"社区微脑"沟通交流渠道，实现小区居民、物业、社区线上互动。

第三节　城市社区卫生服务

城市社区卫生服务属于最基层的医疗卫生服务。作为构建新型城市卫生服务体系的基础，社区卫生服务旨在为居民提供安全、有效、便捷、经济的公共卫生服务、基本医疗服务和健康教育服务，从而形成"小病在社区，大病到医院，康复回社区"的有序医疗卫生服务格局。

一、发展现状

城市社区卫生服务是在政府统筹规划下，以人的健康需求为中心，以城市初级卫生机构为主体、以全科医生为骨干，面向全体社区居民和家庭提供的医疗卫生服务，在内容上涵盖预防、保健、医疗、康复、健康教育和计划生育技术服务等六大项。2006年，国务院发布《关于发展城市社区卫生服务的指导意见》(国发〔2006〕10号)，将发展社区卫生服务作为深化城市医疗卫生体制改革，有效解决城市居民看病难、看病贵问题的重要举措。2020年，国家卫生健康委发布《关于全面推进社区医院建设工作的通知》(国卫基层发〔2020〕12号)，强调重点提升社区常见病多见病诊疗服务、老人住院服务、中医药服务和康复护理服务水平，按需建设中医特色科室、心理咨询科室等。目前，中国大部分城市已基本形成覆盖广、功能全、价位低的社区卫生服务网络，越来越多的居民在"家门口"就能享受到快捷优质的医疗卫生服务。

一是医疗资源快速发展。首先是社区卫生机构的服务覆盖面不断拓展。截至2019年底，全国基层医疗卫生机构达95.4万家[①]，其中，社区卫生服务中心（站）有35013家，社区床位数增加到23.73万张。（见表3-1）。其次，社区卫生服务中心的物资人员基本到位。社区卫生服务中心主要由政府举办的医院或国有企事业单位所属的基层医疗机构转型、改造而成，具备"小而全"的特征与功能。在科室设置上，一般囊括了临床科室（如预诊分诊室、全科诊室、急救诊室、中医诊室等）、保健科室（如妇女儿童保健室、疫苗接种室等）、检验科室（如B超室、查血处、心电图室、药房、处置室等）及其他必备科室；在人员配备上，要求至少有6名全科及中医执业医师和9名注册护士。最后，社区医院加快布局建设。2019年，国家卫健委出台《社区医院基本标准（试行）》（国卫办医函〔2019〕518号）和《全国基层医疗卫生机构信息化建设标准与规范（试行）》（国卫规划函〔2019〕87号），基层医疗机构在软硬件配备上有了新"国标"。

表3-1　全国卫生事业基本情况（2011-2019年）　　　单位：个

年份	基层医疗卫生机构	社区卫生服务中心（站）	门诊部（所）	妇幼保健院（站、所）	疾病预防控制中心
2011	918003	32860	184287	3036	3484
2012	912620	33562	187932	3044	3490
2013	915368	33965	195176	3144	3516
2014	917335	34238	200130	3098	3490
2015	920770	34321	208572	3078	3478
2016	926518	34327	216187	3063	3481
2017	933024	34652	229221	3077	3456
2018	943639	34997	249654	3080	3443
2019	954390	35013	266659	3071	3403

资料来源：国家统计局《中国统计年鉴2020》

① 根据国家卫生健康委员会数据，截至2020年10月底，我国基层医疗卫生机构增长到97.2万个。

二是医疗服务能力显著增强。首先,城市每千人口医疗卫生提供能力明显提升。每千人口医疗卫生提供能力的评定有6项指标:每千人口卫生床位数、每千人口医院床位数、每千人口卫生工作人员数、每千人口卫生技术人员数、每千人口医生数、每千人口护师和护士数。据国家统计局数据,截至2019年底,每千人口拥有卫生技术人员11.1人,每千人拥有执业(助理)医师4.1人,每千人拥有注册护士数5.22人,每千常住人口拥有医疗卫生机构床位数8.78张[1]。其次,社区卫生机构服务能力大大提升。截至2019年底,全国社区卫生服务中心(站)诊疗人次达85916.4万人次,入院人数共计339.5万人次,病床使用率达到49.7%。(见表3-2)。最后,家庭医生签约服务有序开展。自2016年5月启动以来,家庭医生签约服务以高血压、糖尿病等慢性病管理为突破口,以老年人、孕产妇、儿童、残疾人等为优先对象,其覆盖面不断扩大,至2019年,重点人群签约率已达60%[2]。当下工作的重点是提质增效,即在稳定签约量、巩固覆盖面的基础上,通过个性化服务协议、因病施策等方式,做实签约服务,提高居民对签约服务的获得感和满意度。

表3-2 社区卫生服务机构基本情况(2011-2019年)

年份	社区卫生服务中心				社区卫生服务站	
	诊疗人次(万人次)	入院人数(万人)	病床使用率(%)	医师日均担负诊疗人次(人次)	诊疗人次(万人次)	医师日均担负诊疗人次(人次)
2011	40950.0	247.3	54.4	14.0	13703.8	13.7
2012	45475.1	268.7	55.5	14.8	14393.6	14.0
2013	50788.6	292.1	57.0	15.7	14921.2	14.3
2014	53618.8	298.1	55.6	16.1	14912.0	14.4
2015	55902.6	305.5	54.7	16.3	14742.5	14.1
2016	56307.0	313.7	54.6	15.9	15561.9	14.5
2017	60743.2	344.2	54.8	16.2	15982.4	14.1
2018	63897.9	339.5	52.0	16.1	16011.5	13.7
2019	69110.7	339.5	49.7	16.5	16805.7	14.0

资料来源:国家统计局《中国统计年鉴2020》

---

[1] 此处均为城市数据。
[2] 《央视:我国家庭医生重点人群签约率达60%》,载https://www.dxy.cn/bbs/newweb/pc/post/41216963。

三是健康信息化水平大幅提升。2015年,国务院办公厅发布《全国医疗卫生服务体系规划纲要(2015-2020年)》(国办发〔2015〕14号),明确提出积极应用移动互联网、物联网、云计算、可穿戴设备等新技术,推动惠及全民的健康信息服务和智慧医疗服务。2018年,国务院办公厅发布《关于促进"互联网+医疗健康"发展的意见》(国办发〔2018〕26号),就建立健全"互联网+医疗健康"服务体系和支撑体系提出具体工作部署。2020年12月10日,国家卫生健康委、国家医保局、国家中医药管理局联合发布《关于深入推进"互联网+医疗健康""五个一"服务行动的通知》(国卫规划发〔2020〕22号),聚焦"一体化"共享服务、"一码通"融合服务、"一站式"结算服务、"一网办"政务服务、"一盘棋"抗疫服务等5方面内容,推动"互联网+医疗健康"便民惠民服务向纵深发展。目前,全国大部分城市基本实现市区两级医保信息、健康档案等核心数据信息互联互通,电子健康卡、健康手机APP及微信公众号、家庭医生签约服务管理、远程医疗服务平台、健康医疗大数据平台等5大信息系统相继投入使用。

四是社区公共卫生应急保障体系基本形成。2019年,国务院办公厅《关于印发医疗卫生领域中央与地方财政事权和支出责任划分改革方案的通知》(国办发〔2018〕67号,以下简称"通知")提出,将原重大公共卫生服务项目中的卫生应急等内容纳入基本公共卫生服务,并要求国家卫健委提供工作规范和绩效评价指标,各省应依此标准并结合本地实际,做好相关工作。根据《通知》,社区卫生服务中心在卫生应急管理"片区化""网格化"中的核心地位不断强化,其职责和义务包括:预警监测、预诊分诊、收治转诊、信息发布、善后干预,以及协助街道监督并检查社区卫生应急措施落实情况等。具体来说,首先是传染病监测及预防控制体系建立健全。如建立健全以医疗机构、幼儿园、学校及其他人群聚集场所的传染病预警防御机制,细化紧急报告、干预、处置、善后的制度和相关流程。其次是社区卫生应急队伍加快部署建设。这要求社区卫生服务机构在切实提高自身技术水平的同时,结合本社区特点与需要,组建高素质、复合型的专业卫生应急梯队,并按照平战结合的原则,定期开展应急培训演练,以适应非常态环境下的各种复杂情况。最后是公共卫生应急处置。目前,各大城市正在加紧完善市级重大公共卫生事件应急指挥系统建设,制定社区层面的突发公共卫生事件应急预案;并推动社区层面的应急准备工作,如日常传染病监测、应急宣传与健康知识普及、应急处置培训与专业演练、应急物资储备等①。

二、问题与建议

(一) 突出问题

近年,在国家高度重视并不断加大投入的背景下,社区公共卫生服务取得了较快进展,但仍存在机构总数不足且分布不均、服务能力有限等问题。

1. 社区卫生机构分布不平衡

根据国务院《关于发展城市社区卫生服务的指导意见》(国发〔2006〕10号) 要求,在大中型城市,政府原则上按照每 3 万~10 万居民或一个街道办事处所辖范围的标准,规划设置 1 所社区卫生服务中心,根据需要设置若干社区卫生服务站②。然而,实际建设情况尚不能满足需求。以北京为例。北京市的东城区和西城区属于首都核心区,但每个街道仅建有社区卫生服务中心 0.66 个,覆盖人口 10.24 万人;昌平区每个街道虽建有社区卫生服务中心约 4 个,但平均需覆盖人口 10.86 万人③。

2. 医疗服务能力有待提升

一是社区诊疗水平不高。数据显示,2019 年,医院(包括综合医院、中医医院、专科医院等)诊疗人次数、入院人数分别超过 87 亿、2.7 亿;而社区卫生服务中心(站)和街道卫生院共计人次数仅为 8.7 亿、375 万④,相较医院的"一床难求",社区病床半数闲置。社区卫生服务中心(站)的服务能力得不到居民信任,侧面说明基层医疗机构的服务水平和就诊环境有待提升。二是信息化发展不足。目前全国基层医疗卫生机构的信息化系统覆盖率整体较高,北京、上海、武汉等地区早已达到 100%,但在远程会诊、双向转诊等方面的建设水平较低,区县以上的数据共享更是难以实现,人们对健康信息化的获得感不高。

---

① 常艺,王颖:《社区卫生应急体系的概念与应用》,载《中国急救复苏与灾害医学杂志》2015 年第 11 期。
② 《国务院关于发展城市社区卫生服务的指导意见》,载中央政府门户网站 http://www.gov.cn/zwgk/2006-02/23/content_ 208882. htm。
③ 参见黄恒学:《北京社区公共服务建设研究》,中国人民大学出版社 2016 年版。
④ 国家统计局:《中国统计年鉴 2020》。

3. 健康管理服务有待提高

一是特色专科门诊建设不足。针对老年康复、妇幼保健、慢性病防治以及精神障碍干预的基层特色专科数量较少。二是中医药健康管理覆盖率普遍较低,中西医结合防治慢性病的方式方法尚不成熟,家庭医生团队中中医医师比例较低。三是家庭医生"签而不约"现象普遍。目前针对重点人群的家庭医生签约服务基本覆盖,但由于社会对家庭医生的认知程度不高、信任不足,因此实际服务提供率并不高。

(二)政策建议

一是做细做实分级诊疗。首先要继续推广和做实家庭医生签约服务,引导居民定点就诊;其次,加强家庭医生对签约居民的健康管理,以电子档案为基础,进行分类管理,提供针对服务;再次,开展家庭医生签约居民医保费用管理试点,探索建立以签约居民为切入点的医保费用管理机制,赋予家庭医生管理签约居民医保费用的责任;最后,鼓励市级医院通过预留门诊号源、建立绿色转诊通道,加大对基层医疗机构的支持力度。

二是全民健身与体医融合。首先,政府要不断扩大公共体育设施和服务供给,市场要不断创新商业模式。例如"全民健身公共积分"、健身卡路里币等,不仅实现了政府补贴的精准发放,而且大大激发了全民健身的热情。其次,鼓励和支持医疗机构推出"运动处方""体适能测试"等医疗项目,培养引进运动康复师,开展运动促进健康指导;组织体育老师参加运动医学相关专业培训,开展运动处方培训试点;推广"医学健身"理念,培育和发展将医疗康复与运动健身结合在一起的专业运动康防机构。

三、实践探索

(一)福州:"一站式"医疗服务平台——"榕医通"

"榕医通"由福州市卫计委发起,福州市健康医疗大数据中心和福建海峡银行共同打造。该平台于2018年1月正式上线,至2019年10月,已服务345万人,基本实现市、县、乡三级医疗卫生机构全覆盖。通过将原本需要在窗口办理的业务和部分就诊流程转移到线上,提升了医疗服务效率,方便了患者就医。其创新经验有四:

一是统一门户。目前市场上医疗服务类应用很多，但由于缺少监管，真实性与合法性存疑。作为全国首个区域统一的"一站式"医疗便民服务平台，"榕医通"以公益性为宗旨，整合医院资源并在政府支持下提供统一门户。政府的参与在一定程度上增加了应用的权威性和可信度。

二是统一预存金。过去，由于各家医院的缴费系统没有联网，预存金只能在开户医院使用，重复开户、储值退费都十分不便。"榕医通"基于社会保障卡实名认证的特点，建设统一的预存金平台，实现了就诊余额的跨院通用。余额不足时，还可直接用手机充值，大大节省了结算排队的时间。

三是多项就医服务。"榕医通"提供就医指南服务和健康咨询服务。前者包括门诊预约挂号、就诊须知、各医院到院导航、科室介绍、专家介绍、在线报告单查询、就诊记录查询、费用清单查询、家庭医生在线签约、预防接种预约和疫苗快查追溯等。后者包括健康头条、卫计新闻、健康科普、在线问诊和医生咨询等内容。下阶段还预备开发智能导诊、医技预约、智能停车等便民服务内容。

四是多种支付方式。"榕医通"拥有"榕医通"手机APP、"榕医通"支付宝生活号、"榕医通"微信公众号等多个服务入口，对接银联支付、支付宝、微信支付等各类金融支付渠道，满足不同的支付要求与偏好；同时，接入了医保移动支付业务，将电子健康卡（码）、医保结算码、金融支付码和市民福码合为一个二维码，市民使用这个"多码融合码"可以实现在不同机构进行医疗结算、扫码取药等功能[1]。

（二）北京：东花市社区卫生服务中心创新成果

北京市东城区东花市社区卫生服务中心是政府举办的A类社区卫生服务中心。多年来，该中心以创新服务模式、优化就医体验为宗旨，极大地提升了基层医疗机构的品质和能量，增强了群众在"家门口"就医的信心与获得感。

一是中医治未病特色服务。中心为签约的老人、妇女、儿童开展中医治未病以及四季养生服务。同时，作为中医药综合改革试验区，中心通过制作中医系列丛书、打造中药种植园、设计中医药科普长廊等方式，宣传中医文化，开展中医健康教育。

---

[1] 汪培清：《福州"榕医通"累计服务345万人 新增6项惠民举措》，载《福州日报》http://www.cnr.cn/fj/jr/20191104/t20191104_524843621.shtml。

二是医联体特需诊疗服务。中心邀请国家级北京市名老中医传承工作室、北京医院全科医疗团队、北京医院乳腺外科、眼科专家团队等落户特需诊疗区。签约居民提前预约，专家针对性出诊，实现居民在家门口就能享受大医院的优质资源。

三是"云心电"远程服务。"云心电"是中心与北京医院建立的远程心电系统，能够为辖区居民提供远程心电图和动态心电检测，同时开通安全绿色转诊通道，使心律失常的患者能够在第一时间得到及时转诊和会诊。

四是社区卫生人才实训服务。中心不断创新社区教学模式，综合运用课堂教学、示范教学、模拟教学、项目教学等方法，培养社区卫生人才。如，依托信息化技术，建立社区卫生人才网络教学实训基地，内设15个教学场景，可实现专家对实训人员的实时对话指导、集中教学观摩以及评估考核等功能。又如，安装全科医生临床思维综合训练系统，通过三维仿真模拟病例练习、网络问诊咨询、专家诊断解析等，提升全科医生的临床诊疗能力[1]。

专栏：一分钟诊所

"一分钟诊所"是一种独特的社区医疗商业模式。2019年1月，平安好医生推出的"一分钟诊所"已在8个省市落地，签约近1000台，为超过300万用户提供了便捷优质的医疗服务[2]。作为国内首个商业化运营的"无人诊所"，它融合了多种智能体检设备，并拥有超过1000人的自有医生团队和5000多人的外部签约名医作为专业支撑，能够提供问诊咨询、康复指导、用药建议、在线开具电子处方、自助购药取药等医疗健康服务。该诊所占地仅两三平方米，宛如常见的街头自助证件照机。用户进入诊所后，首先与电子屏幕上的AI医生语音交流，告知病症等关键信息，而后AI医生会为患者推荐富有经验的真人专科医师进行问诊。诊所配备有简单的医疗设备（如温度计、血压仪等），可供患者在医生指导下采集数据；备有常见的100种非处方药，可供患者直接购买。

"一分钟诊所"（Minute Clinic）源自美国。它开在居民区的连锁药店中，一般不足10平方米，没有昂贵的医疗设备，收费也比医院低一半。诊所规定，

---

[1] 海医会全科医学分会：《创新服务模式 提升居民获得感》，载健康界 https://www.cn-healthcare.com/articlewm/20200731/content-1134601.html，最后访问日期：2020年8月1日。

[2] 《一分钟诊所亮相人工智能大会：不用挂号排队，坐下就能看病》，澎湃新闻 https://baijiahao.baidu.com/s?id=1643267297471390083&wfr=spider&for=pc，最后访问日期：2019年8月30日。

包括等候时间在内，平均每位病人在诊所的时间不超过 15 分钟。到一分钟诊所看病，不仅不需要提前预约，收费也相当便宜，大约只有医院的一半。一分钟诊所主要接收常见疾病（如感冒、咳嗽）、皮肤病或轻微外伤的患者，有时还提供了糖尿病或高血压的日常监测服务。由于降低了诊疗难度，诊所只需要聘请注册护士和实习医生就行，只要稍作培训，护士就可按标准程序、快速看病。每个诊所配有一名有经验的医生，他不用坐诊，只需要通过电话回应护士或实习医生的求助。目前，这种诊所还在尝试与其他医疗机构合作，对接数据库，通过"电子病历"共享信息，提供医疗支持和转诊服务等。

第四节 城市社区养老服务

养老服务在积极应对人口老龄化国家战略中有着重要的地位和作用。党的十九届四中、五中全会均提出，要打造"居家社区机构相协调、医养康养相结合的养老服务体系"，在加强"公益性、基础性"服务供给的同时，推动服务向"高品质、多样化"升级。中国大部分省市已经构建起市、区、街、居四级的养老服务中心，但由于传统家庭养老功能弱化、现有社区服务设施供给不足、相关政策法规不健全等原因，当前推行的社区养老服务与实际需求之间差异巨大。

一、发展现状

社区养老服务就是将居家养老的社区老人看作是住在养老院的对象，其所需的生活、家政、医疗康复等专业化、社会化服务均由所在社区满足。社区养老的服务对象按年龄与身体状况分为三个层次：一是 80 岁以上的困难老人或残疾老人，需提供上门服务；二是 70 岁以上有困难的老人，需提供上门或日托服务；三是 60 岁以上的其他老年人群，则以非营利与有偿服务相结合的形式，采用适当收取劳务成本的办法来满足需要。此外，还包括空巢老人（指无子女或不与子女同住的独居老人）、失能老人（指丧失生活自理能力的老人）、失独老人（指唯一子女去世的老人）等亚群体。

（一）养老服务的相关法律政策

1996 年 8 月出台的《中华人民共和国老年人权益保障法》（2018 年最新

修订）是中国第一部专门保障老年人权益的法律，其中规定：地方政府应采取措施，"发展城乡社区养老服务，鼓励、扶持专业服务机构及其他组织和个人，为居家生活的老人提供生活照料、紧急救援、医疗护理、精神慰藉、心理咨询等多种形式的服务"，将"养老服务设施如老人活动室、日间照料中心、康复中心等纳入城乡社区配套设施建设规划"。

2000年8月，中共中央、国务院发布《关于加强老龄工作的决定》（中发〔2000〕13号），首次提出建立健全社区管理和社区服务体系，发展老年服务业。2001年7月，《中国老龄事业发展"十五"计划纲要（2001-2005年）》（国发〔2001〕26号）提出，到2005年初步建立起城乡养老保障体系和以城市社区为基础的老年人管理与服务体系。2006年8月，《中国老龄事业发展"十一五"规划》（全国老龄委发〔2006〕7号）提出六个"老有"的目标，即"老有所养、老有所医、老有所教、老有所为、老有所学、老有所乐"。2011年9月，《中国老龄事业发展"十二五"规划》（国发〔2011〕28号）提出，建立以居家为基础、社区为依托、机构为支撑的养老服务体系。同年12月，《社会养老服务体系建设规划（2011-2015年）》（国办发〔2011〕60号）提出，到2015年基本形成制度完善、组织健全、规模适度、运营良好、服务优良、监管到位、可持续发展的社会养老服务体系。2017年3月，《"十三五"国家老龄事业发展和养老体系建设规划》（国发〔2017〕13号）提出，要提高养老服务供给能力、改善服务质量、优化布局结构，进一步健全以居家为基础、社区为依托、机构为补充、医养相结合的养老服务体系。

2020年10月，党的十九届五中全会首次将"积极应对人口老龄化"上升到国家战略高度，并为搭建新时代养老服务体系"四梁八柱"提出具体任务要求，包括："健全基本养老服务体系，发展普惠性养老服务和互助性养老""推动养老事业和养老产业协同发展""培养养老新业态""构建居家社区机构相协调、医养康养相结合的养老服务体系""稳步建立长期护理保险制度""健全老年人、残疾人关爱服务体系和设施""健全养老服务综合监管制度"。随着中央精神和顶层设计的不断细化与深化，各地方也纷纷出台适应本地经济发展水平和养老服务需求的政策举措，形成了各具特色的地方养老服务政策体系。

（二）养老服务的需求分析

中国人口老龄化程度不断加重，并超前于经济发展水平，呈现出未富先老、未备先老的趋势。从七普数据可以看出，截至2020年底，中国60岁及以上老年人口达2.64亿，占总人口比重约18.7%，其中，65岁及以上人口占13.5%[1]。贫困、失能、空巢老人数量不断增加[2][3]，部分高龄困难老人面临经济供养不足、医疗保障可及可得性低、日常照料与护理缺失、精神孤独寂寞等诸多问题，如若兼有残疾、重大疾病、无亲人陪伴等多种风险叠加，则更加脆弱。基本的养老需求包括：经济保障、生活照料、疾病治疗、失能护理和精神慰藉等。

一是经济保障。根据业内一份调查统计，以目前的物价水平看，一个老年人想要退休后基本生活无忧至少需要110万元，而想要比较舒适的养老则至少需要250万元。而且，由于生存期限较长，女性所需准备的养老金至少要提高20%至30%以上。考虑到通货膨胀因素，这个数字每年都会水涨船高。而据2010年第六次人口普查结果，49%老人依赖家庭养老、29%依赖政府转移支付、20%依靠劳动，只有2%的人认为自己做好了准备。

二是生活照料。中国65岁以上老人达1.76亿，其中失能半失能老人超4000万；但选择机构养老的仅有215万[4]，绝大部分老人的照护需求选择在家庭和社区解决。对于部分高龄孤寡老人特别是丧失基本生活能力的失能失智老人来说，若缺少社区互助或专业服务机构的帮扶，连一日三餐都有问题。

三是医疗护理。据调查，中国空巢老人患病率高达76%[5]。许多高龄老人患有慢性疾病，不仅需要长期服药、定期就诊，而且对康复指导、用药指导、营养指导等居家医疗服务需求迫切。但就目前来说，由于执业护士和专业护工严重短缺，仅在基础性护理方面（如口腔护理、卧疮护理）有所进展；而一些治疗性医疗护理服务，如生命体征监测、导尿、鼻饲、吸氧、药物注射等，由于对安全性、专业性要求较高，近年才刚开始在一些经济发达地区试点运行。

四是精神慰藉。专家指出，老人心理健康有两大基石：亲密的人际关系和

---

[1] 国家统计局：《第七次全国人口普查公报（第五号）》。
[2] 国家统计局：《中国统计年鉴2020》。
[3] 据《"十三五"国家老龄事业发展和养老体系建设规划》测算，到2020年，我国独居和空巢老人将增加到1.18亿。
[4] 徐超：《公立民办养老机构冷热不均》，载《华夏时报》2020年5月25日。
[5] 杨林，邵文娟：《空巢老人的社区服务网络构建研究》，载《劳动保障研究》2018年第1辑。

对环境的掌控感。前者通过子女陪伴和社会交往获得，后者则通过社会参与以及物资、信息资源的充分获取而产生。这两种因素的缺失很容易引发老人孤独寂寞，甚至诱发抑郁和阿尔茨海默病。并且，老人的心理和情绪问题往往呈现躯体化特征，如出现食欲不振、通宵失眠、头痛头晕、血压异常等。这无疑会降低免疫力，加重老人基础性疾病和感染风险。

（三）社区养老服务的供给情况

中国社区养老服务已初步形成以设施服务、定点服务、上门服务为主要形式，以日常照料、医疗护理、心理慰藉、文化娱乐等为主要内容的服务格局。并在网络智老、医养康老、社区助老、政策惠老、社会敬老、环境宜老、科学逆老、产业优老方面不断提高。

一是养老助老有序进行。据统计，截至2020年，全国享受老年补贴的有3853.7万人，其中享受高龄津贴的3104.4万人，享受护理补贴的81.3万人，享受养老服务补贴的535.0万人。经评估认定的重度失能老人基本实现按照政策落实养老服务[1]。

二是硬件投入大幅提高。截至2020年底，全国养老床位数达到821.0万张，比上年增长5.9%。全国各类养老服务机构和设施32.9万个，其中，在民政部门登记注册的养老机构达3.8万个，比上年增长11.09%；社区养老机构和设施29.1万个，居家养老服务设施已基本覆盖城镇社区[2]。

三是服务覆盖不同层次。针对不同支付能力和服务需求的老年对象，现有的养老服务涵盖三个层次：兜底型养老服务、普通型养老服务和品质型养老服务。兜底型养老服务主要由政府提供，如由政府出资建设的社会福利院；普通型养老服务指由私营企业主出资成立或由非营利组织建设的民办养老机构，能够满足一般化养老需求；品质型养老服务主要指由房地产企业开发的适老型退休社区、老年公寓等，收费较高，能够提供从专业看护到娱乐休闲的全方位、多样化服务。

四是服务项目丰富多彩。社区老人服务包括医疗健康服务，如开展健康体检、组织健康讲座、指导规范用药、专业康复护理、上门健康监测、陪同就医就诊、紧急救助救援等；生活照料服务，如帮助老人理发、修脚、剪指甲，助

---

[1] 民政部：《2020年民政事业发展统计公报》，2021年9月10日。
[2] 民政部：《2020年民政事业发展统计公报》，2021年9月10日。

浴助洁助餐以及家电维修、代购代买等；精神慰藉服务，如节日慰问联欢、上门探访陪伴、心理知识培训、临终关怀、退休适应、婚恋指导等；文体娱乐服务，如组织老人日常健身活动、推广养生保健功法、入户健身指导等体育活动，组织唱歌、跳舞、书法、绘画、摄影等文艺活动，组织电脑上网、智能手机操作等科技应用学习活动等；安全与权益维护服务，如居家安全知识宣传、居家安全隐患排查、防跌倒宣传、防诈骗宣传，以及针对遗嘱、赡养、监护等方面的法律咨询、法律援助等。

五是服务设施基本"可得可及"。多功能、枢纽型的社区综合老年服务中心数量增多，能够提供"一站式"为老服务，推动10-15分钟"养老服务圈"的形成；依托街道中心辐射式或社区嵌入式"互联网+居家养老"线下服务网点，"三助一护"（助餐、助洁、助医、远程照护）服务逐步覆盖城区；老年宜居社区建设和老旧社区适老化改造积极推进，部分低保、低收入、残疾等困难老人作为重点对象能够享受政府提供的适老化改造服务；社区居家养老服务中心（站）与社区卫生服务中心（站）的有机联合，促进了医养加快融合。

二、问题与建议

（一）社区养老服务的突出问题

社区养老服务虽然取得了阶段性成果，但依然面临一些问题和难点。一是养老需求的满足程度不高。首先，老年照护服务的"刚需"难解。建立医、护、养一体化的失能老人照护服务体系势在必行，但长护险尚未建立统一框架，在保障范围、保障水平、筹资渠道、待遇支付等多方面遭遇瓶颈；其次，老人紧急救援服务缺乏快速响应系统。针对老人突发心肌梗死、脑梗和摔倒受伤等紧急状况，目前的做法是在床头、卫生间和其他活动空间设置紧急拉绳或24小时视频监控，以及随身佩戴"生命环"等，但"生死时速"中的及早发现和及时送医缺乏快速响应系统。

二是养老服务的资金比较短缺。尽管政府投入逐年增大，但由于民间投资规模有限，且社区普遍缺乏自我造血功能，居家养老服务机构的场地、设施无法满足老龄化快速发展的需要，床位严重短缺，拓展服务项目受到制约，工作活动经费以及设施建设费用均难以筹措。据统计，目前养老服务每百人只有三个床位，在一些大中型城市，老年人要到90岁以后才能得到养老床位[①]。

三是服务队伍的整体素质有待提升。社区居家养老服务机构的服务人员基本上是一些年龄较大、文化程度较低、就业相对困难的人员，服务内容局限于生活照料和家政服务，素质有待提高。此外，由于护理工作又脏又累，极易产生职业厌恶和职业疲惫，因此，不仅管理人员难招难留，专技人员也十分缺乏。

四是医养结合亟待推进。目前，医养结合处于模式转换的过渡期，涉及养老如何进入医院、能否享受医保支付结算政策、"医养结合"补助等多个问题，但政策执行层面推而不动。同时，受限于医保支付水平有限、盈利难度大等原因，医养结合发展缓慢，资金投入上仍以政府财政支持为主，市场资本融入率较低。

(二) 社区养老服务的政策建议

一是构建"供给端"的养老服务体系。引入民营资本或公私合作，大量建设嵌入社区的或曰基于社区整合照料的小型养老院、护理院、诊所等，并通过"互联网+养老"实施标准化、规范化的连锁经营；大力发展养老服务社会组织、老年人互助组织和公益慈善组织，政府通过购买服务，构建就亲、就熟的10-15分钟养老服务圈；构建"大健康"体系，养老服务与三级医疗卫生网协同，多种形式搭建医疗机构与养老机构之间的绿色通道，打造就地就近、可及可得的医养结合平台；大力发展智慧养老和老年科技，让科技进入银发经济。

二是构建"立足家庭、依托社区"的养老服务体系。鼓励成年子女与老年父母就近居住或共同生活，推动居家社区养老服务网络实现全覆盖；从政策层面对家庭照护者予以支持，如提供喘息服务、为赡养老人的低收入家庭提供津贴等，减轻家庭照护者的经济负担和精神压力；发挥社区平台作用，积极调动专业机构、社会组织和志愿者等多元力量，共同递送养老服务；加强社区嵌入式、小型化养老设施建设，重视社区适老化改造，就近提供养老、医疗、护理一体化服务；开展家庭养老床位试点。

三是构建"政府主导、社会参与"的养老服务体系。发挥社会力量兴办

---

① 央视网：《国务院总理李克强：关注"一老一小"改善养老托幼服务》，载 http：//www.chinallsy.com/Index/show/catid/12/id/2993.html，最后访问日期：2020年5月7日。

养老机构的主体作用，支持引导社会资本进入社区举办小型养老院、小型护理院和小型诊所，鼓励区域规划基础上的连锁经营；开展城乡社区闲置设施调查，鼓励社会组织对闲置的医院、学校、企业厂房、商业设施、农村集体房屋等整合改造，用于养老服务。

四是加快养老服务信息化建设。建立社区居家养老服务信息平台、居家呼叫和应急救援服务系统，接入"互联网+养老"云平台，提供线上线下咨询服务；与公安、卫生、人社、残联等各类养老服务信息资源互联互通；支持机构及社会组织借助云计算、物联网等技术，开展老年人远程健康监护、紧急援助、居家安防等应用。

三、实践探索

（一）上海："睦邻小厨"社区助餐服务

社区助餐服务是构建养老服务生活圈的重要内容。2019年4月，上海市杨浦区发布全市首个区级老年人助餐服务水平提升三年行动方案，率先提出"睦邻小厨"计划，并规划至2022年构建覆盖全区、布局均衡、方便可及的老年助餐服务体系。计划包括：依托智能化信息管理平台，实现从选餐、点餐、结算、查询到统计评价、质量监管的系统集成；重点发展社区长者食堂、老年助餐点及中央厨房（餐饮服务经营者）等三类核心设施；形成以民政部门为主导、各街道为实施主体，公共餐饮单位、集体用餐配送单位、机关企事业单位食堂、居民区内养老机构及移动助餐车等多元供给主体共同参与的服务格局。目前，睦邻小厨已在杨浦区各个街道实现全覆盖，杨浦老人的高品质助餐服务需求基本得到满足。

既往，社区助餐服务最难的是财务紧张，不容易持续。由于国家并没有单独针对社区助餐的补贴政策，而是将它"打包"进居家养老服务一起进行补贴，部分提供助餐服务的组织或个人缺少稳定的经济来源，只能在成本"底板"与价格天花板的双向夹逼下长期亏损。对此，杨浦区的经验是：首先，做好助餐价格基础指导，体现公益性原则，菜单及价格接受区民政局或相关街道审核监督；其次，落实一次性建设补贴政策，市级财政按照供餐能力、实际投入等分档补贴，区级财政加大奖补政策力度，如探索特殊困难老人餐食补贴制度，建立送餐补贴、以奖代补机制等；最后，街道可根据实际情况做好优惠政策叠加，落实对社区食堂的房租减免以及水电燃气等优惠或减免①。

然而，并不是每一个城市社区都有这样的经济实力。社区助餐服务要做好，首先还是要考虑因地制宜，多措并举，即以社区实际拥有资源条件为基础，选择合适的服务方式和内容。例如，老年食堂既可以是社区独立建设，也可以是片区联建，资源共享；既可以是实体性的独立场所，也可以是流动餐车；既可以是老人们（含儿女）自愿合作，建"俱乐部"、"会员制"的互助食堂，也可以是协议委托给社会组织和企业甚至个人运作。例如，取消实体的老年食堂模式，引进快餐店模式，社区为老人办就餐卡，可直接到快餐店"搭伙"并享受折扣，节约成本。再如，实行区域配送制，进行专业化、规模化运作。即以一个区为一个范围，招标一个专业的快餐配送公司，每天以社区为单位，统计辖区内需要就餐的老人数量，上报给快餐公司。中午前，将老人饭菜配送到社区，再让老人来领取。

（二）南京："时间银行"互助养老

2019年7月，南京市政府出台《南京市养老服务时间银行实施方案（试行）》，成为全国首个在市级层面规划、运行的养老服务时间银行体系。

时间银行被称为是一种"低龄存时间，高龄换服务"的互助养老模式。即政府通过政策设计，鼓励志愿者为老年人提供养老服务，并按照一定的规则记录和储存服务时间，待志愿者年老或需要时即可提取时间"存款"，用于兑换服务。南京市时间银行的主要服务对象定位在空巢独居的老人和存有服务时间的60周岁以上老年人（服务时间由政府发放，实行总量控制），主要服务项目包含老人亟须的"五助"服务（助餐、助医、助浴、助洁、助急），有能力的服务点也可提供康复治疗、营养配餐、法律咨询等服务内容。据统计，截至2020年9月，南京市申请注册的时间银行服务网点1109家、志愿者近2.5万名，已提供养老服务2.7万多次，累计服务时长1.41万小时②。

其实，时间银行早在20世纪末就被国内部分城市引进并推广，但由于兑换半径多局限于街道或社区层面，无法扩大和延续。南京市的首创精神在于，

---

① 《"睦邻小厨"杨浦区老年人助餐服务水平提升行动方案（2019至2022年）》杨民发〔2019〕14号。

② 马道军：《试运营一周年，南京市时间银行跑出"加速度"》，载http://www.njdaily.cn/2020/0924/1863192.shtml，最后访问日期：2020年9月24日。

实现了多代人、多地区的时间与服务通存通兑：一是管理体系上，由南京市民政局牵头制定时间银行的运行标准和规范，并构建了市、区、街道、社区四级组织架构；二是信息系统上，建立了全市统一的信息管理平台，实现志愿者和服务对象申请注册、身份信息比对，服务需求发布、服务评价、时间存入转移、使用消费等功能；三是保障机制上，南京市政府委托市慈善总会设立时间银行专项基金，主要用于为重点人群（如空巢独居老人）发放服务时间、为迁离本市的志愿者发放补助。该项资金由福彩公益金保障，鼓励社会捐赠，一定程度上缓解了时间银行的运行风险。

"时间银行"储备了很多养老资源，为居家养老的延续奠定了基础，很有生命力。但是也存在一些质疑。如，志愿服务的内容和质量是否影响时间存储？志愿服务的时长能否异地提取？什么样的信誉机制或信用制度才能保证年轻志愿者在自己年老后能够如约兑换服务？这些问题还有待进一步深入探讨和制定细化方案[①]。

（三）武汉："嵌入式"大城养老

大城市人口体量巨大，中心城区寸土寸金，要满足动辄上百万户籍老人的养老需求，空间和资源都是制约。为此，武汉市在全国率先推出"嵌入式"大城养老模式，通过重点发展城市社区养老、做实做强居家养老、机构养老提质增效、农村养老兜底赋能"四措并举"，全方位优化养老服务供给，有效破解了"家门口"的养老服务难题。

一是重点发展城市社区养老。应对之策是依托中心城区"15分钟生活服务圈"，在街头巷尾"见缝插针"地布局养老服务站点。具体做法为：搭建区级信息服务平台，建设街道、社区线下服务实体，统一接收老人需求订单，分发给线下服务商分散对接服务，以此将养老机构的服务半径延伸到社区和居家；重点支持养老机构为居家的失能半失能老年人设置"家庭养老床位"，提供连续稳定的"机构式"专业服务；鼓励支持养老机构"瘦身"进社区，政府出台优惠政策，对连锁化、品牌化运营的社区养老服务主体提供扶持补贴。

二是做实做强居家养老。继续巩固家庭养老的基础性作用，具体做法是：鼓励家庭成员与老年人共同生活或者就近居住；通过政府购买服务等方式在全

---

① 郑新钰：《南京打造"最向往养老之城"》，载《中国城市报》2020年11月2日第18版。

市开展失能失智老年人家庭照护者技能培训；引导专业社工为家庭照护者提供心理健康咨询和干预服务；实现对无子女、高龄、独居老年人社区探访全覆盖；支持老年人发挥专长和作用，参与社会公益事业。

三是机构养老提质增效。公办养老机构不仅履行兜底保障，还承担着示范引领、品牌输出、专业培训和改革试验等职能。具体做法包括：对照《全国养老院服务质量大检查指南》，通过分级自查、各区交叉互查、市级抽查和督查的方式，连续四年对全市养老机构进行"拉网式"隐患排查整治，实现养老机构重大风险隐患清零；聚焦"人"（专业人员）、"技"（科技手段）、"物"（辅具应用）、"医"（医养结合）、"管"（综合监管）四大要素，完善信用为核心、质量为保障的服务管理体系；组织开展养老机构等级评定，不分公立、民办或"混合"所有制，一律公平竞争，择优奖补。

四是农村养老兜底赋能。针对部分农村福利院（敬老院）存在的"乡镇政府无暇管理、民政部门难以管理"的窘况，应对方法包括：对标农村养老服务设施改造提升工程的基础指标，补齐农村养老基础设施短板；进行必要的改（扩）建和兼并重组，整合存量资源基础上适当集中，转型农村区域性养老服务中心；提升集中照护能力，增设失能人员生活服务照护单元以及医疗护理、康复服务等医养结合照护单元和照护型床位。

第五节 城市社区儿童保护与服务

儿童是国家和社会的未来，也是需要国家、社会特别关注和保护的群体。根据联合国《儿童权利公约》，儿童指18周岁以下的任何人；而在中国，儿童是比青少年年龄（14周岁）更小一些的群体（其中6岁以下被称为婴幼儿）。根据《中国统计年鉴2020》，截至2019年底，中国0-14岁人口约为2.3亿，占总人口比例为16.8%。与2010年第六次全国人口普查数据相比，略高出0.2个百分点；但较2000年第五次人口普查数据下降了6.09个百分点[1]。

在中国儿童福利和救助保护服务方面，政府一直是最重要的投入主体。1991年全国人大常委会七届二十一次会议通过的《中华人民共和国未成年人

---

[1] 国家统计局：《2010年第六次全国人口普查主要数据公报（第1号）》，2011年4月28日。

保护法》（2020年最新修订）规定，"保护未成年人[①]，是国家机关、武装力量、政党、社会团体、企事业组织、城乡基层群众性自治组织、未成年人的监护人和其他成年公民的共同责任。"据民政部数据，2019年，全国共支出儿童福利经费53.9亿元。截至2019年底，全国注册登记的独立儿童福利和救助保护服务机构共计686家，床位9.9万张，年末抚养人员4.8万人。其中独立儿童福利机构484家，床位9.0万张；独立未成年人救助保护中心202个，床位0.8万张[②]。

儿童在生理、心理方面均尚未发育成熟，严重缺乏抵御外部伤害的体力和能力，藉此，儿童的需求集中表现在细致全面的生活照顾、优质均衡的教育辅导、开放安全的活动空间、健康心理引导以及减少意外伤害等。当前儿童保护与服务的重点，是健全困境儿童分类保障制度和发展0-3岁婴幼儿普惠性托育服务体系。

一、困境儿童保护

困境儿童指由于父母双方不能或不能完全履行抚养和监护责任，而致使其陷入个体生存、发展和安全困境的未满18周岁的未成年人。根据2016年国务院发布的《关于加强困境儿童保障工作的意见》（国发〔2016〕36号），困境儿童依据困境来源分为三类：一是家庭贫困类，即"因家庭贫困导致生活、就医、就学等困难的儿童"；二是自身残疾类，即"因自身残疾导致康复、照料、护理和社会融入等困难的儿童"；三是监护风险类，即"因家庭监护缺失或监护不当遭受虐待、遗弃、意外伤害、不法伤害等导致人身安全受到威胁或侵害的儿童"。在以往补缺型儿童福利制度中，困境儿童主要包括孤儿、残疾儿童、流浪儿童等传统民政救助对象；在当下适度普惠型儿童福利制度中，事实无人抚养儿童、留守儿童等群体亦被视为身处"困境"。

困境儿童的类型和维度一直处在变化中，背后体现了国家关注度的不断加强。2020年10月最新修订的《中华人民共和国未成年人保护法》首次将困境儿童、留守儿童纳入法律保护，并重点对民政部门履行法定职责、开展救助保护、开展家庭监护监督指导、受理未成年人权益侵害案件等提出要求。另据不完全统计，全国至少有24个省（直辖市）出台了针对困境儿童福利保障的具

---

① 根据《中华人民共和国未成年人保护法》，未成年人指18周岁以下的公民。
② 民政部：《2019年民政事业发展统计公报》，2020年9月8日。

体实施意见，从基本生活、基础教育、医疗健康等多个方面助其成长，并在此基础上，构建起由街道办、居委会、儿童福利机构、社会组织等组成的困境儿童保障网络。

中国城市社区困境儿童服务现存两种机制：一是行政机制，即以民政部门、教育部门、妇女儿童以及司法部门为主体构成的公共服务体系，包括兜底性基础公共教育、社会救助和社会福利保障；二是社会机制，即以公益慈善组织和社会服务机构等为主体构成的志愿服务体系，包括托养照料、学习辅导、健康管理及精神关爱等。由于二者在工作程序、规则、目标等多方面始终存在"间隔"，困境儿童服务常常出现错位、缺位和碎片化现象。

（一）孤儿和事实无人抚养儿童

孤儿和事实无人抚养儿童是最脆弱的群体，可谓"困中之困"。根据已有资料，2018年中国孤儿人数为30.5万，较之2014年减少22万。事实无人抚养儿童人数尚无准确数字，但据2011年9月民政部的一项抽样统计结果，全国在2014年2月前至少有61万名事实无人抚养儿童[①]。

孤儿指父母早逝或因先天性重大疾病或残疾被父母抛弃的儿童。事实无人抚养儿童即通俗所说的"事实孤儿"，指父母因死亡、失踪、服刑、强制戒毒、重残或重病等原因无法履行抚养责任的未满18周岁的未成年人，具体包含以下两种情形：一是父母双方均符合重残、重病、服刑在押、强制隔离戒毒、被执行其他限制人身自由的措施、失联情形之一的儿童；二是父母一方死亡或失踪，另一方符合重残、重病、服刑在押、强制隔离戒毒、被执行其他限制人身自由的措施、失联情形之一的儿童。另据2020年民政部印发的《关于进一步做好事实无人抚养儿童保障有关工作的通知》（民发〔2020〕125号），又增加了"父母被撤销监护资格"和"父母被遣送（驱逐）出境"两种情形。事实无人抚养儿童是一个比较特殊的群体，他们虽然不是孤儿，但就其境况而言，往往比孤儿更困难更复杂，更加急切地需要社会的帮扶救助。

党和政府历来关心孤儿的健康和成长。2010年11月18日，国务院办公厅印发《关于加强孤儿保障工作的意见》（国办发〔2010〕54号），要求在全国范围内建立孤儿保障制度，从基本生活、医疗康复、教育、就业、住房等多方

[①] 该项统计是2011年9月由民政部社会福利和慈善事业促进会发起并运作，统计对象为"父母没有双亡，但家庭没有能力或没有意愿抚养的儿童"，统计数据为抽样统计结果。

面对成年前的孤儿进行保障。8天后,民政部、财政部联合下发《关于发放孤儿基本生活费的通知》(民发〔2010〕161号),中央财政安排25亿元专项补助资金,对2010年地方发放孤儿基本生活费予以补助(东、中、西部地区分别按照月人均180元、270元、360元的标准补助)。以往,孤儿补贴由地方政府买单,一些地区财力落后,救助额度偏低,难以满足孩子生存发展的需要;在此之后,孤儿的最低养育标准开始逐步落实并逐年提高。《2019年民政事业发展统计公报》数据显示,截至2020年底,全国共支出孤儿基本生活保障经费33.4亿元,基本生活保障平均标准为每人每月1184.3元[①]。

相比法律意义上的"孤儿",事实无人抚养儿童长期处于政策关照不足的角落。目前,这种状况正在得到改变。2019年6月,民政部等12部门联合印发了《关于进一步加强事实无人抚养儿童保障工作的意见》(民发〔2019〕62号),首次从国家层面将事实无人抚养儿童纳入保障范围,保障内容参照孤儿标准,包括:基本生活保障,如发放基本生活补贴;医疗康复保障,如医疗救助、参保资助以及符合条件享受的重度残疾人护理补贴及康复救助等;教育资助救助,如助学金、减免学费和住宿费等。对于确实无人照顾的儿童,民政部门负有兜底监护的责任。据民政部最新数据,截至2020年底全国共有孤儿19.3万被纳入保障范围,其中社会散居孤儿13.4万名[②]。国家政策以外,各省市也依据自身经济条件和实际需求进行了政策创新和福利叠加。如,陕西等地对事实无人抚养儿童实行全额医保;北京和重庆等地将事实无人抚养儿童纳入助学工程,保障这些孩子在大学期间仍能够得到资助。

目前存在的问题是,相关保障政策的执行与应保尽保还存在差距。如,由于父母失联在认定上的困难,导致一些儿童被划在保障范围以外;"孤儿款"的使用缺乏监督,导致一些钱并没有真正花在孩子身上;等等。同时,社会组织在儿童救助活动中由于地位不明、资源有限,导致服务供给不足。以"家庭监护为基础、社会监护为补充、国家监护为兜底"的监护体系亟待形成。

社区为孤儿和事实无人抚养儿童提供的服务可以采取四种形式:一是结对帮扶。即由街道社区建立成长档案,并由社区工作者或符合条件的志愿者与儿童形成一对一结对帮扶,在生活、学习上予以帮助。二是日常探访。社区组织

---

① 民政部:《2020年民政事业发展统计公报》,2021年9月10日。
② 民政部:《2020民政事业发展统计公报》,2021年9月10日。

志愿服务队伍，定期走访探视，了解儿童生活情况和需求，并为其提供应季衣物、营养食品、玩具文具等日常用品。三是心理疏导。针对儿童可能存在的悲观失落和自卑情绪，引入专业社工或心理咨询师为其提供心理咨询、情感抚慰，帮助他们走出心理阴影。四是助学助医。帮助儿童了解相关福利和救助保护政策并帮忙办理相关手续；积极引进外部公益资源，为儿童提供必要资助。

（二）流浪儿童

流浪儿童指因家庭监护缺失或监护不当而离家出走或无家可归的街头流浪未成年人，也包括被不法集团或个人控制的街头乞讨儿童。其基本需求集中体现在生存生活、心理疏导、家庭关系改善以及职业技能培训等方面。由于官方数据缺失，目前所能找到的关于该群体的较权威数据来自中国青少年研究中心发布的《我国城市流浪儿童的基本特征分析》。该研究指出，2006年全国至少有100万的流浪儿童，其中一半以上曾受到过不同形式和程度的侵害，大多数只能以非法手段谋生[1]。

目前，流浪儿童救助以政府保护性救助为主，同时鼓励、支持社会组织和个人参与。2011年，国务院发布《中国儿童发展纲要（2011-2020）》，提出流浪儿童的救助"迫切需要制度保障"。2012年，民政部开展"接流浪孩子回家"活动，采用主动救助、街头救助、延伸救助等多种方式，促使流浪儿童早日回归家庭。对于生活无着的流浪乞讨未成年人，民政部负责实施保护性救助，并承担临时监护责任，根据具体需要，为离家出走或无家可归的流浪儿童提供各类服务。这些服务既包括保障食宿等基本生活救助，也包括通过多种途径开展的文化知识教育、职业技能培训、心理辅导、行为矫治等服务；对于执意不接受救助的人员，民政部门要及时发放基本生活必需品，如食物、避寒衣物等，记录留存相关资料并在日常巡视中重点关注；对于暂时查找不到父母或监护人的流浪乞讨未成年人，则根据《家庭寄养管理办法》（民政部令第54号，2014年），面向社会招募符合条件的爱心家庭，经民政部核查同意后，委托短期临时寄养，在此期间，政府提供一定的生活补贴。

社会组织在流浪儿童救助方面还处于"有心无力"的状况。由于没有强

---

[1] 中国青少年研究中心"流浪儿童问题研究"课题组：《我国城市流浪儿童的基本特征分析》，载《中国青年研究》，2008年第6期。

制救助的权力，社会组织一般只能采取定期接触的方式与流浪儿童建立长期稳定的联系，通过为其派发生活必需品、解决生活问题建立信任，而后根据具体需要为其提供服务，为没有合法监护人的流浪儿童寻找收养家庭，为有工作需求的儿童提供职业技能培训。

近年来，随着国家对儿童保护工作的加强，"流浪儿童数量大幅减少"[①]，但如何避免无效救助，让流浪儿童能够真正安定下来，仍是个难题。一是救助方式较为单一、僵化。目前的流浪儿童救助仍以遣返为主，后续帮扶介入较少；而儿童流浪的原因多在于生活困难或家庭不睦，如果仅仅是将孩子"送回家"，却不能改变其家徒四壁或家庭暴力等恶劣的生存环境，很容易陷入"流浪—救助—再流浪"的怪圈。二是管理部门众多却缺乏协同。2011年8月，国务院办公厅出台《关于加强和改进流浪未成年人救助保护工作的意见》（国办发〔2011〕39号），明确规定流浪儿童救助保护工作机制是"政府主导、民政牵头、部门负责、社会参与"。这种工作机制牵涉到民政、教育、公安、城管等多达近10个政府相关部门，需要多部门"协同作战"，但实际上却是各部门"谁都沾点边，谁都不负责"。针对这一问题，2020新冠疫情期间，民政部专门发文，要求民政部门与街道、社区联动，加强对流浪乞讨人员的劝导救助、转介处置、送医救治等工作，同时，充分调动社会公益组织、志愿者、社会工作者等参与救助。

（三）社区留守儿童

社区留守儿童是指那些由于父母常年在外工作或工作繁忙，以致要么由祖辈隔代抚养，要么由保姆阿姨陪伴，要么寄宿学校或辅导机构，与父母缺乏沟通交流的城市儿童。

城市社区留守儿童是非典型意义上的留守儿童。因为在生活环境上城市的生活配套设施及教育资源相对丰富，且城市留守儿童的家庭一般并不贫困，有的还相对富裕。但他们的困境与农村留守儿童如出一辙：父母角色缺位，导致家庭教育功能无法实现；缺少来自父母的关爱和教育，普遍存在亲情缺失、学业缺教、心理失衡、行为失范、安全无保障等问题。与农村留守儿童容易自卑

[①] 民政部：《持续推进不同层级儿童福利基础设施建设》，载新华网 https：//finance.sina.com.cn/roll/2019-06-20/doc-ihytcitk6577360.shtml?cre=tianyi&mod=pcpager_news&loc=32&r=9&rfunc=100&tj=none&tr=9，最后访问日期：2019年6月20日。

不同，城市留守儿童更多地表现出自负和以自我为中心的性格特点。与此同时，由于城市生活压力较大以及多元价值取向的影响，城市留守儿童在成长过程中面临的不确定因素和不良环境因素更多，心理和学业压力不容小觑。

针对城市留守儿童的帮扶重点在于健康人格的塑造、监护照顾的加强以及家庭关系的改善。一是针对留守儿童及其家长开设"儿童之家"。由当地民政部门、基层政府、群团组织和学校联手举办的"儿童之家"，一般设置在留守儿童较为密集的小学。核心要义是要有专业社工的入驻。二是社区儿童课堂。儿童课堂是社区托管的一种形式，由社区提供场地，社区工作人员负责监督学习，维护安全与纪律。部分儿童课堂还与高校和专业社工组织联动，定期开展心理健康辅导活动，为孩子们答疑解惑，培养孩子感恩社会、善待他人、勇敢自信的品质。儿童课堂面向城市留守儿童及低收入家庭儿童，须缴纳少量费用或完全免费。

（四）社区流动儿童

社区流动儿童，也就是"随迁子女"，指户籍登记在外省（区、市）、本省外县（区），随父母到输入地同住的儿童。根据国家统计局、联合国儿童基金会、联合国人口基金共同发布的《2015年中国儿童人口状况——事实与数据》，中国约有1.03亿儿童受到人口迁徙的影响；当年全国流动儿童数量约为3426万，占儿童总数的比例达13%[1]。更精确的数字来自教育部数据，据统计，2019年义务教育阶段的随迁子女有1985.32万，其中进城务工随迁子女达1426.96万，5年来增加了59.86万[2]。

进城务工人员随迁子女是社区服务应重点关注的群体。其困境具体体现在：一是安全问题。流动儿童大多跟随父母居住在房租低廉、拥挤杂乱的城中村、城乡结合部或回迁小区，环境脏乱差，溺水、火灾、车祸风险较高。二是教育问题。由于户籍制度或积分落户政策等限制，流动儿童难以平等享受居住地的优质教育资源，只能进入昂贵的私立学校或办学条件较差的菜场小学、打工子弟学校；即便顺利进入小学，到了小升初时，仍有大量流动儿童因学位不

---

[1] 图说《2015年中国儿童人口状况》载 https://www.unicef.cn/reports/highlights-population-status-children-china-2015，最后访问日期：2018年6月。

[2] 教育部网站：2019年教育统计数据。改数据统计的是小学和初中阶段在校生人数，未入学和辍学儿童未计入。

足、升学门槛高、父母工作或居住情况变化等原因，被迫返乡，成为"回流儿童"。三是社会融入问题。一则难以融入学校。由于受到家庭经济条件、文化水平和家庭教育等方面影响，流动儿童在学校容易受到同学排挤，自我认知偏低。二则难以融入社区，生活学校两点一线，不了解所在城市和社区，缺乏归属感。值得注意的是，由于外来务工人员在城市从事的工作一般劳动强度大、工作时间长且不规律，流动儿童普遍缺乏有效陪伴，"流动"与"留守"时常发生身份转换。

目前针对城市流动儿童的服务主要是硬件设施建设及基础教育公平性地推进。前者体现在"儿童之家"的建设上。《中国儿童发展纲要（2011-2020年）》提出，到2020年，"90%以上的城乡社区应建设1所为儿童及其家庭提供游戏、娱乐、教育、卫生、社会心理支持和转介等服务的儿童之家"。根据该目标，实际建设缺口较大。后者则体现在基本公共教育均等化背景下，各大城市纷纷出台政策，如降低入学户籍门槛，以确保进城务工人员随迁子女能够就近入学、异地升学，并通过合作办学等方式推进教育资源普惠共享。2018年4月，国务院教育督导委员会办公室发布《关于补充全国中小学校责任督学挂牌督导创新县（市、区）评估认定内容的函》（国教督办函〔2018〕27号），第一次以中央文件的形式对随迁子女入学指标进行了明确，即"符合条件的随迁子女在公办学校和政府购买服务的民办学校就读的比例不低于85%"。此举将大大推动城市义务教育资源分配的均衡与公正。

此外，部分经济发达地区的社会公益组织也开始探索针对流动儿童的教育融入、安全宣传等方面的服务，并形成了一批成熟的机构和项目。如深圳市新生社区党群服务中心推出的流动儿童城市适应项目，项目设计充分考虑儿童特点与喜好，在游戏中提高孩子的人际交往能力，帮助其更快融入校园和社区。

（五）身心障碍儿童

身心障碍儿童指由于先天或后天因素而在生理、心理或智力上存在障碍的儿童，如重病儿童、自闭症儿童等。身心障碍儿童的困境具体表现在：一是由于存在不同程度的残疾，无法正常生活，处于失能半失能的状态；二是由于经济状况或医疗资源限制，面临治疗、用药及康复训练的缺失；三是面临继续教育困难以及特殊教育资源有限的现实问题；四是面临社会认同和融入障碍，如若缺乏相关支持和链接，他们将长期处于与主流社会隔离的状态。

目前国家提供的社会救助和医疗救助只能满足基本生存需求，尚未涉及个性化发展性需求。从这个角度来说，身心障碍儿童的服务需求指向更高层次的医疗干预、康复训练、教育资源、权益保护及其他社会服务。

二、婴幼儿托育服务

婴幼儿托育是兼具教育属性的现代社区家庭服务业。服务对象包括0-3岁婴幼儿及其家庭，服务内容包括托管、照护和教育，服务形式包括全日托、半日托、计时托、临时托等。由于婴幼儿具有其生长发育的特殊性，因而不能以低配版"学前教育"等同之。

作为母职替代性公共服务，3岁以下婴幼儿托育服务越来越成为80、90后新生代父母家庭的"刚需"。综合2017—2019年的新生儿数据，目前中国0-3岁婴幼儿接近5000万；但能够提供婴幼儿托育服务的社会机构相对不多，"入托难"是城市社区婴幼儿家庭面临的共同问题。

（一）发展现状

1. 婴幼儿托育服务的历史回溯

国内最早的托育机构可追溯至新中国成立前中共在苏区、陕甘宁边区开设的托儿所。新中国建立后，为解放妇女劳动力、加快社会生产，城镇社区和企事业单位开办了大量福利性质的托儿所，至1956年，全国已有托儿机构5775所[①]。1979年，政府工作报告首次提出"重视发展托儿所、幼儿园，加强幼儿教育"。1980年11月，原卫生部发布《城市托儿所工作条例（试行草案）》，公共托育服务以制度形式得以确立。1981年，原卫生部妇幼卫生局发布《三岁前小儿教养大纲（草案）》，对托儿教养工作进行了任务部署。政策利好下，全国托幼事业迎来大发展。据不完全统计，1995年前后，全国各级各类托儿机构接近27万所，城市入托率达到70%。这一时期，托育服务主要依靠企事业单位、机关、部队等自主提供，民办幼儿园较少。

1997开始，伴随计划生育政策的推行，加之国有企业"办社会"功能的

---

① 未来智库：《2020年托育行业白皮书》，载 https：//www.vzkoo.com/news/3324.html？pid=，最后访问日期：2020年4月14日。

破除，其所开办的托儿所数量大幅减少①。进入21世纪后，为应对3-6岁儿童入园高峰以及规范幼儿园建设，不少城市出台规定，禁止公办幼儿园开设托班。据有关数据，2000年全国3岁以下集体性托幼机构减少5万家以上，2010年入托比例降至0.9%，公办及单位办托儿所几乎绝迹②。

也正是在这一年，中共中央、国务院审议并通过了《国家中长期教育改革和发展规划纲要（2010-2020年）》（中发〔2010〕12号），明确提出"重视0-3岁婴幼儿教育"；出台《关于当前发展学前教育的若干意见》（国发〔2010〕41号），重新明确了中央政府对托幼服务的投入责任。至此，婴幼儿托育服务体系建设重新起步。

2017年，党的十九大报告提出，要"在幼有所育、学有所教"方面不断取得新进展。2019年3月，政府工作报告提出，要"加快发展多种形式的婴幼儿照护服务，支持社会力量兴办托育服务机构"。同年10月，十九届四中全会提出，健全包括"幼有所育"在内的国家基本公共服务制度。2020年11月，党的十九届五中全会审议通过《中共中央关于制定国民经济和社会发展第十四个五年规划和二〇三五年远景目标的建议》，指出，发展普惠托育服务体系，降低生育、养育、教育成本。

在中央精神和政策指引下，托育服务的相关指导意见和配套政策密集出台（见表3-3）。其中，2019年5月，国务院发布的《关于促进3岁以下婴幼儿照护服务发展的指导意见》（国办发〔2019〕15号，以下简称《意见》），从国家政策层面为促进婴幼儿托育服务指明了发展方向。据不完全统计，目前全国已有29个省区市先后出台婴幼儿托育实施意见，一些行业基础较好的城市发布了本土化的细则和标准。如，北京提出打造婴幼儿照护服务示范机构，为适龄儿童家庭提供科学育儿指导；青海鼓励幼儿园与新建婴幼儿照护服务机构结对共建"托育联合体"，实现保育、保教无缝衔接；安徽提出在街道、居委会或有条件的居民家中设立"临时托管看护点"；陕西提出在中央预算基础上，结合各地实际适当安排配套资金给予补助；浙江、福建等地将0-3岁婴幼儿服务纳入民生工程，优先支持普惠性托育服务机构进驻社区。

---

① 刘中一：《从西方社会机构托育的历史趋势看我国托育机构的未来发展》，载《科学发展》2018年第3期。

② 《2020年婴幼儿托育产业现状及发展趋势分析》，载https://www.sohu.com/a/416094443_120663713，最后访问日期：2020年9月2日。

表 3-3 中央关于 0-3 岁婴幼儿托育服务的政策体系

时间	发文单位	文件名称	相关内容
2010.7	国务院	《国家中长期教育改革和发展规划纲要（2010-2020年）》（中发〔2010〕12号）	明确提出"重视0-3岁婴幼儿教育"
2010.11	国务院	《关于当前发展学前教育的若干意见》（国发〔2010〕41号）	明确了中央政府对托幼服务的投入责任
2012.7	教育部	《教育部办公厅关于开展0-3岁婴幼儿早期教育试点工作有关事项的通知》（教基二厅函〔2012〕8号）《教育部办公厅关于开展0-3岁婴幼儿早期教育试点的通知》（教基二厅函〔2012〕17号）	要求探索发展0-3岁婴幼儿学前教育模式和经验，并选择在上海、北京等14个地区（市）先行开展0-3岁婴幼儿学前教育试点
2015.12	国务院	《中共中央 国务院关于实施全面两孩政策 改革完善计划生育服务管理的决定》（中发〔2015〕40号）	要求引导和鼓励社会力量举办普惠性托儿所和幼儿园
2016.12	国务院	《国家人口发展规划（2016-2030年）》（国发〔2016〕87号）	提出"合理规划配置儿童照料、学前……等资源满足新增公共服务需求。引导和鼓励社会力量举办普惠性托儿所和幼儿园等服务机构，鼓励和推广社区或邻里开展幼儿照顾的志愿服务"
2017.1	国务院	《国家教育事业发展十三五规划》（国发〔2017〕4号）	指出"发展0-3岁婴幼儿早期教育，探索建立以幼儿园和妇幼保健机构为依托，面向社区、指导家长的公益性婴幼儿早期教育服务模式"
2018.8	国务院	《关于印发深化医药卫生体制改革2018年下半年重点工作任务的通知》（国办发〔2018〕83号）	要求卫健委负责"制定促进3岁以下婴幼儿照护服务发展的指导性文件"

续表

时间	发文单位	文件名称	相关内容
2018.10	国务院	《完善促进消费体制机制实施方案（2018-2020年）》（国办发〔2018〕93号）	提出"制定实施大力发展0-3岁以下婴幼儿照顾服务的政策措施"
2019.2	国家发改委等18个部门	《加大力度推动社会领域公共服务补短板 强弱项 提质量促进形成强大国内市场的行动》（发改社会〔2019〕0160号）	提出"增加托育服务有效供给"，"到2020年，婴幼儿照护服务的政策法规和标准规范体系初步建立。"
2019.3	人力资源和社会保障部	《关于颁布劳动关系协调员等16个国家职业技能标准的通知》（人社厅发〔2019〕47号）	颁布育婴员和保育员的新职业标准
2019.5	国务院	《关于促进3岁以下婴幼儿照护服务发展的指导意见》（国办发〔2019〕15号）	提出"到2025年，婴幼儿照护服务的政策法规体系和标准规范体系基本健全，多元化、多样化、覆盖城乡的婴幼儿照护服务体系基本形成"
2019.7	财政部等6部委	《关于养老、托育、家政等社区家庭服务业税费优惠政策的公告》（财政部公告2019年第76号）	规定"社区托育免征增值税，并减按90%征收企业所得税"
2019.9	住建部	局部修订《托儿所、幼儿园建筑设计规范》（JGJ39-2016）	对托儿所、幼儿园的面积、建筑设计、室内环境、设备设施等作出严格规定
2019.10	国家卫健委	《关于印发托育机构设置标准（试行）和托育机构管理规范（试行）的通知》（国卫人口发〔2019〕58号）	对托育机构的设置和管理进行了规范，严格设置了公共场地、生师比、班级规模、用人资质等要求
2019.10	国家发改委、卫健委	《支持社会力量发展普惠托育服务专项行动实施方案（试行）》（发改社会〔2019〕1606号）	提出"充分发挥中央预算内投资示范带动作用和地方政府引导作用"，重点支持建设社区托育服务设施和示范性托育服务机构

续表

时间	发文单位	文件名称	相关内容
2020.12	国务院	《关于促进养老托育服务健康发展的意见》（国办发〔2020〕52号）	就促进养老托育服务健康发展提出四个方面23项举措

2. 婴幼儿托育服务的需求分析

从国家层面看，人口危机是托育政策密集出台的直接原因。少子化是全球难题，中国亦然。为此，中国在2016年全面放开二孩政策，鼓励一对夫妇生育两个子女。但是，出生人口增长只在2017年短暂维持了一年，2018年新生儿人数反而减少约200万；2019年出生率降至10.48‰，创下70年来最低。近年，中国虽然陆续出台多项政策，一定程度上缓解了"入园难""就医难""上学难"等问题，但婴幼儿托育服务缺位仍然是阻碍出生率回升的关键。

从社会和家庭层面来说，供需差距大是托育服务重启的现实原因。现阶段，中国3岁以下婴幼儿仍以家庭照护为主，其中由祖辈帮忙照顾的比例高达60%—70%[1]。但是，由于老人体力精力有限，且在育儿理念上与年轻父母难以调和，往往只能满足婴幼儿最基本的衣食需求；雇佣保姆也是家庭照护的解决方式之一。但是，由于家政行业人员流动大、素质参差不齐，不仅存在安全隐患，也考验着家庭的经济实力。家庭照护负担过重，本应补位的社会托育却依然乏力。与强烈的托育需求不均衡的是目前国内低水平的入托现状。据国务院妇女儿童工作委员会主持的一项调查显示，48.2%的父母及准父母有托育需求，其中希望孩子能在2岁半以前入托的比例高达70.4%[2]。而据2016年国家卫计委开展的"3岁以下婴幼儿托育服务需求调查"数据，城市3岁以下婴幼儿在各类托育机构的入托率仅为4.1%，未入托的主要原因有"附近没有接收3岁以下孩子的托育机构"（占比30.1%）和"费用太高"（占比21.6%）。

3. 婴幼儿托育服务的供给情况

中国婴幼儿托育服务的供给主体主要有政府和市场两类。政府主导的托育服务机构包括公办幼儿园内设的托班、街道早教中心、国企开办的托儿所等；

---

[1] 钟晓慧，郭巍青：《人口政策议题转换：从养育看生育——"全面二孩"下中产家庭的隔代抚养与儿童照顾》，载《探索与争鸣》2017年第7期。

[2] 蒋永萍，陈玉佩：《重建并完善婴幼儿托育公共服务体系》，载《中国社会科学报》2018年6月27日。

市场主导的托育服务机构包括民办幼儿园内设的托班、专业早托机构、企业事业单位内部托儿所、家庭托育点等。随着托育需求的不断增长，托育服务主体和服务业态更加多元，以家庭为基础、社区为依托、机构为补充的托育服务体系正在不断完善。目前存在的托育模式主要有以下六种：

一是社区托育模式。即通过免费提供或以低于市场的价格出租社区公共服务场地与设施设备，引入外部社会组织或专业机构运营，为居民家庭提供托育服务。社区托育机构目前有小型"婴巢"托育中心和大型早托幼培综合体两种。前者依托社区服务中心设立，具有普惠性质，资费不高但照护内容比较单一；后者不仅有托班，还能够提供放学后的延时服务，满足上班族家长需求，同时可以为所在社区提供早教培训、家庭教育讲座、科学育儿指导等多种服务。社区托育具有"小而美"的优势，能够满足居民家庭对就近、方便、安全的需求。

二是托幼一体化模式。即通过幼儿园向下延伸开设托班，在原有幼儿园内划出一定的区域给托班，公共区域托幼合用，也被称为"园中园"模式。这种模式充分利用了幼儿园原有的服务和管理资源，既可以实现0-6岁托育场地共享、师资融通，也有利于一次性解决入托入园问题，尤其满足二胎家庭的接送需求。同时，为孩子提供混龄成长的机会，有利于托育与学前教育衔接。

三是市场运作模式。即由社会力量举办的能够满足多层次、多样化需求的托育机构。目前市场上提供单一托育服务的机构较少，大多由早教机构转型而来，即通过合作运营的方式提供"早教+托班"的混合服务，周一至周五以托班为主、周末开设早教课程，利用早教为托班引流，实现降低成本、提高经营效率的目的。政策导向下，普惠将成为早托行业的主要趋势。

四是家庭托育点模式。即由个人（通常是有孩子的女性）或相互熟悉的居民小团体举办、分布在住宅区内的一种互助型托育模式。相比机构托育，家庭托育点具有规模小、人数少、收拖时间灵活等优势；但也存在从业人员资质能力不确定、监督机制不易进入、卫生及建筑设施不安全等问题。

五是医教结合模式。即通过幼教团队与医院团队合作，定期开展健康教育讲座和咨询活动，促进保健与保育相结合，建立医生护士、教师、家长对婴幼儿的共同教养、评估和指导机制。

六是企业园区模式。即企事业单位内部开设的、仅服务于本单位职工的托育机构。举办方式有企业自己招募团队并运营的，也有购买专业服务的，还有提供场地及资金支持引入外部机构的。这种模式部分具有福利性质，资费较低，如上海总工会牵头的职工亲子工作室。

(二) 问题与建议

中国婴幼儿托育服务还处于起步阶段，存在服务供给不足、专业师资不足、优质资源匮乏、机构良莠不齐、监管体系不完善等诸多问题。

政策层面，托育服务的布局和走向有待明确。一是政策目标与市场目标不匹配。托育服务相关政策的密集出台，是国家为应对现阶段人口危机而采取的措施，也是为增强人民幸福感、获得感而打造的惠民工程；而资本市场追求的是短期利益最大化，"高收费、低质量"乃至"天价幼儿园"很容易出现。如何平衡其中的利益分配关系，并建立行之有效的监管审核机制，考验当政者的智慧。二是政策定位和逻辑不清晰。婴幼儿托育在中国刚刚起步，还没形成专业系统的学术体系和现成可行的实践经验。反映在政策层面，即从国家到地方的政策文件对"托育服务"的提法尚不统一，有的与"照护服务""早期教育"等概念混用。如此，很容易造成政策指向的模糊，以及政策文本在制定和执行中的歧义。

供给层面，质优价廉的托育服务有待普及。公办机构费用便宜、管理规范、环境安全，但学位稀少，一些拥有优质教育资源的公立园更是一位难求；民营机构入托门槛少、学位选择多，但保育质量良莠不齐：大量无证园虽收费较低，但普遍存在办学条件不足、卫生保健较差、看护管理不规范、安全设施薄弱等安全隐患；而具有资质的民办园所资费高昂（保育费一般为公办园的3-6倍，部分双语幼儿园等高端幼儿园收费更高）。究其原因，一是政府总体投入不足。从全国来看，2019年，全国教育经费投入总计超5万亿元，学前教育占比8%，早期教育投入未被提及①；从地方来看，"以财政投入为主"②的地方政府责任并未落实，如2018年，浙江、江西等省在学前教育上的投入分担比例均低于50%。二是扶持政策落实较难。普惠型民办机构经常面临经费补助不充裕、政府购买服务不规范、政府部门支持配合不够等困境，特别是疫

---

① 教育部网站：《2019年全国教育经费执行情况统计快报》，载 http://www.moe.gov.cn/jyb_xwfb/gzdt_gzdt/s5987/202006/t20200612_465295.html，最后访问日期：2020年6月12日。
② 2018年《中共中央国务院关于学前教育深化改革规范发展的若干意见》提出，坚持政府主导，落实各级政府投入责任；办园……成本分担转向财政投入为主。

情期间,大量新开办的托育机构难以进入困难企业名单,获得税费减免、无息贷款等政策的机会极小。三是社会办托压力大。由于街道社区大都没有预留配套设施用地,社会办托只能选择租赁商用房屋,而据调查,仅以场地租金、装修费用、人员成本计算,一线城市商业区的托育机构年生均成本为7万元,折合月生均成本5800元;三线城市月生均成本最低也要3000元,才能维持园所正常运转[1]。目前财政投入的"唯公"倾向比较明显,公办机构所获财政支持远高于民办机构;民办机构成本高企,普惠办托压力大。

师资层面,托育行业从业人员素质参差不齐,队伍不稳定。一是资质认定不规范。目前托育服务从业者主要有三类:学前教育专业毕业的中职、高职或本科生,持有幼师证、育婴师证、蒙台梭利教师证等;艺术专业、英语专业和护理专业毕业的本科生,持有营养证、特殊护理证等;其他教育背景但有学前教育从业经验的人员。过去,由于国家层面并未对托育服务人员的职业标准做出详细规定,托育机构在招聘时往往依据直觉或经验,导致一些非专业的或其他利益型师资(如有托育需求的婴幼儿母亲)进入。二是生存环境不佳。突出表现在"活多钱少没前途"。具体来说,托育服务工作强度大但不容易得到家长认可;平均薪酬不高,且大多没有社会保障;缺乏合理的晋升渠道和职称评定机制,职业前景有限;如此种种均导致优质服务和管理人才流失。三是培养渠道狭窄。目前国内高校尚缺乏针对0-3岁婴幼儿托育的学科设置,市场上也没有成熟的托育培训机构。既有的育婴师培训、早期教育专业等虽然比较火热,但实质上与婴幼儿托育还是存在较大差异,不能完全符合托育服务的需要。

藉此,婴幼儿托育服务的优化路径有以下几条:一是加强相关政策法规的支撑性和配套性。在深化科学研究的基础上,统一托育服务概念提法,明确其在国家教育事业中的战略地位;同时厘清政府与社会系统之间、教育系统内部层次(主要是3-6岁学前教育与0-3岁托育服务)之间的人财物分配比例。二是明确托育成本分担机制,改进经费投入办法。明确政府对困难家庭儿童的托育责任;充分发挥中央预算内投资作用,激发地方政府在用地保障、融资优惠、税费减免等方面对社会办园给予支持;建立公平的扶持机制。三是鼓励多元化供给模式。大力发展普惠性托育机构。规范家庭托育,推动社区互助体

---

[1] 秦旭芳,宁洋洋:《21世纪我国托育服务政策的能力限度与突破》,载《教育发展研究》2020年第12期。

系，支持专业素质高、有强烈保育意愿的全职妈妈组建亲子园等小型照护点，政府和社区须提供技术指导和管理规范。重视祖辈托育，完善相关制度支持，如通过社会津贴、补助等形式给予祖辈托育一定回报，通过喘息服务机构建设（如低龄幼儿公共活动场所）减轻祖辈托育的压力，通过常规化、专业化的社区育儿理念知识培训和讲座及时更新祖辈托育技能。四是完善人才培养机制。建立统一的托育服务人员职业资格认证制度，逐步实现托育服务人员持证上岗；拓展托育服务人才培养渠道，加强职前培训与职后研修；制定托育服务人员薪酬标准，完善福利待遇保障细则；加强托育服务机构监察力度，建立失信托育机构和人员黑名单，防止虐童等冲击道德底线的事件发生。同时，可通过培训、认证等方式，从家长志愿者、退休人员等非正式从业者中选拔人才，培养社区家庭养育健康指导员。五是落实监管责任，提升行业规范。严把准入门槛，根据国家标准对设施条件、人员招聘比例、师资、生师比等办学资质认定许可后方可办学，并引入第三方评估机构，进行定期审核与评定；落实监管责任，充分整合教育、财政、人社、住建、工商等部门资源，保障政策协同推进，避免出现监管空白和模糊地带；探索成立托育服务指导中心等专业机构，负责制定行业标准、组织师资培训、指导科学育儿等。

三、实践探索

（一）武汉："城市微光"困境儿童社工服务

2016年，武汉市救助管理站（武汉市未成年人保护中心）发起"城市微光"困境儿童社工服务项目，为武汉市城区和远城区地处于风险等级一到三级的因监护缺失或监护不当的困境儿童提供社工服务。该项目由武汉爱心天使社会工作服务中心承接，自2016年10月开始，历时三年，共服务困境儿童505名，服务区域涵盖武汉市9个主要城区。

"城市微光"项目主要从三个方面提供服务：一是开展"送课上门"式的系列"主题月"活动。即围绕服务目标和服务需求，以困境（留守）儿童就学的学校（班级）为载体，精心策划设计连续的、内容丰富的"主题月"活动，如预防性侵、时间管理、安全教育、爱护环境等。通过小组工作法，让服务对象通过参与集体活动，在学习到更多知识的同时也学到了新的人际交往方式。二是专业社工入驻"儿童之家"。通过开办心理健康课程、四点半学校、成长励志、生命教育、心理咨询、心理减压、心理知识普及、危机干预、人格教育、现身说法、行为指导、健康教育、维权保护、情感沟通、亲情连线互动等，为家庭实际监护人提供正确的教育理念。三是链接资源为困境儿童家庭"增能"。一方面，用足政策资源，实现"应保尽保"。例如，"武汉市爱心天使"积极协调教育部门，为60名困境儿童减免了2018年全年学杂费和伙食费①；另一方面，争取爱心企业捐赠，为困境孩童补充营养品、学习用品等。

在此过程中的经验是，困境儿童及其家庭的帮扶，重在赋能增能。一是要让"贫困主体"自信起来，"立志"脱困，才能去提升脱困能力。二是教会困境家庭利用资源，学习构建积极的支持系统，学会遇到事情主动求助，如寻找亲友、邻里、社区的帮助等。三是播撒爱的种子。社会组织提供的服务并不要求有立竿见影的效果，但是社工对困境儿童施以的爱心，将影响孩子一生。四是改变监护人的认知误区，提升其责任意识。困境儿童之所以陷入困境，除了家庭成员中残疾、死亡等不可抗的因素外，更多的是监护人缺乏责任心、抗挫折能力差造成的。对于已经成年的监护人来说，要提高其责任意识并不是一件容易的事情，需要提高认知、开展行动和外部环境的共同作用。

（二）上海：从"幼有所育"到"幼有善育"

2017年以来，上海将普惠性托育点建设纳入政府实施项目持续推进。经过三年努力，目前已初步建立起较为完善的婴幼儿托育服务政策体系、标准体系和供给体系，构建了以政府为主导、市场为主体、社会为补充、家庭为基础的托育供给格局。截至2020年9月底，上海共有提供托育服务的机构816家，其中托幼一体幼儿园528所、托儿所35个、各区办早教中心11个、社会办托24家。与此同时，教育行政部门协同多方力量，完成政府实施工程项目，新增普惠性托育点53个，新增托班77个，新增托额1544个②。

一是建章立制。出台《关于促进和加强本市3岁以下幼儿托育服务工作的指导意见》（沪府发〔2018〕19号）《上海市3岁以下幼儿托育机构管理暂行办法》（沪府办规〔2018〕12号）《上海市3岁以下幼儿托育机构设置标准

---

① 数据来源于武汉爱心天使内部统计资料。
② 上海市教育委员会托幼工作处：《以"幼有善育"为目标，打造让人民满意的学前教育和托育服务——上海启动学龄前儿童善育工程》，载 http://kct.age06.com/Age06Web3/Home/MobileImgDetail? Id=18734c65-5578-43cf-87f4-51adae9df7ea，最后访问日期：2021年12月10日。

(试行)》(沪教委基〔2018〕27号)《上海市3岁以下幼儿托育机构从业人员与幼儿园师资队伍建设三年行动计划(2018—2020年)》((沪教委人〔2018〕60号)"1+2+1"政策文件,从增加服务供给、建立指标体系、完善监管、建强队伍等方面提供可操作、可落地的细则方案。

二是财政保障。首先,市级财政向公办园和普惠性民办园倾斜。其中,公办园每生每年3.1万元,普惠性民办园每生每年1200元,托班与原幼儿园享受同等生均补助。其次,市教委增设托幼工作处,统筹管理全市托育工作;原市区两级早教指导中心加挂托育服务指导中心牌子,落实人员编制286名。

四是多元供给。首先,以政府为主导,重点推进托幼一体化,在已完备的学前教育服务体系基础上,通过新建、改扩建幼儿园增加托班资源供给,鼓励民办幼儿园提供普惠性托额。其次,以多种形式引导支持社会组织、企事业单位和个人开办非营利性托育机构,如,企业托育点所产生的费用,可按照税法规定,作为职工福利费支出在税前扣除①。最后,依托社区活动中心建设社区幼儿托管点,既可为双薪家庭提供日托照料,也可为家庭提供科学育儿指导。其建设在软硬件上均有章可循。

五是完善监管。首先,市区两级政府分级管理。设立市区两级托育服务管理机构,市级负责发展规划、政策引导、综合监督;区级负责日常监管、审核以及举办资格的发放。其次,营利与非营利分类管理。营利机构在工商部门办理公司制法人登记,由教育部门审核并发放举办资格;非营利机构在民政部门办理民非登记。企业园区托育点在所属行政区托育服务中心备案。最后,建设线上视频监控网络,实现对托育机构日常运行的安全监管全覆盖。

六是建强队伍。首先,严把准入资格,要求托育机构从业人员必须持证上岗。其次,加强技能培养。依托上海开放大学和职业院校,强化对保育员、育婴员、幼儿保健员等需持证上岗人员在职前职后的技能培训,并将相关培训项目列入上海市职业技能培训补贴目录,对培训鉴定合格者按照紧缺培训补贴项目标准给予补贴。最后,重视职业道德。以"责任心强、品行良好、身心健康"为目标,要求各类托育培训机构将职业道德教育作为从业人员岗前入职、在岗及转岗培训的必修课;建立行业黑名单制度,对于违反职业道德的从业人

---

① 上海市人民政府网:《上海市人民政府印发〈关于促进和加强本市3岁以下幼儿托育服务工作的指导意见〉的通知》,载 http://www.shanghai.gov.cn/nw43717/20200824/0001-43717_56068.html,最后访问日期:2018年4月27日。

员将记录在案。

第六节　城市社区残疾人服务

习近平总书记指出，"中国梦是民族梦、国家梦，是每一个中国人的梦，也是每一个残疾朋友的梦。"作为社会公民，残疾人与健全人一样具有独立完整的人格，享有平等参与社会生活的权利。但由于身心方面功能缺失，残疾人个体的生活质量与幸福指数普遍处于较低水平，且往往拖累全家都不能过上正常人的生活，形成恶性循环。如何帮助残疾人共享经济社会发展成果，不让残疾人"掉队"，有赖于政府的政策干预和来自全社会的支持。

一、发展现状

根据《中华人民共和国残疾人保障法》（2018年最新修订），残疾人指在心理、生理、人体结构上，某种组织、功能丧失或者不正常，全部或者部分丧失以正常方式从事某种活动能力的人。按类型分为视力残疾（包括盲和低视力）、听力残疾（包括听力丧失和听力障碍）、言语残疾（包括失语、口吃、运动性或器质性构音障碍、发音障碍、儿童言语发育迟缓等）、肢体残疾（包括肢体残缺或瘫痪、畸形）、智力残疾（包括智力发育不全或迟滞、智力损害或明显衰退）、精神残疾（包括认知、情感、行为障碍）和多重残疾；按程度分为残疾一至四级，分别对应极重度残疾、重度残疾、中度残疾和轻度残疾。世界银行和世界卫生组织在2011年出版的《世界残障报告》中指出，人的一生中平均有约十分之一的时间处于残障状态，它可能在任何人的任何年龄出现。从这个意义上说，残疾人保护和服务关乎每个公民的权益和尊严。

（一）残疾人服务的相关法律政策

中国已经建立起比较完备的残疾人权益保障法律政策体系，相关法律法规有50多部。1990年颁布的《中华人民共和国残疾人保障法》（2018年最新修订）是中国第一部残疾人权益保障法，它首次从立法层面对残疾人康复、教育、劳动就业、文化生活、社会保障、无障碍环境等多方面作出了明确规定。之后，以此为核心，国务院相继颁布一系列法律法规和政策文件，体现了党中央对残疾人事业的特殊关心和重视。1994年颁布的《残疾人教育条例》（2017年最新修订）是中国第一部有关残疾人教育保障的专项法规，其中针对残疾人学前教育、义务教育、职业教育、高等教育及成人教育等各方面进行了明确规定。2007年颁布的《残疾人就业条例》（国务院令第488号），针对用人单位的责任、保障措施、就业服务和法律责任等作出规定。2008年出台的《关于促进残疾人事业发展的意见》（中发〔2008〕7号），针对健全残疾人服务体系、加快无障碍设施建设和改造、发展残疾人服务业提出具体要求和工作部署。2015年又推出《关于加快推进残疾人小康进程的意见》（国发〔2015〕7号）和《关于全面建立困难残疾人生活补贴和重度残疾人护理补贴制度的意见》（国发〔2015〕52号）等重要文件。2020年，中共十九届五中全会再次从帮扶残疾人就业、健全残疾人关爱服务体系和设施、完善帮扶残疾人社会福利制度、提升残疾康复服务质量、完善特殊教育保障机制等方面对残疾人工作提出新部署和新要求。

随着残疾人公共服务政策体系的不断完善，其工作部署和落实要"依靠社区"的指向更为明确。2010年，国务院办公厅转发《关于加快推进残疾人社会保障体系和服务体系建设的指导意见》（国办发〔2010〕19号），提出发挥社区基础作用，建立完善以街道和居委会为主体的残疾人公共服务和托养服务体系。2016年8月，国务院印发《"十三五"加快残疾人小康进程规划纲要》（国发〔2016〕47号），要求"十三五"期间，每个县（市、区）至少规划建设或扶持社会力量兴办1个寄宿制托养服务机构，每个街道至少设立1个残疾人日间照料托养服务机构，同时鼓励有条件的城市街道、社区开展残疾人"独立生活中心"试点。同年12月，残联、卫计委、发改委等7等部门联合印发《基层残疾人综合服务能力建设"十三五"实施方案》（残联发〔2016〕53号），提出构建县（市、区）、街道）、村（社区）三级联动互补的基本公共服务网络，实现到2020年残疾人基本公共服务全覆盖，残疾人康复设施、托养设施、综合服务设施三者有其一的目标。

（二）残疾人服务的需求分析

中国是人口大国，残疾人人口基数相对较大。根据第六次全国人口普查和第二次全国残疾人抽样调查推算，2010年底我国残疾人口总数高达8502万。其中，肢体残疾最多，达2472万人，占残疾人总数的29.08%；听力残疾次之，为 2054 万人，占比 24.16%；多重残疾人数 1386 万人，占比 16.30%，视力残疾 1263 万人，占比 14.86%；精神残疾 629 万人，占比 7.40%；智力残疾 568 万人，占比 6.68%；言语残疾 130 万人，占比 1.53%[1]。从年龄构成来看，0-14 岁残疾儿童有 387 万，60 岁以上残疾老人有 4416 万（其中，65 岁以上老人 3755 万人）[2]，共占残疾人总数的 57.9%，这"一老一小"对基本生活保障的需求最迫切。从残疾等级来看，中轻度残疾人 5984 万人，重度残疾 2518 万人[3]，其中有托养服务需求的近千万。

残疾人是特殊的弱势人群，除了要忍受身体疼痛和生理缺陷外，还面临康复治疗、日常生活、教育学习、劳动就业、社会参与等诸多困难。2006 年，联合国大会通过的《残疾人权利公约》指出："残疾是伤残者和阻碍他们在与其他人平等的基础上，充分和切实地参与社会的各种态度和环境障碍相互作用所产生的结果。"换句话说，残疾是个体伤残与不友好的环境共同作用的结果。具体来说包括：生理障碍，指由于遗传或意外事故造成身体缺损或功能丧失，使得残疾人与健全人相比缺少生活能力；心理障碍，既包括残疾人因自身生理缺陷而导致的胆怯、孤僻、自卑或耻辱感，也包括由于公众误解和歧视而对残疾人造成的压力和障碍；物理障碍，指周围环境尤其是各类公共设施等不够友好，不仅限制了残疾人的活动范围和社会交往，有些甚至会造成残疾人意外伤害或死亡；结构障碍，指法律法规对残疾人基本权益的忽视甚至损害，间接造成健全人对社会资源的绝对控制和优势。

随着经济社会发展，残疾人的基本需求不仅体现在医疗康复、教育培训、就业安置、社会交往、心理咨询等方面，同时也表现出多样性、特殊性和类别化等特点。而寻求更高水平的社会参与、实现自我价值，也是很多年轻残疾人的真实渴望。

(三) 社区残疾人服务的供给情况

目前，中国社区残疾人服务的供给主体是中央及地方政府职能部门，包括

---

[1] 中国残疾人联合会：《2010 年末全国残疾人总数及各类、不同残疾等级人数》，2012 年 6 月 26 日。

[2] 中国残疾人联合会：《2006 年第二次全国残疾人抽样调查主要数据公报（第二号）》，2007 年 11 月 21 日。http://www.cdpf.org.cn/sjzx/cjrgk/200711/t20071121_387540.shtm。

[3] 中国残疾人联合会：《2010 年末全国残疾人总数及各类、不同残疾等级人数》，2012 年 6 月 26 日。

民政局、人社局、卫生局等；直接提供者是以街道办事处和社区居委会为中心建立的社区残疾人协会；慈善机构、非营利组织、社会企业等社会组织亦参与其中，但只提供少量的辅助性服务。

残疾人服务高度依赖社区服务体系。根据中国残疾人联合会2006年抽样调查数据，全国有残疾人的家庭高达7050万个，占全国家庭总数的17.80%，大约平均每6个家庭中就有一个是残疾人家庭。其中，有2个以上残疾人的家庭占比超过十分之一（12.43%）①。残疾人分布范围广、涉及家庭规模小，这些特点决定了残疾人服务以社区照护和家庭照护为主。近年，中央及有关部门制定了《关于加强社区残疾人工作的意见》（残联办字〔2000〕142号）《关于进一步将残疾人社区康复纳入城乡基层卫生服务的意见》（残联发〔2005〕3号）等一系列文件，明确提出建立社区残疾人协会，开展社区帮扶、社区康复，建设社区无障碍环境、活跃社区残疾人文化、保障残疾人合法权益等。具体举措有四个：

一是保障基本生活。包括为残疾人提供日常生活照料，如代买代购、家政服务等；帮助符合条件的残疾人申请最低生活保障，确保低保金及其他社会保障福利落实到人；链接公益资源，为特殊贫困残疾人提供基本生活救助，如提供粮油米面等生活必需品或救济金。

二是开展康复托养。主要体现为社区康复和社区托养。前者即依托社区康复站，由社区康复协调员为视力残疾、听力残疾、智力残疾、肢体残疾人员提供康复训练和免费手术；后者即依托社区残疾人托养服务机构，提供寄宿托养、日间照料等，也提供居家托养服务。

三是促进个人发展。主要体现为就业支持和文化体育服务。残疾人就业支持包括：开展残疾人职业技能培训；确保残疾人按比例就业和公益性岗位就业政策落到实处；扶持和稳定集中就业；通过减免税费、提供场地等方式，鼓励和帮助残疾人实现个体就业、灵活就业（如居家就业）。文化体育服务包括：依托社区服务中心，为残疾人提供公益性文体活动场所和设施，如盲文有声阅览室、残疾人体育训练基地；定时开展各类文体比赛或娱乐活动；动员社会力量为残疾人赠送书籍杂志、音像制品等。

---

① 中国残疾人联合会：《2006年第二次全国残疾人抽样调查主要数据公报（第二号）》，载http：//www.cdpf.org.cn/sjzx/cjrgk/200711/t20071121_387540.shtml，最后访问日期：2007年11月21日。

四是营造良好环境。主要体现为法律援助和维权以及无障碍设施改造。前者依托社区居委会,设立残疾人法律援助中心,为经济困难而无力支付法律服务的残疾人提供法律援助。后者包括无障碍设施建设和无障碍信息建设。如,为残疾人家庭安装扶手,改造浴室、卫生间,配发坐便器、盲杖、手写板等用品;在公共场所建设和维护盲道、缘石坡道、无障碍厕所等;帮助残疾人学习如何利用互联网获取和交流信息。

近年来,中国残疾人社区服务在硬件投入上增长较快,在文化体育、法律援助、无障碍设施等"软环境"方面亦有较大进展。据《2019年残疾人事业发展统计公报》,截至2019年底,全国共建设残疾人康复机构9775个,全年共为1043万残疾人提供基本康复服务,各类辅助器具适配服务惠及314.5万残疾人;建设9941个残疾人托养服务机构,全年共为22.4万残疾人提供了托养服务,为93.9万残疾人提供了居家服务;全国残疾人就业人口新增39.1万,达到855.2万;残疾人社区文体活动参与率有所提升,由2018年的12.9%上升至2019年的14.6%;全国建立残疾人法律救助工作站2021个,实施无障碍家庭改造136万户,15.3万贫困重度残疾人享受到该项服务[①]。

二、问题与建议

中国社区残疾人服务虽有较大进展,也取得了不俗的成绩,但对于8500多万残疾人需求来说,目前的投入仍是杯水车薪。供需脱节、服务能力不强、形式主义等问题仍较为突出。

一是供需脱节。主要体现在相关部门在政策安排和执行上与残疾人实际服务需求脱节,造成服务供给错位、缺位。如,根据中国残联一项抽样调查结果[②],残疾人对医疗服务与救助、生活救助或扶持、康复训练与服务、辅助器具配备与服务的需求分别是72.78%、67.78%、27.69%和38.56%,但实际接受过这些服务的比例仅为35.61%、12.53、8.45和7.31%,说明目前提供的残疾人医疗与康复服务远远不能满足需求。究其原因,首先是受财力限制。目前政府投入更倾向于基本生存保障,如重点建设社区康复、托养设施,推进基

---

① 中国残疾人联合会:《2019年残疾人事业发展统计公报》,2020年3月31日。
② 中国残疾人联合会:《2006年第二次全国残疾人抽样调查主要数据公报(第二号)》,载http://www.cdpf.org.cn/sjzx/cjrgk/200711/t20071121_387540.shtml,最后访问日期:2007年11月21日。

础教育和就业等，对于残疾人的心理健康、法律维权等事项重视还不够。其次，由于尚缺乏一套行之有效的需求与反馈机制，残疾人利益表达不畅①。

二是服务能力有待加强。社区残疾人服务总量不足、质量不高，主要源于缺少专业的人员和机构。首先，社区配备的残疾人工作人员专业化程度不高。目前，社区残疾人工作人员主要由离退休人员、下岗职工和有劳动能力的残疾人组成，整体素质不高、能力有限。特别是一些社区康复机构的人员缺少专业知识，康复技能水平较低，与残疾人康复需求差距较大。其次，由于残疾人公共服务供给机制尚不完善，政府、市场、社会三方职责划分不明，加之社区资金短缺，导致难以引入专业化服务机构或聘请专业技师、管理人员，无法为残疾人提供多样化的保障服务。

三是无障碍设施有待完善。以无障碍设施建设为例。中国虽然已有537个省、市、县出台了无障碍环境建设和管理的法规文件，但在有些城市并没有得到真正重视，而是作为"面子工程"，在建设和管理上存在盲点和缺位。如，轮椅坡道坡度过大，轮椅无法通过；残疾人厕位宽度达不到标准。其中，盲道变"忙道"问题最为突出。由于大量盲道被占用和破坏，或设计"凶险"，根本不能使用②，很多盲人宁愿走在机动车道边，也不敢走盲道。据《视障者基本信息调查》显示，30%的视障者（盲人和低视力者）基本不外出，46%在亲友陪同下外出，独自外出的仅占24%③。

藉此，建议：一是完善多元供给格局。坚持以政府为主导，将残疾人社区服务特别是康养服务设施纳入社区建设规划，就近为残疾人提供服务；充分动员社区互助力量，支持和引导居民志愿者和团体为残疾人提供日常服务；广泛动员社会力量，通过各种渠道向社会募集资金，通过各种优惠政策引进专业人员和机构。二是加快服务体系建设。以问题为导向，建立残疾人基本服务状况和需求动态更新反馈机制，并以此建立台账，推动责任落实；加强对医务人员、志愿者的指导和培训，提高一线康养人员的业务知识和技能；鼓励各服务

---

① 周长奎：《残联三十年 改革再出发——在中国残联改革工作部署会暨机关干部"走转改"启动会上的讲话》，载中国残联 http://www.cdpf.org.cn/yw/ldjh/201811/t20181130_642829.shtml，最后访问日期：2018年11月30日。

② 厦门火车站南广场上的盲道形似"闪电"，短短50米左右就出现直角转弯十余个，被网友戏称为"九曲十八弯"。

③ 巴九灵：《对残疾人来说，社会是不是一片灰暗森林》，载微信公众号"吴晓波频道"2021年1月28日。

机构引进、培养、选拔、任用一批一专多能的残疾人工作骨干，同时健全人才培养、职业认证、职称晋升等配套政策，使人才进得来、留得住；尽快制定和完善康复、托养等服务标准体系，通过标准化手段提升康养服务水平。三是完善无障碍环境建设。通过公益讲座、科学长廊、发放宣传单等形式进行无障碍环境教育和宣传，提升公众关爱残疾人、自觉维护无障碍设施的意识；对于新建的社区无障碍公共设施，要做好维护、保养和监管，巡查反馈使用情况，及时制止占用、破坏无障碍设施的行为。

三、实践探索

（一）宁波：慈溪市"家庭助残服务包"

针对残疾群众对惠残政策掌握不清楚、了解不及时等问题，宁波慈溪市桥头镇梳理并整合"服务+共建"事项，在全面摸排残疾群众基本状况和需求的基础上，多方"会诊"并量身定制"家庭助残服务包"，成为提升基层残疾人服务水平的一次有益尝试。

一是延长服务触角，打造助残服务"全时域"。依托镇便民服务中心，各职能部门在网格内开展组团服务，讲解、宣传、普及助残惠残政策。发挥社区残协组织和网格员作用，对尚未申请持证但有疑似情况的群众，主动赠送《助残服务手册》，帮助其了解残疾评定政策，并指导和帮忙申请；对新增残疾人和家庭，一次性告知相关政策和福利待遇，简单事项当场办结；无法当场办理的，收取资料信息，全程代办。

二是整合部门资源，分类形成"政策包"。建立残联、民政、医保、人社等7个部门和社区共同参与的助残服务会商机制。各部门共享信息数据，并根据残疾类别、等级、家庭经济状况等，分类提出政策与服务落实意见，最后集体研判、汇总形成"家庭助残服务包"。

三是建立回访机制，完善"全闭环"管理。在"家庭助残服务包"发放次月进行回访，了解政策落实进度，确保残疾群众应享受的福利待遇全面及时到位[①]。

---

① 桥头发布：《帮扶有我，"最多跑一次"改革精准助残》，载 https://www.sohu.com/a/426893949_782482，最后访问日期：2020年10月23日。

(二) 四川:"量体裁衣"式残疾人服务

作为四川省重点民生项目工程,"量体裁衣"式残疾人服务自 2004 年启动以来,每年至少为 250 万残疾人提供"一人一策"精准服务。2015 年,四川省委办公厅、省政府办公厅转发《省残联关于深化改革推进"量体裁衣"式残疾人服务 健全残疾人"两个体系"的实施方案》,标志着这一服务模式更趋于成熟和系统。

"量体裁衣"式残疾人服务(以下简称"量服"),即以问题和需求为导向,为残疾人提供个性化服务。具体分为四步:一是精准调研。建立常态化的"现场入户调研+网上调研+开放互动"机制,街道、社区每年至少一次走入残疾人家庭,全面了解每名残疾人的基本生活状态和服务需求状况,保证全省联网的"量服"信息平台数据保持动态更新。二是精准服务。建立"一人一策"多元服务体制,在帮助残疾人充分挖掘自身潜能的基础上,将各级党委政府、业务部门和社会各界提供的助残惠残政策和服务与每名残疾人的具体情况有机对接,量身定制个性化的发展方案和服务方案。三是精准监督。建立常态化的以群众监督为主、其他监督形式并行的新型监督机制。以"两表一卡"(《四川省残疾人基本信息调查表》《四川省残疾人需求情况调查表》以及《为残疾人提供"量体裁衣"式服务卡》)为重点开展群众监督;以村(社区)"三公开一公示"为载体开展社会监督;以"量服"信息平台为依托开展网络监督。四是精准管理。依托"量服"信息平台,动态采集和管理残疾人数据信息,每个项目进度、每笔资金流向一目了然;依托"智慧量服"手机 APP,使残疾人能够直接在线上获取信息、办理服务、监督工作①。

(三) 湖南衡山:居家托养打通助残"最后一公里"

作为一项新兴公益事业,残疾人居家托养服务并没有太多经验可资借鉴,各地残联"摸着石头过河",实践中多面临资金、人员不可持续,服务、运营不够规范等发展瓶颈。湖南省衡山县通过积极引进第三方服务模式,走出了一条适合偏远落后农村残疾人服务的新路子。

一是政府买单。即结合自身建设实际,由过去单纯的发放现金转变为政府

---

① 李丹:《我省全面推进"量体裁衣"式残疾人服务模式》,载《四川日报》,http://www.sc.gov.cn/10462/10464/10797/2015/4/6/10331776.shtml,最后访问日期:2015 年 4 月 6 日。

"埋单"，为残疾人送服务上门。2016年，衡山县政府通过购买服务的形式，委托麓园家政服务中心承担残疾人居家托养工作。2017年依托"阳光家园"计划，支持成立"阳光家园"残疾人居家托养服务中心，专职开展该项服务。目前，服务区域已由城区向乡村延伸直至覆盖全境，200多名符合条件的残疾人定期享受到了居家托养服务。

二是个性定制。即尽可能地用心挖掘残疾人尤其是农村残疾人的需求，然后尽最大努力满足他们。"阳光家园"提供的居家托养服务包含两大类：第一类是日常的居家托养服务，如上门理发、打扫卫生、做饭、洗衣服等生活照料，陪同前往医疗机构就诊、就医以及代办相关服务，定期提供读书读报、谈心交流、体育健身等。第二类是个性化服务项目。由于阳光家园的服务对象偏重农村，他们最大的困难在于生产方面，对此，家政服务人员会根据服务对象的实际需求，帮忙喂猪、种田、晒谷子乃至推销农副产品。

三是规范运营。作为衡山县首family办非企单位，"阳光家园"残疾人居家托养服务中心制定了比较完备细致的规章制度。例如，对家政服务人员进行岗前培训，统一签订服务责任书；在公司内部制定了精细的服务标准；定期开展满意度测评，通过电话调查、现场督导、实地探访等方式加大服务工作回访力度，确保各项服务实时落地。

四是整合资源。针对社工人才缺乏的问题，服务中心在加强培训、招聘人才的同时，依托麓园酒店等爱心单位，发动社会各界参与进来；组织成立麓园志愿者队伍，定期发布消息帮助贫困残疾人代销土特产，组织"让冬天不再冷""让残疾人不再孤独"等各种爱心活动。截至目前，已发展志愿者50余人，仅2017年就开展各类爱心活动30余次。

"为残疾人服务，让他们共享社会成果"，是残疾人事业的核心。衡山县残疾人居家托养服务的开展，不仅解决了残疾人生活上的"急难愁盼"问题，也缓解了残疾人家庭的经济负担、生活负担，使残疾人在身心得到关爱、尊重、慰藉的同时，幸福感、获得感和安全感也进一步提升。

第七节 城市社区其他重要群体服务

社区中除了老年人、儿童和残疾人外，还有一些需要特别关注的群体，包括社区特困人员、精神障碍者、社区服刑人员、刑满释放重点人员和解除强制隔离戒毒后续照管对象等。

一、特困人员服务

城市特困人员即城市"三无人员",主要覆盖特困老人、特困儿童和特困残疾人三个类别。政策层面的表述是"城乡老年人、残疾人以及未满16周岁的未成年人,同时具备以下条件的,应当依法纳入特困人员救助供养范围:(一)无劳动能力;(二)无生活来源;(三)无法定赡养、抚养、扶养义务人或者其法定义务人无履行义务能力"。现实中,三类特困群体多有重叠,如,特困老人有可能是重度残疾人。数据统计,截至2020年底,全国共有城市特困人员31.2万人[①]。此外,还有一些徘徊在"三无"标准周边,由于某项条件差那么"一点"而没有统计在特困群体内的边缘特困群众。确切数目尚无定论,但是这些边缘特困群众绝大部分被纳入了"低保"范围。

特困老人。最初定义有"三不靠"老人或者"失依老人"之说。"三不靠"指的是单位靠不上、子女靠不上和社会救济靠不上。"三不靠"或"失依"是城市"三无"老人的境况的真实写照。

特困儿童。根据民政部定义,孤儿、困境儿童以及困境家庭儿童都属于特困儿童,因其处于特殊困境和有特殊需求。

特困残疾人。特困残疾人既是困难残疾人又是重度残疾人(残疾等级为一级、二级)。重度残疾人贫困家庭难以脱贫的原因是医护支出大、家人受拖累,存在"照看一个、拖累一群、致贫一家"恶性循环。

(一)国家供养制度

特困人员服务主要体现为国家供养。2014年《社会救助暂行办法》(国务院令第649号)发布,首次以法规的形式将城市"三无"人员和农村"五保户"统称为"特困人员",并通过既定的行政程序,保障特困人员求助有门、受助及时。

供养方式分集中供养和分散供养两种形式,供养人员可根据实际情况和意愿自主选择。根据《民政部关于贯彻落实〈国务院关于进一步健全特困人员救助供养制度的意见〉的通知》(民发〔2016〕115号)规定,对于需要照料

---

① 民政部:《2020年民政事业发展统计公报》,2021年9月10日。

的分散供养特困人员，由街道办事处委托其亲友或居民委员会、供养服务机构、社会组织等为其提供日常看护、生活照料、住院陪护等服务；有条件的地方可以提供无偿或低偿的社区日间照料服务。对于有集中供养需求的特困人员，县级民政部门按照便于管理的原则，就近安排供养服务机构，由供养服务机构提供照护服务。对于未满16周岁的未成年人安置到儿童福利机构。

供养内容基本一致中存在地区差异。基本内容包括：为特困人员提供粮油、副食品、生活用燃料、服装、被褥等日常生活用品和零用钱等基本生活条件；对生活不能自理的特困人员给予日常生活和住院期间的必要照料；根据特困人员的身体状况，提供医疗救助；将特困人员纳入住房保障特殊群体范围；妥善办理丧葬事宜；对在义务教育阶段、高中、普通高等教育阶段就学的特困人员给予教育救助；等。

供养水平特困供养金标准原则上要求不低于当地低保补贴标准的1.3倍，但每个地区标准不一。须由省、自治区、直辖市或者设区的市级人民政府综合考虑地区差异确定，并根据当地经济社会发展水平和物价变化情况适时调整。

总的来说，特困人员供养金标准和生活水平呈逐年提高态势；但受不同地区财力差距影响，呈现出较大差距。特困供养资金主要来自财政转移支付。包括：地方政府一般性财政转移支付、福利彩票公益金、扶贫资金、国家公益事业项目资金等。其中，地方政府一般性财政转移支付是主要来源。由于地方政府的支付水平参差不齐，特困供养的服务水平也差异很大。目前，各地积极探索特困供养资金和资源的"社会化"路径，并初步形成中央财政、地方财政、社会各界捐赠和民间投资共同建设特困供养机构（敬老院、福利院等）的格局。"众人拾柴"可以使火焰更高。

(二) 特困供养服务中存在的问题

国家供养制度以行政法规的形式编织了一张比较完整严密的社会安全网，基本上实现了特困人员的"应保尽保、应养尽养"。但由于特困人群属于高度分散且高度弱势的人群，实际治理难度较高。

首先，供养制度一是特困人员认定和退出管理不规范。调查发现，存在一定比例特困人员不符合认定资格条件，如特困边缘户、特困关系户、有子女特困户以及"维稳特困""补偿特困""扶贫特困"等。原因主要在于，一方面不少地方未建立特困人员动态监测审查系统或者系统不完善，造成底数不清；

另一方面，政策在人员甄别或界定时的"裁量权"无明确标准，甚至出现基层政府前后出台的政策或者是不同部门出台的政策相互"打架"的现象。二是特困人员对供养方式的选择权受损。调查发现，在集中供养人员的供养金由县级财政部门直接拨给集中供养机构的情况下，个别地区存在工作人员为方便管理，简单粗暴"一刀切"地自行代替特困人员选择集中供养。政策执行中缺乏对"自主"与"合理"两个关键要素的考量与把握。是否具有生活自理能力以及自理程度的高低需要经由专业性评估，而不应随意而定。

其次，集中供养服务，一是集中供养人员一定程度地成为院内廉价劳动力。由于集中供养机构往往面临人手短缺和资金不足，因此几乎所有集中供养机构都存在廉价雇佣供养人员从事院内劳务的现象。但劳动量之大、活计之脏，远远超出了"院民互助"的范畴，有侵权之嫌。二是失能失智特困人员的护理资源匮乏和护理规范缺失。一方面，城市"护工荒""护工贵"早已是一个社会性问题；另一方面，大部分"护工"缺乏护理技能，达不到护理规范。护理人员大多由是进城务工人员或由院内供养人员兼任，基本没有接受过专业培训。三是"一院两制"差异化服务。具体体现在：供养机构管理人员住宿条件和办公条件比特困人员的住宿条件好；收费代养人员的住宿条件、伙食质量、服务态度明显优于特困人员。究其原因，法律责任虚化、制度规章缺失和人员素质差等原因，也存在供养机构管理人员对弱势群体的歧视。

最后，分散供养服务，存在服务缺位、监护缺位乃至欺老虐老的现象。一是服务缺位。相关政策仅表示应当给予生活不能自理的分散供养人员提供照护服务，但并未对具体的照护形式、照护内容、照料实施等照护规范均未作出明确规定，导致分散供养特困人员照护服务中无规可依，服务质量参差不齐，独居分散供养特困人员往往得不到任何照护服务。且以现金方式发放的照护补贴，标准较低，难以支撑分散供养特困人员购买照护服务的需要。二是监护缺位。分散供养人员以单独生活为主，少部分随监护人（亲属）生活。相当部分的监护人常年在外地打工，或者居住地离分散供养特困人员较远，难以履行监护责任。尤其是生病时无人护理，就医出行特别困难。虽然逢年过节有领导和民政专干到家里"送温暖"，但缺乏定期入户了解特困人员生活、身体状况，开展生活照料、精神抚慰等长效机制。社会力量提供的服务也多是短期或间隔周期较长的志愿服务，"一阵风"现象较为常见。三是精神慰藉缺位。一方面，特困人员的家庭禀赋、社会资本和人脉资源原本就十分匮乏，另一方面，在标签化的社会环境下，出于自尊或自卑心态，特困人员普遍不愿主动与人接触，社会交往较少。三是安全保障缺位。多数分散供养人员居住在老旧小区、棚户区，老房子不仅环境差，而且存在人身安全和火灾隐患。四是存在欺老虐老现象。个别监护人侵占分散供养人员（尤其是老人）的私人财产或供养金，甚至虐待老人，强迫做家务、干活等。

（三）政策建议

特困人员社会经济地位低下，生计资源缺乏，获得高水平照护服务的可能性较小。特困人员服务面临的主要问题包括：一是照料服务供给严重不足，照护水平较低，无法满足实际需求；二是照料照护资源多来自关系较远的亲属、供养机构、政府、社会组织和其他慈善人士，服务供给具有较强的不确定性和不可持续性；三是针对监护人的监督管理不足，监护人照料大量缺失，且提供的照料有限，甚至有强迫特困人员劳动换取生活照料的现象；四是特困供养标准中仅有少部分照护标准，实际提供的照料服务较少；五是仅有少数试点地区为特困人员办理长期照护保险，长期照护保险制度发展尚不健全。藉此提出以下建议：

首先，建立集中供养长效机制，机构的"撤并、改建、扩建、适当集中"。总体思路是，将各级各类特困供养机构统一纳入市一级的养老服务骨干网建设的大盘子，统筹布局，合理分流。具体路径：裁并消防设施改造不经济、入住人员少、管护力量不足的"闲、散、小、远"的特困供养机构；归并重组相邻供养机构，提高集中度；创办区域性养老服务中心；增设养护院、开辟院内的失能失智老年人特护区或照护单元，促进护理规范达标；通过"科技赋能"，升级硬件设施，打造无障碍化通道和活动空间。

其次，评估分流，保护分散供养人员的合法权益。具体路径：特困人员的生活自理程度经由第三方评估；保护和尊重特困人员的财产权；保护和尊重特困人员对于供养方式的选择权；规范、审核监护人资格且加强监管；建立特困人员联络走访制度，适时评估特困人员的基本生活水平和照护标准，充分了解特困人员的生活状况和需要，对于危害特困人员利益的不当做法应当及时制止。并以政府购买服务的方式，由社工机构或社会组织提供精神关爱、心理疏导、危机干预等服务。

最后，发动社会力量，探索互助养老、照护新模式。政府以购买社会服务的形式，在集中供养机构中引入专业社工，不仅可以为入住人员提供专业的照护服务，缓解特困人员照护缺位的困境，而且有利于增强供养机构工作人员的工作活力，调动院内护工的积极性和志愿义工的服务意识。

二、"三类管控人员"服务

"三类管控人员"指社区服刑人员、刑满释放重点人员、解除强制隔离戒毒后续照管对象等。其中，社区服刑人员指接受社区矫正的罪犯。包括被判处管制、宣告缓刑、裁定假释、暂予监外执行人员。社区服刑人员是社会的特殊群体。当其背负着罪犯的称呼且又生活在社区，无疑存在着重新融入社会的困难，迫切需要外界引导、教育和帮助。社区刑满释放人员指服刑结束后回归社区的人员。刑释人员兼具高危和弱势双重属性。一方面，刑释人员普遍存在人格障碍，表现为自卑、封闭、自我保护意识强；另一方面，长时间脱离社会，刑释人员面临环境不适应、社会不接纳、亲友不原谅等多重矛盾，如不及时关注，则生存艰难，很可能重新走上犯罪之路。社区戒毒康复人员指解除强制戒毒后需在社区进行后续照管的人员。社区戒毒康复人员面临家庭关系破裂、社会歧视、毒友引诱等多重问题，其中，社会歧视又导致其在求职就业、社会交往方面阻力重重。

针对"三类管控人员"的社区服务，一般强调"软硬兼施"。"硬"的管控措施主要由辖区的司法所等机构负责，采取签订"个人无涉黑涉恶问题的自律承诺书"基础上的系列管控措施。要求"三类管控人员"要严格遵守法律，服从监管，不从事"黄、赌、毒""涉枪涉爆"等违法犯罪活动；不发生欺行霸市、强买强卖、敲诈勒索、聚众滋事等行为，不参与涉黑涉恶违法犯罪活动；自觉净化朋友圈、生活圈、社交圈，不加入任何"关系网"；不利用职权、影响力、家族势力进行非法活动；若发现黑恶势力犯罪行为积极举报，等等。"软"的社会服务措施主要有三个：一是利用专业社会组织以及专家学者的资源，定期为刑满释放重点人员、解除强制隔离戒毒后续照管对象提供法律咨询和法律服务，对社区服刑人员进行法治教育。二是建立特殊人群管理教育服务工作协会，通过专业社工的入驻或介入，充分吸收各方力量，共同做好"三类管控人员"的规范管理、科学施教、精准帮扶等工作。如，与职业学校联合建立过渡性安置帮教基地，将有就业需求的刑满释放人员和后续照管对象推荐到该校，参加培训项目，并推荐就业。

（一）社区矫正

社区矫正是在社区范围内进行的，以国家机关为主导，以社区服刑人员为对象，通过政府及相关社会团体、社会组织、志愿者共同努力，在法定期限内帮助其矫正犯罪心理和行为恶习，促使其顺利回归社会的非监禁刑罚执行活动，是一种不使罪犯与社会隔离并利用社区资源教育改造罪犯的方法。罪行轻微、主张恶性不大的未成年犯、老病残犯以及罪行较轻的初犯、过失犯等，是社区矫正的重点对象。

社区矫正以监管帮教为主，同时通过人性化服务创造良好的服刑改造环境。社区矫正服务的内容主要包括日常管理、法律服务、心理服务、就业服务、生活帮扶。

日常管理。一是行动管控。建立矫正人员活动情况报告制度，避免出现不良活动或下落不明；建立外出请假销假制度，对其出行及迁居进行审核；建立人户分离对象管理办法。二是改造教育。通过公益劳动、教育学习、心理矫正等手段矫正其不良心理和行为。

法律服务。一是法律知识培训。可依托专业法律资源，为服刑人员开展法律知识讲座，学习相关法律知识，一方面提升其悔罪意识，坚定服刑改造的决心；另一方面提升其法治意识，引导其用法律工具解决纠纷。二是法律援助。主要针对社区服刑人员在社区工作中遇到的工伤赔偿、企业欠薪以及合同纠纷等情况，由专业律师提供法律援助，维护其合法权益。

生活帮扶。一是生活救助。针对生活存在困难的服刑人员进行实地走访，通过面对面交流，全面了解其生活、工作和心理状况，并根据其困难和需求（如"低保"、廉租房和临时社会救济等的申请）给予针对性支持。二是社会支持。针对社会支持系统较弱的服刑人员，帮助其建立新的社会资源获取渠道，消除其后顾之忧。

心理服务。一是对于社交障碍、畏惧自卑等不良情绪，可联系专业社工和心理咨询机构对其开展集中培训或一对一心理辅导，增强他们的自我调节能力和社会适应能力。二是对于在心理干预中发现的心理异常、行为倾向异常及人格不健全，应及时上报、跟踪监测，防止诱发恶性事件。

就业服务。一是就业指导。结合当前就业形势和服刑人员自身优势，开展就业择业分析和指导。二是就业培训。根据服刑人员的兴趣和需求，邀请专业人员进行有针对性的劳动技能培训。

社区矫正工作的主体是司法行政机关，涉及多部门协同。根据《社区矫正实施办法》（2012年制定实施，2020年最新修订，司发通〔2020〕59号），司法行政部门主管区域内社区矫正工作，负责组织实施；法院负责依法判决、裁定或决定被告人、罪犯能否执行社区矫正；检察院负责依法监督社区矫正各执法环节；公安机关负责及时依法处理违反治安管理规定和重新犯罪的社区矫正人员。同时，社会工作者、企业、社区志愿者等社会力量作为非正式主体，通过社区矫正小组、政府购买服务、志愿服务等形式积极参与其中，共同开展对社区服刑人员的监督管理、教育帮扶。目前，中国社区矫正服务组织模式主要有以下三种：

一是以刑事执法为主体的北京模式。在北京模式中，社区矫正的执法程序由派出所承担，具体管理和改造工作由基层司法所负责，形成了"党委、政府统一领导，司法局牵头组织，相关部门协作配合，司法所具体实施"的工作格局。矫正队伍以司法助理员和监狱、劳教警察为主体，同时吸纳大量协管员和志愿者，如离退休干部、社区居委会成员、专家学者等。北京模式更倾向于社区矫正的刑罚性，强调执法人员的主导地位。

二是以社工服务为亮点的上海模式。在上海模式中，领导监管的主体是司法局，通过组建社区矫正社工团队（上海新航社区服务站），以政府购买服务的形式实施运作，从而实现执法主体与工作主体的适度分离。矫正队伍由代表行政执法力量的司法队伍和代表行政辅助力量的社工团队、志愿者组成，专业性较强。

三是以"5+1"监管为特色的浙江模式。在浙江模式中，基层司法所是主导力量，司法助理员是社区矫正管理工作的主体。同时充分发挥基层组织作用，基本实现1名矫正对象对应6名矫正服务人员（包括司法助理员、街道干部、社区工作人员、社区民警、社区居民、矫正人员家属）的结对帮扶。浙江模式强调积极发掘引导社区资源，从而形成多方力量参与的全方位监管帮教。

从全国试点来看，社区矫正服务行政性过强，专业性和联动性不足。一方面，公检法司部门之间信息不畅、配合不严、推诿扯皮的现象时有发生；另一方面，矫正服务以司法行政部门为主导是较大比例，社会工作者还没有作为专业力量或主要力量参与其中，其专业性尚未得到政府及公众的认可。这要求社区矫正服务在部门联合、社会参与以及互联网技术应用上进一步完善。

(二) 社区安置帮教

社区安置帮教是在党委和政府统一领导下,针对刑满释放人员开展的非强制性引导、教育、扶助和管理活动。通过过渡性安置服务,促使刑释人员顺利回归社会,有效预防和减少犯罪。

安置帮教服务的对象主要是刑满释放 5 年以内的人员。其中,"三无"(即无家可归、无业可就、无生活来源)和有重新犯罪倾向的人员是重点关注对象。

社区安置帮教服务包括帮助刑释人员建立家庭联系、协助办理接转手续、社会融入、就业扶助、困难帮扶等。

接送衔接。一是协助刑释人员与其家庭取得联系,争取家人的接纳。二是协助刑释人员与当地政府取得联系,办理接转手续。确保"三无"和有重新犯罪倾向的重点对象"点对点"衔接,不漏一人。三是通过入户走访、筛查、座谈等形式,建立刑释人员动态管理档案。

过渡安置。即按照托底线、救急难、可持续为原则,对符合条件的刑释人员实施救助。一是生活补助。政策规定,刑满释放半年内,按照当地最低生活保障标准发放生活补助,半年后仍未就业并符合条件的可纳入低保。社区应帮助其了解社会保障政策,并就个人需要申请必要的临时救济。二是食宿安置。政策规定,对"三无"刑释人员由财政保障三个月的免费食宿。社区应帮助其向住房保障部门申请过渡性短期租房或廉租房。

就业扶助。一是帮助刑释人员链接就业资源。一方面积极提供就业岗位信息,鼓励和支持刑释人员主动通过就业市场寻找工作,另一方面帮助链接企业资源,为确有困难的刑释人员提供过渡性就业安置,并跟踪服务。如,福建省厦门市翔安区司法所推出"就业超市"项目,通过与辖区企业达成招聘合作协议,录用合适人员。二是定期开展职业技能培训班,帮助其掌握专项技能。

社区帮教安置服务的问题与社区矫正类似。即工作方式单一,专业性不强。社区帮教安置工作主要由基层司法所承担,人员和设备都无法满足定期走访、谈话的工作需要;此外,工作多以开会形式进行,说教意味浓厚,容易引起刑释人员反感。目前刑释人员能够享受到的服务基本上只有最低生活保障和临时救助,心理救助、就业扶助等发展性服务实际缺失,但这恰恰是他们真正需要的。

(三) 社区戒毒康复

社区戒毒康复是以基层政府、街道办为执行主体，以解除强制隔离戒毒人员为对象，通过社工专业理念和方法帮助其心理"脱毒"，通过利用社区资源帮助其提高生存技能，最终实现其顺利回归社会的戒毒康复模式。社区戒毒康复服务具体包括心理服务、家庭服务、社区融入、就业服务。

心理服务。戒毒康复人员一般都面临着家庭矛盾或婚变问题，以及社会歧视带来的生活困难和心理压力，这使得他们的心理较为复杂多变、焦躁易怒。可引入专业社会工作者，针对性地制定心理干预方案，并进行一对一心理疏导，安抚情绪，并强化戒毒动机；也可尝试开设心理危机热线，解答关于环境适应、人际关系和情绪压力等难题。

就业服务。一是职业技能培训。对有就业意愿的人员，可委托专业机构，开展劳动技能培训。如电焊、烹饪、汽车修理、服装制作等。二是职业介绍。一方面积极为符合失业登记条件、有就业愿望的人员提供免费的职业介绍服务；另一方面，通过开发公益性岗位等方式，协助就业困难的人员顺利就业。

家庭服务。一方面针对戒毒人员的子女进行必要帮扶。如帮助失学、失教、失养的未成年子女链接外部资源，解决生活、学习困难；帮助纠正父母吸毒造成的不良影响，塑造正确的人生观和价值观。另一方面针对戒毒人员的家庭关系进行协调改善，通过亲情的温暖与呵护，为戒毒人员提供情感支持，营造良好的戒断环境。

社会融入。一方面通过宣传教育，消除人们的歧视和偏见，营造和谐友好的社区环境；另一方面鼓励戒毒康复人员积极参与社区活动，构建新型的人际关系网络。

社区戒毒康复服务难度较大。目前存在以下几个问题：一是管控大于服务。目前政策法规以惩戒为主，戒毒人员往往被视为"犯人"而非"病人"，很多专职人员并不认为自己是服务提供者，而采取歧视、管制的方式对待戒毒人员。二是形式大于内容。一些地方的社区康复服务只是写在墙上的条文，执行落实较差或根本无人执行。据调查，七成戒毒人员没有获得过家庭关系重建、心理疏导、技能培训等服务，入户访谈也往往采取电话问询，缺少深入交流。这也是社区戒毒康复服务认可度低的原因。三是社会组织介入困难。社会组织发育较弱，缺乏承接禁毒类公共服务的能力；特别是一些由有吸毒经历的人员组成的特殊社会组织，虽有同伴教育的优势，但无法得到政府信任。四是社会歧视。在标签化的社会环境下，一些戒毒人员对社区康复工作抗拒、敌视，一些则自卑、躲避，不愿意主动寻求帮助。由于缺乏社会支持和关爱，戒毒人员很容易受到毒友诱惑重新复吸，导致康复服务效率不高，成效不大。

戒毒康复人员的帮扶救助，强调社工专业方法和理念在戒毒康复全过程的无缝融入。

三、精神障碍者服务

精神障碍指因大脑机能或活动发生紊乱，导致认知、情感、行为和意志等精神活动不同程度出现障碍。常见精神障碍包括精神分裂症、抑郁症、焦虑症、双向情感障碍、儿童自闭症、多动症、老年痴呆症等。据中国疾病预防控制中心精神卫生中心2010年初公布的数据：中国各类精神障碍患者超过1亿，其中，1600万人患有严重精神障碍[1]。精神障碍不仅仅是个体问题，更是一个公共卫生问题和社会问题。家庭方面，精神障碍患者的家属不仅要承担起治疗费用，还要承担监护人职责，经济和精神均备受煎熬；社会方面，精神障碍患者由于发病导致的肇事肇祸，对公众人身安全和社会稳定造成巨大威胁。但由于精神障碍发病机制复杂，治疗时间长，复发率高，其诊治和康复一直进展缓慢。

破局需政府与社会双重合力。近年，中国相继出台精神卫生法和精神卫生工作"十三五"规划，将严重精神障碍疾病纳入基本公共卫生服务项目，并针对贫困精神障碍患者，构建了"医疗保险、民政救助、残联补助、慈善扶助"的社会救助体系，和"医疗救助+保险补助"的医疗救助体系。同时，鼓励和引导社会力量参与精神疾病社区康复，提出建立"医疗康复+社区康复"的社会化、综合性、开放式服务机制，为严重精神障碍的社区管理和康复服务提供了制度和法律依据。

中国精神障碍社区工作以规范化管理为主。组织架构分为区级专科医院和疾控中心、社区卫生服务中心、社区卫生服务站三级。其中，社区卫生服务站具体负责精神病患的日常发现、随访和康复服务。人员组成以接受过系统精神

---

[1] 王阳：《我国精神障碍患病率逾10%，患者"危险性"评估无统一标准》，载澎湃新闻 https://m.thepaper.cn/newsDetail_forward_2269260，最后访问日期：2018年7月17日。

卫生培训的社区"精防专干"为主体，街道、综治、公安、民政、残联联动，居委会干部、专科医生、民警、社工和志愿者共同参与。工作内容分为社区预防、社区治疗、社区康复。社区预防包括对辖区内精神障碍患者登记建档、定期随访、康复指导以及社区健康知识普及（旨在减少社会歧视）；社区治疗包括日常管理、医疗干预、护理和家庭干预、心理干预等。其中，医疗干预以药物治疗为主，由"精防专干"督促用药、指导用药并对药物副作用进行防治。这也是目前精神障碍社区工作最主要的方法；社区康复包括生活技能、社交技能、职业技能的训练和指导，旨在帮助患者学会规律生活、自我照顾和人际交往，并寻找到适合的工作和岗位，重建社会功能。研究表明，规范化管理通过动态掌握患者信息，分级分层，及时跟进，不仅能够有效稳定病情、控制发作，而且对提升患者社会功能和生活信心作用显著。

中国现有精神障碍社区康复服务主要依托社区卫生服务中心、社区托管中心、工疗站、老人护理院、福利院等进行，还未形成较为成熟的运作模式。但在规范化管理的大框架下，不少地区进行了创新尝试。如上海长宁区"社区融纳"模式，强调从社区环境的营造上，充分接纳和尊重精神病患者，使其能够通过正常视角、正常待遇进入社会生活；又如，北京海淀区"医院-社区全程自助化精神康复链"模式，强调从医院到社区、从封闭到开放的全程康复，即"封闭式院内康复-开放式院内康复-家庭式居住康复-自助式社区康复"的康复路径。

又如，北京朝阳区"家医模式"，即组建由"精防专干"、全科医生、社区护士、社区居委干部等构成的社区家庭医生团队，并针对每位重性精神病患者制定个性化方案，定期随访。其中，"精防专干"是社区卫生服务中心配备的、专门负责精神病患者管理和服务的人员。工作包括心理访谈和健康教育，并协同社区民警对存在危险行为倾向的患者进行日常管控和督促就医；全科医生负责对患者进行从精神状况到生理疾病的全方位管理；社区护士负责健康体检、用药管理、家属护理指导；社区居委会干部负责日常监测、情况上报以及联系转诊。"家医模式"为解决社区精神障碍医务人员短缺的矛盾提供了思路。

精神障碍康复服务目前存的问题主要是：第一，服务项目单一。社区康复服务以医药干预治疗为主，而精神病患亟须的心理干预、技能培训，如沟通及适应性训练、作业疗法训练或支持服务，由于对个性化专业性要求较高，未能普及。第二，责任主体不明。残联虽然是社区康复服务的法定负责人，但它的权能只限于宣传发动和组织，具体康复工作须"配合"民政、卫计等部门进行，部门之间责任分工和措施落实尚不明确，也没有形成长效机制。第三，专业人才短缺。由于中国精神医学教育薄弱以及从业人员薪资较低、风险较大等因素，社区精神卫生服务者整体学历偏低，缺乏精神障碍康复的相关常识和专业知识。第四，社会歧视严重。由于精神卫生健康教育滞后，社会对精神疾病患者仍存在污名化和较强的歧视。社区居民的偏见和避而远之，病患家属的不包容、不接纳，都会在一定程度上阻碍、影响甚至加重精神病患者病情。

改善方向有四个：一是普及健康知识，倡导社会关爱，为精神病患营造一个良好社区康复环境。二是引入精防社工，重视运用专业方法开展心理治疗、家庭治疗以及生活技能培训、社交技能培训等，为精神病患赋能。三是完善服务网络，建立以政府为主导，政府、社区、家庭三方共责制度。四是探索精神障碍长期护理保险制度，解决贫困、重病患者经济负担过重以致家人脱管或无力支付等问题。

第四章 应急状态中的城市社区服务

应急状态中,社会因突发事件的发生,原有秩序被打破而陷入危机,公众生活随之陷入困境。城市社区服务作为最贴近公众需求的一项社会功能,对保障民生、稳定民心具有不可替代的作用。

第一节 城市社区与应急挑战

一、应急状态的界定与特征

社会秩序状态分为两种:常态与非常态。所谓常态,是指社会按照原有节奏,持续性地生产和生活的常规性秩序状态;所谓非常态,也就是应急状态,指社会原有的进程被中断,生产生活的正常秩序被打破,社会的基本安全和利益受到严重威胁与危害的无序状态。一般来说,社会应急状态的时间较短,且被局限在一定的空间范围内;但由于其对公共安全和稳定具有较大破坏性,需要采取及时有效的干预和处置。

应急状态通常由突发公共事件引起。突发公共事件指在一定区域和空间内突然发生的、对社会造成或可能造成巨大威胁和危害的灾难性事件。根据《中华人民共和国突发事件应对法》,突发公共事件分为自然灾害、事故灾难、公共卫生事件、社会安全事件四类(表4-1),按照其性质、严重程度、可控性和影响范围等因素分为四级,即特别重大Ⅰ级,重大Ⅱ级,较大Ⅲ级,一般Ⅳ级。

突发公共事件具有显著的复杂性和潜在的次生衍生危害,采用常规方式难以应对处置。具体而言:一是公共性。即产生于公共范围内,涉及的地域、行

表 4-1　突发公共事件分类

突发事件类型	常见表现形式	具体实例
公共卫生	主要包括传染病疫情、群体性疑难杂症、食品安全与职业危害、动物疫病等严重影响公共卫生和生命安全的事件	2020年新冠肺炎疫情、2013年H7N9型禽流感、2008年中国奶制品污染事件、2003年"非典"疫情
社会安全	主要包括恐怖袭击事件，经济安全事件和涉外突发事件等	2015年"11·13"巴黎恐怖袭击事件、2014年昆明火车站暴恐事件、2008年"3·14"西藏严重暴力事件、2001年美国9·11事件
自然灾害	主要包括水旱灾害，气象灾害，地震灾害，地质灾害，海洋灾害，生物灾害和森林草原火灾等	2010年玉树地震、2008年汶川地震
事故灾难	主要包括工矿商贸等企业的各类安全事故，交通运输事故，公共设施和设备事故，环境污染和生态破坏事件等	2015年天津滨海新区爆炸事故、2011年"7·23"甬温线特别重大铁路交通事故

业、人员众多，且具有广泛的波及力和影响力，对公共利益和公共财产损害极大。二是突发性。即往往毫无征兆地突然发生，或刚出现征兆后就在极短暂的时间内大规模爆发并迅速蔓延，完全出乎人们的主观意料，很难提前准备和防范。三是不确定性。即发生频率低，发生的时间、地点、方式、强度均具有高度不确定性，其发展趋势、影响因素和产生后果等充满未知变量且具有多变性，因此很难对其进行有效的预防和应对。四是破坏性。即具有强大的物理破坏力和心理冲击力，其灾害性后果往往造成巨大的人员伤亡、财产损失、环境破坏和心理伤害，大大超出社会和公众的承受能力。五是紧迫性。即发生形势较为紧急，留给人们反应和应对的时间极少，要求管理主体在最短的时间内快速应对，以恰当方式及时、准确、有效地遏制其发展趋势，从而降低和减少损失。

现代突发公共事件呈现出范围广、影响大、危害强的趋势。以新冠肺炎疫情为例。由于新冠病毒传染性极强、潜伏期超长，自2019年底在湖北武汉爆发后,迅速在全国蔓延,至次年3月才得到初步遏制;与此同时,国际战"疫"全面打响,欧美相继升级为疫情"震中"。疫情影响下,多国经济近乎停摆,失业引发的社会问题也愈演愈烈。据亚洲开发银行报告,新冠疫情造成的全球经济损失在5.8-8.8万亿美元之间,相当于全球国内生产总值的6.4%-9.7%;中国可能遭受的损失在1.1-1.6万亿美元之间。全球将有1.58亿至2.42亿人失业,其中70%在亚太地区①。

二、应急状态中的社区

非常态应急管理的重心在社区。1989年,世界卫生组织(以下简称世卫组织)制定了"安全社区"的理念。1999年,联合国制定"国际防灾战略",呼吁政府着重建设"应对灾难能力强的社区",将社区应急管理提升至战略高度;2001年,联合国再次提出"发展以社区为中心的减灾战略"②;2005年,日本神户世界减灾大会通过"2005~2010年间规划",强调建立"社区应急机制和提高应急能力";同年,《亚洲减少灾害风险北京行动计划》提出,各国政府要实施从社区到国家的全方位保障,制定应急预案③。

基层社区在非常态应急管理中的作用凸显,原因有三:其一,社区是突发公共事件应急处置的主要场所。有数据显示,中国近80%的灾害损失发生在城市和社区。作为一定地域范围内的社会生活共同体,社区具有人口密度高、应急关联度强、应急协调面大等特点,这使得它必然成为应急处置的基层单元和基本操作平台。其二,社区是突发公共事件应急处置的第一现场。大量数据表明,政府以及专业救援队员或其他处理突发事件的主体,无论在时间或空间上都存在一定局限,其行动有效性难以保证。而作为现代城市公共治理的末梢,社区不仅能够在预测预警、应急准备、应急处理乃至恢复重建的过程中第一时间响应和直接处置,而且能够灵活调整工作方向,及时回应居民需求,解决非常态下居民服务"最后一公里"的瓶颈问题。其三,社区是突发公共事件应急管理的地基和社会稳定器。社区应急处置的效果直接关系社区及居民的切身利益。如果社区居民的困难和需求在基层得不到满足,可以预见大量社会越轨

---

① 钮文新:《亚行:中国因新冠疫情损失或高达1.6万亿美元》,载《中国经济周刊》2020年5月15日。

② 中国疾病预防控制中心:《亚洲减少灾害风险北京行动计划》,亚洲减灾大会,2005年9月。

③ 张素娟:《国外减灾型社区建设模式概述》,载《中国减灾》2014年第1期。

行为产生,并直接影响整个城市危机治理的进程。因此,社区不仅是突发事件的发生地或被救助地,也应是危机应对的前沿阵地;社区居民也不仅仅是受害者,更应该是危机应对的第一主体。

为提高政府应对灾害和抗击危机的能力,中国自2003年"非典"疫情后,开始建立以"一案三制"(应急预案,应急体制、机制、法制)为核心的突发事件应急管理体系。但从2020年新冠肺炎疫情防控来看,这一体系失之宏观有余而细节不足,加上实操性和时效性滞后,导致虽有预案和演练,效果却差强人意。特别是基于"先政府、后企事业单位、再城乡社区"的应急响应次序,导致在整个防控工作中出现应对迟缓、协同不畅、公众动员不充分等问题。

第二节　应急状态中的城市社区服务概述

应急状态中的城市社区服务,特别是城市社区基本公共服务,是政府的义务。能否在应急时期为普通市民提供高效、高质的公共服务,保障人民生命健康和财产安全,是对政府执行力的重大考验。

一、功能定位

广义上,针对应急状态的社区服务体现在突发公共事件发生、发展、消亡、恢复的全周期,与社区应急管理内容一致。包括:社区预防与准备,即在常态下,针对可能发生的危机事件做好应急预案,建设避难场所,储备物资,排查风险,并通过宣传教育、应急演练等方式帮助居民提高应对能力;社区预警,即在危机爆发之际,科学监测并识别危机事件的性质、种类及规模,采取多种途径及时向居民发布警报;社区救援与保障,即在非常态下,协助与配合政府及有关部门工作,维持秩序,保障生活,稳定民心,同时引导居民自救互救;社区恢复重建,即在危机消弭后,为社区恢复生产生活提供帮助,如心理辅导、数据整理分享等。

本研究主要讨论应急响应阶段的社区服务,即以保障居民生命财产安全、维持正常生产生活、降低危害为目标,以集合一切可以集结的力量和资源为手段,对非常态社会秩序进行干预和控制的活动。服务内容包含社区卫生应急服务、社区便民生活服务、社区信息服务等,其中涉及政府、社区、企事业单位、社会团体、志愿者队伍等多个参与主体的协调与资源调配工作。

二、需求分析

应急状态中的社区服务需求取决于社区在突发事件中面临的风险与挑战。应急状态中的居民需求可分为安全需求、物质需求、精神需求以及个性需求。

安全需求。安全需求包含对个人生命安全的需求和对社会公共安全的需求。突发公共事件首先威胁到的就是生命。在任何灾害和事故面前,生命显得异常脆弱。与此同时,突发事件还会造成正常社会秩序混乱,在这种情况下,一些个体为了自保很可能不再按照原有的社会共识和法制规范行事,而选择侵犯他人合法权益,引发灾祸。如,2005年美国卡特里娜飓风期间,由于政府救援不及时,10万人被困,缺衣少食,新奥尔良市更陷入极端混乱,抢劫、放火、杀人等暴力事件频发,极大地威胁了公众生命和利益。良好的社会秩序也是个体生命财产安全的必要保障。

物质需求。在基本安全得到保障后,人们开始寻求延续生命所需的必要物资,包括日常用品(如食物、饮用水、御寒衣物)、临时住房(如帐篷、避难所)、医疗物资(如药物、消毒液)等。在应急状态中,由于资源有限,人们会主动降低对物质的要求,只要能够保证最基本生存即可;但随着事态好转,对于物资质量和品类的要求会有所上升。

精神需求。不管是在突发事件中直接受到创伤的群体,还是事件发生地的其他居民,抑或是与此有直接或间接关系的人们,在面对巨大灾难以及大量真伪难辨、感情色彩强烈的正负面信息冲击下,都不可避免地会产生恐惧、焦虑、疑惑、忧伤等不良情绪;若不能及时给予良性疏导,不仅可能造成长期的心理问题,而且可能造成行为失范。如因生活资料不足而引发的烦躁情绪,因政府救助不及时而导致的干群冲突等。及时科学的心理干预十分重要。

个性需求。个性化需求针对特殊群体而言。如,婴儿需要奶粉和纸尿裤,妇女需要卫生用品,学生需要教育服务,残疾人需要辅助或照护。对个体需求的细分和满足体现了国家面对危机的治理能力和对人民生命的态度,它要求社区服务在满足生存需求的前提下,不再按照统一标准供给,而是抓住不同群体的痛点需求,精确供给。

应急状态中的居民需求亦讲究主次有序。根据马斯洛需求层次理论，人的需求依次为生理需求、安全需求、爱和归属的需求、尊重需求、自我实现的需求。一般来说，人们只有在满足了关乎生存的生理需求和安全需求后，才会生发情感及精神需求。这一点在应急状态下尤为明显。对于深陷危机中的人们而言，个体所拥有的财富和资源可能瞬间消失，所有人的需求都将回到起点。没有生存这一前提，跨层次需求一般不会出现。因此，在社区服务中应首先提供能够确保居民正常生存生活的必要资源，如医疗急救、食物、饮用水等，而后才是稳定的社区环境、完备的医疗体系、科学的心理干预。此外，人的主要需求会随着事件发展的不同阶段和事态进展发生变化。如，灾害发生最初，生命救援是第一位的需求，而当生存无碍、衣食住行都得以解决的阶段，人们的情绪趋于稳定，教育、就业等其他新的需求就会衍生出来，成为特定人群的主要需求。

三、基本特性

应急状态中的社区服务内容虽较为基础，但存在工作难度大、强度高、参与主体之间互相依赖性强等特性。具体而言：

一是过程复杂。首先，突发事件的不确定性极高，导致社区服务的外在环境和态势也随之不断变化，服务内容和需求不像常态下那般稳定，因此需要社区工作者根据动态随时调整工作重点；其次，社区服务贯穿整个社区应急响应的全过程，其间牵涉多个不同的工作目标，并体现多个群体的利益需求，多重维度特征导致应急状态中的社区服务工作头绪繁多；最后，社会资源、交通、时间、技术等制约因素较多，社区工作者在决策和行动时需考虑的因素十分复杂。

二是资源稀缺。突发事件影响范围广、破坏强度大，应急响应需要人力、物力、财力等大量资源和服务，方能满足需要。然而，由于时空限制、物资分配等多种因素，在突发事件爆发的初始阶段，基层社区的应急资源往往严重不足，无法在有限的资源条件下完成所有工作。因此，社区工作者需要一方面尽量争取外部资源，另一方面依据轻重缓急、主次有序的方式将工作目标分为若干级别，优先保障较高优先等级的服务需求。

三是工作压力大。突发事件的发生、发展和演变具有极强的时间限性，这要求社区工作者必须在第一时间行动，组织救援或其他应对措施。面对严重后果和时间受限的双重叠加，社区工作人员往往面临巨大的心理压力，且随着突发事件的发展，压力逐渐增大。

四、行动原则

应急状态中的社区服务要求更高的回应性、公平性和协同性。当正常生产生活受到冲击，生命财产遭到威胁，人们的需求可能瞬间降至最低标准，即生存大于一切。而当这种单一需求占据主导地位时，能否满足供给以及供给的时效性和公平性就上升为最核心的诉求。藉此，应急状态中的社区服务工作需遵循快速响应、公平正义、协同治理三大原则。

（一）快速响应原则

快速响应指政府及相关组织应对居民的服务需求作出快速、及时、积极和负责任的反应，不能无故拖延或不予理会。

敏锐感知。即要求政府及相关组织对居民的服务需求保持高度的敏感性。这是服务供给的逻辑起点。在应急状态中，由于信息渠道不通畅或不确定信息超载，供给不足或供需不对称的现象时有发生。这要求政府及相关组织对居民需求保持高度的敏感性，勤于观察和思考，有针对性地确定服务的数量、质量和结构，从而实现有效供给。

理性分析。即要求政府及相关组织对居民的服务需求进行科学分析和判断。应急状态中，由于风险程度的不同，居民服务需求会呈现差异化及多样性，并非所有的服务需求都有必要和有条件得到回应。政府及相关组织应在科学分析和判断的基础上，以最广大居民的最基本利益和需求为先，分清轻重缓急，量力而为。

快速满足。即要求政府及相关组织第一时间行动，为居民提供方便快捷的服务。公共危机的爆发一般非常突然，破坏和伤害会在短时间内迅速放大，作为个人是没有能力躲避和应对的。在这种情况下，居民的服务需求尤为迫切，如果不能迅速得到关注和满足，不满情绪将逐渐滋生、膨胀并很快发生质变。及时回应并满足居民服务需求，不仅是社区应急管理的要求，更是非常时期安抚民心、维护社会稳定、减少次生衍生伤害的重要举措。

动态调整。即要求政府及相关组织不断捕捉服务需求的变化，并根据变化了的需求适时调整服务供给的内容和策略。应急状态中，伴随危机事件的发展会催生各种不同的痛点需求,例如,在新冠肺炎疫情前期,医疗救护是最大的需求,进入封控阶段,居民急需日常生活资料供给,再往后居民对心理干预、信息传递的需求不断增强。如果服务供给不能及时针对这些变化进行查漏补缺,不仅会造成社会资源的浪费,而且无法有效满足居民的实际需求,事倍功半。

(二)公平正义原则

公平性指社会的政治利益、经济利益和其他利益在全体社会成员之间合理的分配,它意味着权利的平等、分配得合理、机会的均等和司法的公正①。

社会常态时期强调基本公共服务均等化,旨在维护社会正义,保障全体公民都能公平可及地获得大致均等的基本公共服务。其标准有三:一是主体广泛。即起点公正,强调全体社会成员拥有大致均等的享受某种公共服务的机会。二是受益均等。即结果公正,强调公平分配而非绝对平均分配,每一成员享受大致相等的基本公共服务。三是优惠合理。即公开合法分配,避免暗箱操作,倘若有享受额外照顾和优惠情况发生,必须有合理合法的理由。此三项标准符合中国现阶段经济社会发展水平,虽然不是绝对平均,但能够得到一定程度的接纳。

应急状态对公平公正的要求更为严苛。因为服务供给上的不公平很容易触及公民基本权利和生存底线。在这种高度敏感的时刻,不满情绪一点即燃,矛盾冲突一触即发,若激起社会越轨行为(如抢劫),很容易造成突发事件向社会危机转化,进一步加剧非常态。因此,政府需着重关注和防范因危机引起的不公平和不平等现象,一方面坚守底线,满足全体公民最基本的公共需求,另一方面突出重点,资源向老人、妇女、儿童、残疾人及其他困难群体适当倾斜。

(三)协同治理原则

协同治理指在突发事件应对中,整合政府、市场、社会、公众等多种资源,通过统一指挥调度,共同应对。从国际经验来看,发达国家在爆发重大灾难时,本地的社会力量(如专业救援队、教会、红十字会等)都会在第一时间赶赴现场参与救治,很多专业机构(如保险公司)也会在第一时间到达现

---

① [美]罗尔斯:《正义论》,何怀宏,等译.中国社会科学出版社2006年版。

场，评估灾祸，并协助政府部门做出决策、快速应对。

多元参与。特殊时期，由于需求相对集中，对应的公共资源尤为紧张甚至匮乏，单靠政府一己之力很难满足。社区应与企事业单位、社会组织等保持密切关系，以便及时寻求外界支援，同时鼓励居民自救互救。

统一协调。多元参与并不代表多头管理、各自为政，而是在党和政府统一领导下，明确人民政府各个层级之间以及不同社会主体之间的责任权限，以便各自发挥优势，形成合力。

信息共享。信息资源共享能够实现参与主体之间更好地沟通与协调，并根据动态信息调整行动策略。如，民政部门可及时共享社区弱势群体的有关信息（如人员总数、结构、分布等），便于社会公益组织有针对性地调集资源、展开工作。

资源优化。面对短时间聚集的各种社会资源，需要政府及有关组织合理调配、优化利用，以提升工作的效率和效能。

综上，应急状态中的城市社区服务体系是国家和社会为保障因社会秩序遭到破坏、生存陷入困境的群众的基本生活，帮助解决他们生活中遇到的特殊困难而建立的一系列制度，以及为保证这些制度实施而形成的管理体制、运行机制、组织网络、物资技术条件等要素有机结合的整体。服务范围强调面向城市全体居民和各个社区，力求实现全覆盖；服务内容强调在解决吃、穿、住、行等基本困难的基础上，还帮助解决医疗、教育等方面的特殊困难，力求实现全方位；服务方式强调有机结合物资供给、心理抚慰等各种方法，力求实现全支持；服务机制强调政府主导、民政主管、部门协作、社会参与，搭建协同治理平台，实现信息、资源共享。

第三节　疫情防控：应急状态中的城市

新冠疫情是近年来传播最广、影响最大、损害最严重的一起全球性突发公共卫生事件。习近平同志为核心的党中央亲自指挥、统一部署，湖北武汉以壮士断腕的勇气果断封城封小区。在全民禁足、交通封闭、城市经济生活停摆的情况下，社区作为"疫情联防联控的第一线"，被迫却坚强地承担起兜底服务的属地责任。

一、重大疫情的界定与危害分析

突发公共卫生事件指已经发生或者是可能发生的，对公众健康造成或者可能造成重大损失的传染病疫情，不明原因的群体性疾病，食物中毒、职业中毒以及其他危害公共健康的突发公共事件。

其中，传染病疫情因扩散广泛、不易控制等特性，造成的人员伤亡、财产损失和心理损害特别巨大。一是直接危及生命健康，损害感染者的身体机能。据世界卫生组织（WHO）公布数据，截至2020年底，全球累计确诊新冠病例超过8000万，死亡超过190万[1]，数以万计的人还在医院为生存而战。二是危害心理健康。由于疫病传播的快速和不确定性，即使暂时没有染病，人们也会出现普遍的心理紧张和焦虑情绪，甚至极度恐慌或引发过激行为。无数事例证明，重大疫情给人们造成的心理和精神创伤远大于身体伤害。武汉市精神卫生中心的一项问卷调查显示，近三成的受访者在新冠疫情发生后出现抑郁、失眠以及连续噩梦等症状[2]。三是影响经济发展。一方面，国家为抗击疫情需要投入大量资金和资源，另一方面，部分经济活动会因此停滞或更加谨慎保守。四是影响社会秩序。人员伤亡、经济损失带来的物理损害，加之疫情引发的恐惧感和不知所措，会刺激人产生急于自保的心理，如不及时疏解很可能出现破坏社会秩序的不良行为。如，疫情初期"医疗资源挤兑"、市场抢购防护物资、地方政府截留捐赠物资等，都体现了在疫病肆虐的反常背景下，自保需求与他人权利之间的艰难抉择。

二、重大疫情中城市社区服务的现状和问题

重大疫情的严酷性，决定了这一时期的社区服务比平时任务更重、内容更多、运作更难。以新冠疫情为例，社区服务不仅要构筑起疫情防控的第一道防线，更要兜牢兜实群众生活的网底。

这一阶段的社区服务主要有五项：一是封闭管理。社区联合物业服务企业，安排工作人员在小区出入口24小时值守，登记进出人员和车辆，并测量

---

[1] 央视新闻：《世卫组织：全球新冠肺炎确诊病例超8758万例 死亡病例超190万例》，2021年1月9日。
[2] 《新冠疫情之外，也不能忽视相关心理创伤！》，载https：//www.sohu.com/a/387419741_351332，最后访问日期：2020年4月12日。

体温。严格控制人员和车辆出入。在没有物业管理的小区,由街道负责组织力量在出入口执勤;在不能设立门岗的小区,以网格为单位,划分片区,责任到人。二是健康排查。社区联合民警、物业等单位,通过上门或信息化手段,对每个小区、楼栋、门栋的居民进行拉网式动态滚动筛查,做到"不漏一户、不落一人、不断一天"。对于发热、咳嗽的居民,第一时间向街道报告并跟踪监测;对于确诊病人,就近转至指定发热门诊。三是生活服务。包括:普通居民的生活必需品(如食品、药品)采买和配送;老弱病残特殊群体的定期走访、需求收集,以及就医和基本生活服务;社区居民特别是患者及其家属、居家隔离人员的情绪疏导和心理安抚工作。四是环境消杀。社区联合物业,每日对小区楼道、电梯、门卫室、垃圾箱(桶)等设施设备和公共场所进行清洁消毒,帮助居家隔离人员处理生活垃圾。对于没有物业服务的小区,街道和社区负责安排专门力量或组织居民做好环境消杀。五是信息服务。利用微信、横幅、公告栏、电子宣传屏等载体,广泛宣传疫情防控和个人防护知识,为居民答疑解惑。同时,联合物业每日通报社区、小区疫情信息,使居民及时了解小区当日的确诊、疑似病例情况。

(一)以疫情防控为核心的卫生服务

根据中国《突发公共卫生事件应急条例》(国务院令第376号,2011年最新修订)规定,对于有可能演化为突发公共卫生事件的信息,公共卫生监测机构、社区医疗卫生机构及相关单位、个人均有义务立即向区卫生局报告,报告内容应包括事件发生、发展等详细信息。除此之外,社区卫生服务中心还承担突发事件预防准备的职能,迅速响应、现场处置的职能,愈后康复和心理干预等善后处置的职能。

新冠疫情暴发初期,由于医护、床位等资源紧缺,众多潜在感染者"堰塞"在各大医院的候诊环节。2020年2月4日,为解决发热门诊等候时间过长、床位安排不及时等问题,武汉市决定全面实行分级分类就医服务。具体做法为:社区居委会和网格员汇总辖区内发热病人名单,然后上报社区卫生服务中心进行筛选和分类。重症患者由各区统一安排车辆送往指定发热门诊就诊;疑似患者、发热患者和密切接触者,由社区卫生服务中心协助社区居委会落实集中隔离或居家隔离观察。在隔离和医学观察期间,社区卫生服务中心居家观察员与社区工作人员配合,共同负责每日健康跟踪监测,包括早晚两次访视,测量、记录体温变化，以及对解除隔离人员及时给予健康状态核查。除此之外，社区卫生服务中心还负责在疫情期间为居民提供健康教育、老年保健、慢性病指导等基本公共卫生服务。如，发放防控常识宣传资料，讲解正确的消毒方法、七步洗手法；随访老人及慢性病患者并提供针对性的生活方式指导和心理疏导，提醒其注意控制血压、血糖，养成良好的健康生活方式；指导社区或物业对患者家庭及居民楼道等公共区域进行环境消杀；以及疫情稳定后，为居民提供正常的就医就诊服务。

客观上说，社区卫生服务中心在新冠疫情防控中的"网底"作用并不凸显。不论是疫病预警还是预诊分诊，社区卫生服务中心都没有发挥应有的作用。究其原因：一是居民信任不足。社区卫生服务中心和家庭医生制度在中国发展仅短短数年，机构总数不足、分布不合理、功能特色不显著等问题较为普遍，这使得人们对社区卫生机构的诊疗技术和诊治效能存在疑虑、缺乏信心。二是疾控能力薄弱。根据《突发公共卫生事件应急条例》（国务院令第376号，2011年最新修订）规定，突发公共卫生事件应急管理的指挥部门是区县卫生局，街道一级的社区卫生服务中心不具备指挥协调功能，只有配合的职责。因此，在一些大型活动和突发疫情中，社区卫生服务中心（站）仅承担发现、调查、核实、报告等工作，缺乏应急处置的权限以及专业的疾控能力。这使得社区医务人员不仅不了解疾控流程，而且缺乏现场救助的经验与技术。据调查，社区医务人员中有34%没有接受过急救能力的培训，47%未参与过心脏复苏工作[①]。三是物资储备短缺。社区卫生机构普遍存在应急物资储备品种单一、数量不足等问题。正是由于缺少必要的防护用品和检测设备，社区卫生服务中心无法实现疫病在基层的首诊、取样、发现与隔离。

（二）以民生物资供应为主的便民服务

常态时的社区便民服务以方便居民生活、提高居民生活品质为目标。应急状态中，尤其是交通封闭、社会经济全面停摆的状况下，社区居民最关注的是基本生存需求，即衣食住行医方面的需求占据首位。加强社区民生物资调配和市场供应，是减少恐慌和次生伤害的重要举措。

---

① 朱庆生：《社区是突发公共事件卫生应急的基础》，载《中国急救复苏与灾害医学杂志》2015年第11期。

1. 政策背景

2020年1月23日,武汉市宣布"封城",全市公交、地铁、轮渡暂停运营,旅行社、大型商场等暂停营业。1月25日,为控制人员流动引发的传染风险,除许可车辆外,武汉市中心城区实行机动车禁行管理。同时,征集6000台出租车,分配到中心城区的每个社区,由社区居委会统一调度。2月11日,全市范围内所有住宅小区实行封闭管理,确诊患者和疑似患者所在楼栋实行严格封控管理,除就医及防疫情、保运行等岗位人员外,其他居民一律不得外出。2月16日,湖北省政府发布通告,要求在住宅小区封闭管理的基础上,对全省范围内所有社区、小区、居民点实行24小时最严格的封控管理。取消"每户每3天可派出1名人员外出购买生活必需品"的规定,药品及必需生活用品均由社区组织集中采购配送。2月20日,政府出台规定,要求全市大小商超一律不准针对个人零售,全部与社区对接,实行团购配送。

该规定一直到疫情稳定后才分级分区逐步解除。此间一个月,社区除病症排查、医患转移、小区消毒、信息送达等工作外,还承接保障民生和分配资源的职能。

2. 供给机制

疫情期间,由于小区封闭管理,居民的生活需求无法自主满足,只能通过社区供给。许多社区或成立生活保障服务队,或设立网格服务点,为居家隔离群众解决生活难题,服务内容可谓包罗万象。比如,采购生活物资、发放爱心物资、代购买药、充值话费、存折取款、清运垃圾、圈存天然气等。疫情期间的社区生活服务供给,体现了行政机制、社会机制和市场机制的有机结合。

(1) 行政机制供给。政府依托强大的军政资源在应急救援和民生保障中处于主导地位。具体举措包括:

保障市场供应。武汉市政府对大米、面粉、食用油、猪肉、食盐等重要物资实行政府储备、商业动态储备以及商业合同储备,保证政府储备粮油盐均在一个月以上。与此同时,生活必需品供应体现公平性和普惠性。如,针对低收入特困群体定向投放政府储备肉特价包;推出"特价蔬菜包"惠民政策,由各区组织街道、社区统计居民需求并对接有关商超,安排配送计划,优先保障社区孤寡老人、残疾人、特困户及其他特殊困难家庭需要。

保障物流配送。一是直接投入运输力量。如，驻鄂部队抽组成立抗击疫情运力志愿队，每日根据地方配送中心需求，派出运输力量保障武汉市民生活物资配送。二是通过政策激励扩大民间运输队伍。如，为解决外卖快递人力紧缺的问题，武汉政府面向全市招募社区志愿者和商超志愿者；通过第三方购买的方式与在汉未复工劳动力签订短期服务合同，扩大外卖快递队伍；优先安排商贸流通行业员工尽快返岗。

保障市场秩序。市场监管主要体现在打击哄抬物价、以次充好等违法行为。对于轻微违法行为予以现场责令改正，对于影响范围较广、涉及金额较大的违法行为予以立案查处。

（2）社会机制供给。在政府统一部署下，社区生活保障服务以社区居委会、社区物业及业委会等社区自治组织为主体实现自我供给。以日常消耗量大、需求最为迫切的买菜服务为例，主要有以下六种方式：

小区团购。即由社区、物业或居民自发组团，利用微信建立"买菜群"，在全面统计需求信息的基础上，通过商家平台统一下单采购，或直接与蔬菜供养商（如武汉周边的楚河莲藕种植专业合作社、马驿湖大队西兰花种植基地等）对接，蔬菜运达小区后由网格员和志愿者负责分发，引导居民有序领取。这种方式最为普遍，但存在套餐选择较少、价格不合理、供应不稳定、起购量限制等问题。

"生鲜直通车"。这是针对某些特殊小区建立的生鲜供应机制。市区政府部门（如农业部门、商务部门等）负责对接稳定的供应商，社区负责汇总居民需求信息，使供应商与社区建立稳定的供应关系，定时定点配送。如武汉市农业农村局组织的"鲜鱼套餐直供社区"活动，由34家水产企业接单配送到小区门口，再由社区工作人员现场分装、发放到订购居民手中。部分社区还为老人等特殊群体提供入户杀鱼服务，保证居民非常时期的吃鱼需求。

"隔空"菜场。即由街道或社区选取资质过关的蔬菜、禽肉商户，分片进入小区指定场所开展直供，强调错峰买菜、"隔空"购物。其中，蔬菜水果可现场购买，禽肉蛋类则采取电话预约或微信群内团购的方式，由专人配送。商户在经营前须与社区签订承诺书，保证菜品质量且不哄抬物价，社区负责每日为商贩测量体温。

"活动超市"。社区活动超市一般为社区办公室改建的临时超市。一种方式是由社区工作人员到超市批发常用商品（如卷纸、馒头、花卷、米油等），再以原价卖给有需求的居民；一种方式是由社区与商超达成协议，提供"居民订购下单—超市总量配送—社区服务点分装—服务点分发核销"的一条龙服务。这种方式较为灵活，能够较好满足居民的个性化需求。

特困帮扶。这是社区为低收入群体或特殊困难群体提供的服务，旨在保障基本生活所需。具体包括免费发放一次性救助物资，优先免费发放爱心蔬菜，优先联系购买政府补贴肉等。

代购代买。这主要是针对特殊群体开展的食品、药品代购并送货上门服务。社区通过微信、电话等形式收集有关需求信息，然后组织人员到附近超市或药店代为购买，并根据情况送货上门。代购服务对社区人员的用心程度要求很高。以跑腿买药为例，处方药和重症用药需要定点购买，不同厂家、支付方式、价格等都需要与居民一一核对。许多重症和慢性病患者需要代购的药品种类多、数量多、要求多，需要反复确认。

(3) 市场机制供给。在"少出门、少接触"的防疫要求下，社区商业服务主要以外卖和小店经济为主。

外卖平台。分为两类：一类是原本专注线下服务的生活物资供应企业，在疫情期间联合京东物流、美团外卖、饿了吗等配送企业开通服务，包括米面粮油、蔬菜生鲜、休闲食品、日用品、燃气等生活必需品全部列入配送范围。另一类是盒马鲜生、每日优鲜、美团买菜等生鲜电商平台，在解决"疫中买菜"的最后一公里问题上贡献很大。外卖服务最大的问题是供应量偏紧、配送范围有限。如，盒马鲜生需在每日零点下单预订当日菜品，想要买到只能拼网速拼运气。据调查，外卖平台配送运力不足、快递人员短缺、库管人手不足、物流受阻等都是拦路虎。

小店经济。小店是指小区内或小区周边的便利店及小型超市。据支付宝和网商银行发布的《2019中国小店经济温度图谱》显示，全国个体经营数量约有1亿家，包括网店、街边小店、路边小摊等[①]。作为社区居民日常采买的重要枢纽，小店以其体量小、灵活便捷等特色在疫情中发挥了重要作用。小店主要通过微信群、小程序、APP等方式引导居民下单，一般由美团、饿了么等配送企业提供物流，也有些是店主亲自送货，补货则依靠线上供应链，如阿里零售通等。其优点是方便快捷；且区别于社区团购的套餐制和捆绑销售，可选

---

① 陈婧：《疫情之下小店经济如何突围》，载《中国经济时报》2020年4月1日。

择空间较大。除米面油、方便面等必需品，水饮、啤酒、调料、零食等休闲产品是小店最受欢迎的商品。

(三) 以弱势群体为重点的特殊保障服务

特殊困难群体保障服务是社区服务的重点内容，非常态时期尤为凸显。这是因为：一则，政府的应急决策和举措往往优先从整体布局，不可避免地会忽略社会中部分个体需求，而弱势群体的脆弱性恰恰决定了他们对细节保障的要求远超常人，此时若仍依循常规的日常走访看望机制，很容易出现服务空档、断档；二则，应急期间更容易激发社会矛盾和人性缺失，诱发对弱势群体的歧视、偏见，若缺乏有效的外界监督和管理，甚至会出现排斥和侵害行为；三则，社会组织的多元化、在地化、专业化优势，使其能够以更为广泛的服务项目对接特殊人群的特殊需求，并通过更有效地提供信息、专业化服务和"最后一公里"的陪伴与支持，提升需求传递和响应的效率。

2020年2月23日，习近平总书记在统筹推进新冠疫情防控和经济社会发展工作部署会议上指出，对因疫情在家隔离的孤寡老人、困难儿童、重病重残人员等群体，要加强走访探视和必要帮助，防止发生冲击社会道德底线的事件。中央和地方连续发布多项政策措施，强化对特殊困难群体的基本生活保障、人文关怀（见表4-2）。一些地方实行党员干部包户对接帮扶制度，通过定期入户走访、电话问询等方式对社区民政对象展开地毯式排查，及时掌握并满足其生活及防疫需求；严格落实民政兜底保障、临时救助、慈善救助资金，为民政对象以及因疫情滞留的外地人员、失业人员、流浪乞讨人员提供及时帮扶，如武汉提出延长现有低保对象保障时间，并为全市困难群众增发春节慰问金，对务工、就医、旅游等滞汉外地人员提供食宿保障以及就业、志愿服务机会，对暂时无法就业的低保家庭、低收入家庭中灵活务工人员，按4倍低保标准发放临时救助金；引入专业社会组织，重点关注疫病患者，特别是有亲属罹难的人员及其家庭的人文关怀与哀伤辅导。

1. 传统民政对象

指孤寡老人、困难儿童、重病重残人员及低收入家庭等传统民政对象。受经济条件、健康状况、信息获取能力、社会支持网络等因素影响，他们的自救和求救能力普遍偏弱，在突发事件中属于高风险、高脆弱人群。

表 4-2 新冠疫情期间特殊群体服务政策梳理

服务对象	服务项目	服务内容	政策来源
老人	居家和社区老人	1. 宣传防疫知识 2. 对为老服务场所进行消毒 3. 全面掌握辖区内老人信息（独居、空巢、留守、失能、患慢性病），做好健康管理 4. 重点关爱"抗疫一线医务人员家中无人照料的老年亲属"，提供健康服务；托养服务；代买配送、助餐助洁等生活服务	1.《关于做好老年人新型冠状病毒感染疫情防控工作的通知（附带：养老机构疫情防护措施）》（肺炎机制发〔2020〕11号） 2.《新型冠状病毒疫情防控期间养老机构老年人就医指南》（肺炎机制综发〔2020〕65号） 3.《关于做好新冠肺炎疫情防控一线医务人员老年亲属关爱服务工作的通知》（肺炎机制综发〔2020〕73号） 4.《关于印发基层医疗卫生机构在新冠肺炎疫情防控期间为老年人慢性病患者提供医疗卫生服务指南（试行）的通知》（国卫基层家医便函〔2020〕2号）
老人	入住机构老人	1. 人员信息管理：筛查并登记；进出院管理；停办聚集性活动 2. 健康就医：密切关注老人健康状况；与有签约合作关系的医疗机构加强联系，开通绿色就医通道；妥善分类处置病情 3. 其他：准备防护物资，治理防控环境，管理好"密接"，做好监测报告	
老人	基层医疗卫生服务	1. 合理布局候诊区域和安排门诊时间，避免排队聚集，加强院感防控 2. 优先采取信息化手段对老年人开展健康管理服务 3. 暂缓体检工作 4. 为失能和高龄老人提供上门巡诊、家属代取药等服务	
儿童	儿童疫情防控	1. 医疗卫生机构：分区域设置普通门诊和发热门诊，做好筛查和确诊；暂停新生儿访视、健康体检，合理调整预防接种工作 2. 托幼机构：园区预防性消毒和防疫培训 3. 居家照顾：借助"互联网+"手段，开展疫情健康教育和防控科普知识	1.《关于做好儿童和孕产妇新型冠状病毒感染的肺炎疫情防控工作的通知》（肺炎机制发〔2020〕17号） 2.《关于做好因新冠疫情影响造成监护缺失的儿童救助保护工作的通知》（民电〔2020〕19号）
儿童	因疫情造成监护缺失的儿童救助	1. 及时发现报告 2. 分类临时照料 3. 加强救助保障，简化审批程序 4. 开通救助保护热线，做好咨询、资源链接、转介及个案跟踪工作；联动地市级与县级未成年人救助保护机构	

第四章　应急状态中的城市社区服务

续表

服务对象	服务项目	服务内容	政策来源
慢性病患者	基层医疗卫生服务	1. 合理布局候诊区域和安排门诊时间，避免排队聚集，加强院感防控 2. 优先采用信息化手段对慢性病患者开展健康管理服务 3. 暂缓体检工作 4. 对行动不便的慢性病患者提供上门巡诊、家属代取药等服务 5. 加强心理疏导	1.《关于印发基层医疗卫生机构在新冠肺炎疫情防控期间为老年人、慢性病患者提供医疗卫生服务指南（试行）的通知》（国卫基层家医便函〔2020〕2号） 2. 2020年2月20日国务院联防联控机制发布会上提出慢性病患者长期服药问题
	长期服药问题	支持医疗机构根据患者实际情况，合理增加单次处方用药量，减少病人到医疗机构就诊配药次数（山东、海南、重庆、四川等省市，对于门特病等患者，取药量放宽到3个月。北京支持所有门诊用药在遵医嘱的情况下，开药量放宽至3个月）	
农民工	"点对点，一站式"农民工返岗直达运输服务	1. 摸清出行需求，开展行前服务：人社部负责开通报名渠道、摸排并汇集出行信息，做好分类上报和省级出行信息对接；交通运输部根据需求制定一车一策运输组织方案；卫生健康部负责防疫健康教育和行前体温监测 2. 组织返岗运输，落实防疫措施：主要从"降低农民工出行成本"（政府购买服务或补贴部分包车费用，免收公路通行费）、"保障通行顺畅"、"落实防疫措施"三方面来确保"点对点"承运有防护 3. 抵地交接，上岗防护保障：人社部对接相关企业接收农民工入厂，企业为复工农民工建立个人健康档案并做好相应防控工作	1.《交通运输部关于疫情防控期间免收农民工返岗包车公路通行费的通知》（交公路明电〔2020〕52号） 2.《交通运输部关于全力做好农民工返岗运输服务保障工作的通知》（交运明电〔2020〕56号） 3.《人力资源社会保障部、公安部、交通运输部、国家卫生健康委、国家铁路集团关于做好农民工返岗复工"点对点"服务保障工作的通知》（人社部明电〔2020〕4号） 4. 2020年2月25日国务院常务会议推出鼓励吸纳高校毕业生和农民工就业措施
	就业服务	1. 加大农民工稳岗和就业补助 2. 扩宽就地就近就业渠道 3. 重大工程建设、以工代赈项目吸纳贫困劳动力	

143

续表

服务对象	服务项目	服务内容	政策来源
精神障碍患者	院感防控	1. 病区清洁消毒 2. 制定应对预案，建立联络会诊机制 3. 减少探视 4. 开展全员防疫培训 5. 分类处理在院患者管理工作	《关于加强新冠肺炎疫情期间严重精神障碍患者治疗管理工作的通知》（肺炎机制综发〔2020〕70号）
精神障碍患者	治疗照护与社区照护	主要由乡镇（街道）精神卫生综合管理小组负责。 1. 加强居家严重精神障碍患者的定期访视，并密切关注其服药情况 2. 主动了解严重精神障碍患者服药需求，通过代取药和送药上门方式，帮助患者持续药物治疗 3. 落实与精神科医师的点对点指导，使医师通过网络治疗给予患者远程医疗服务	
滞留在汉外地人员	住宿救助	区政府设置集中安置点，给予基本生活保障	《武汉市新冠肺炎疫情防控指挥部通告（第19号）》
滞留在汉外地人员	生活救助	民政部门按每人300元/天标准给予临时生活困难救助，一次性补助不超过3000元	
滞留在汉外地人员	医疗救助	区政府安排指定医院医治	
滞留在汉外地人员	就业援助	1. 参加所在区防疫志愿者招募，给予一定工作补贴 2. 通过湖北公共招聘网，应聘疫情防控物资生产企业缺口岗位，给予一次性吸纳就业补贴1000-2000元不等	
孕产妇及新生儿	院感防控	1. 助产机构尽可能为产科门诊和病房设置独立进出通道 2. 有条件的助产机构需设置发热门诊，并及时向社会公布机构名单 3. 助产机构需指定综合救治能力强的医院作为定点医院	1.《关于做好儿童和孕产妇新型冠状病毒感染的肺炎疫情防控工作的通知》（肺炎机制发〔2020〕17号） 2.《关于加强新型冠状病毒肺炎疫情防控期间孕产妇疾病救治与安全助产工作的通知》（肺炎机制发〔2020〕25号）
孕产妇及新生儿	孕产期保健	通过远程科技手段加强对孕产妇的健康教育和咨询指导，帮助孕妇正确识别和应对临产征兆，必要时可适当调整产检时间	

续表

服务对象	服务项目	服务内容	政策来源
孕产妇及新生儿	分类就诊	建立预检分诊制度，及时识别可疑病例	1.《关于做好儿童和孕产妇新型冠状病毒感染的肺炎疫情防控工作的通知》（肺炎机制发〔2020〕17号） 2.《关于加强新型冠状病毒疫情防控期间孕产妇疾病救治与安全助产工作的通知》（肺炎机制发〔2020〕25号）
	疑似和确诊孕产妇的产检和安全助产服务	1. 指定"孕产妇定点医院"，并及时向社会公布机构名单 2. 组建专家指导组为这类孕产妇做好救治 3. 产程已启动或来不及运转的产妇在分娩后应及时转运并落实后续治疗	
	新生儿疫情防控	1. 疫情期间出生的新生儿：减少家属探视，暂停病房探视和陪护 2. 疑似或确诊感染孕产妇新生儿：转入隔离观察病区，暂停母乳喂养	

（1）孤寡老人服务。孤寡老人本就是弱势群体中的最弱者，叠加特殊时期导致的吃饭难、出行难、就医难等，其日常生活、身心健康乃至生命安全亟待支持。首先是生命威胁最甚。据钟南山院士领衔的"中国2019年新型冠状病毒感染临床特征"研究报告指出，65岁及以上老人占已确诊病例的15.1%，50岁及以上中老年人发病率最高，重症及病死率也高于其他群体[1]。这是因为高龄老人一般自身免疫力不足且多数存在基础性老年疾病，一旦感染很容易在短期内恶化且引发多种并发症，危及生命。高龄老人面临的高感染风险即使在有医护照料的养老机构也十分突出。其次是日常照料欠缺。在交通封闭的情况下，特别是社区管理薄弱的老旧小区，即使平时能够自我照料、自行购物的老人，由于出不了门又不会使用微信团购，生活资料无以为继，而社区居家服务设施多因疫情暂停服务，孤寡老人特别是丧失基本生活能力的老人更为困难。最后是心理风险隐患。如，活动被限制后，引发的烦躁易怒或偏执己见行为，如不戴口罩、硬闯小区监测点等；疫情严峻或负面信息接触过多，引发对自己和家人生命安全的焦虑担忧；外界提供的医疗、物资资源受限，引发的恐慌和情绪失控。

---

[1]《钟南山领衔发文：不排除超级传播者，个别潜伏期超三周》，载微信公众号"科学网"https://wiki.antpedia.com/n-2355920-news，最后访问日期：2020年2月10日。

社区养老服务的优势在于服务资源就近就便，且更为广泛；劣势在于大概率出现服务对象底数不清，服务漏档、空档的问题。因此，疫情期间的社区养老服务应强调两点：

一是摸清底数。建立以社区为单位的独居、失能老人助餐、照料等刚性照护需求的信息汇总和上报制度，形成辖区内重点服务人员、服务项目清单。如，疫情发生后，上海各街镇展开对辖区高龄困难老人的底数摸排活动，并建立了帮困名册，对有护理需求的老人，安排养老护理员上门服务；对有助餐需求的老人，提供提前预订、上门送餐服务；对独居、失独老人，安排关爱员通过电话、微信等方式给予生活和身心关照。

二是联合行动。充分发挥家庭、社区和社会组织作用，线上线下保障服务。对风险较低的区域，可以区、街道为单位就近为老人协调服务资源，集中或定点由区域内符合条件的社区养老设施或机构提供服务；对风险较高、管控较严格的区域，要广泛发动社区工作者、社会工作者、党员干部和志愿者为老人提供送餐、送药及日间照料服务，对符合申领老人护理补贴而实际由家属照护的予以补贴，同时积极对接互联网医疗平台，开展居家老人医学观察指导、初筛分诊、慢性病复诊等服务。

（2）困境儿童服务。除法定困境儿童外，因各种原因导致监护暂时缺失，生存、福利和发展面临威胁的未成年儿童（如因疫情隔离人员子女），也应被纳入临时性困境儿童的范围。疫情下的困境儿童尤为脆弱。一则，疫情可能造成家人患病、隔离或死亡，监护的缺失或不足使儿童更容易遭受暴力、剥削和虐待；二则，疫情可能造成家庭医疗开支增加或经济收入损失，影响儿童在医疗、营养等方面的需求满足；三则，交通封闭的同时也关闭了外部资源获取渠道，影响特定疾病儿童日常康复，甚至加重病情。

非常态时期困境儿童的服务重在"织密"保护网，同时构建行之有效的政社合作机制，主动发现和填补需求死角。

一是重点排查，建立困境儿童动态监测和强制报告制度。加强社区网格员、儿童主任、儿童督导员对留守儿童、散居孤儿、事实无人抚养儿童的定期走访和重点排查，汇总上报因疫情导致监护缺失的儿童信息。同时，广泛动员社会力量，全面掌握社会散居困境儿童的动态信息和服务需求。如，深圳市在疫情中开通"护童之声"热线，任何单位或个人只要发现有无人照料的儿童，均可上报，由政府专职人员及时提供帮助和服务。

146

二是监护兜底，落实困境儿童社会救助政策。一方面，对符合事实无人抚养儿童、孤儿或其他困境儿童申请条件审核审批程序的优化，或先行保障，疫情结束补办手续；另一方面，建立疫情期间儿童临时照料保障机制，或提供临时庇护场所，承担对婴幼儿、留守儿童、残疾儿童的临时监护责任。

三是分类救助，构建特殊需求评估基础上的个性化服务体系。专家指出，疫情期间，留守儿童、残疾儿童、贫困儿童、大病儿童、重残重病人员子女、服刑人员子女、散居孤儿、隔离人员子女等八类儿童尤为脆弱。应根据不同类型儿童群体的定义分类，结合儿童及家庭具体情况，精准提供分类救助。如，为留守儿童等无人照护儿童提供临时庇护场所，或提高家访频率；帮助符合条件的儿童申请临时救助保护；为网络开课存在困难的家庭提供技术工具；为居家隔离、疑似病例的儿童提供在线家庭监护指导和支持，等等。

四是积极联动，建立行之有效的心理干预机制。民政部门应主动与儿童福利机构和慈善机构合作，在保障困境儿童生活常态的基础上，重点关注儿童心理状况，引导孩子正确认知和应对灾难。如，深圳市在送给全市困境儿童的大礼包中特别放置了一袋绿植种子，目的就是让孩子观察生命成长，在疫情中不失希望。同时，保障困境儿童特别是贫困儿童的受教育权，避免再发生因上不了网课而自杀的悲剧。

案例：北京晓更助残基金会

晓更助残基金会主要针对自闭症、智力障碍、发育迟缓等心智障碍群体及家庭，目标是回应心智障碍者及其家庭需求，促进心智障碍者及其家庭福祉，改善心智障碍群体生活质量，彰显其生命尊严。目前已汇集全国100多个城市200多个家长组织和互助小组，覆盖5万~10万心智障碍者家庭。

在2020抗击新冠疫情中，晓更助残的工作包括：一是倡议发起"特殊需求困难家庭疫情期间紧急救助网络"，网络通过地方网格响应，通过与各地心智障碍者家庭小组、专业社会服务机构等合作，对有紧急救助需求的家庭提供必要支持，如，为心智障碍群体及家庭优先安排核酸测试，若家长感染，则想办法为心智障碍儿童寻求临时照护；二是与中国智力残疾人及亲友协会、中国精神残疾人及亲友协会等合作，根据需求提供个案支持，保障产品和服务，如口罩、保险、生活急需品代购等；三是通过"小萌推送"和"小萌课堂"等形式进行线上赋能，分享相关咨询和政策，针对孩子开展在线互动活动、居家康建课程，针对家长提供疗愈服务和心理支持。

（3）残疾人服务。疫情隔离期间，残疾人困境突出体现在生存、生计、生活三个方面。从生存上来说，由于防疫、生活物资短缺或监护缺失，重残人员可能因缺少必要照护而危及生命。如，湖北黄冈市17岁脑瘫少年平时由父亲喂食照看，疫情期间，由于父亲被隔离，同时又找不到能够为其提供一日三餐的照料人员，少年独自在家六天后去世。从生计上来说，由于实体经济受创，残疾人就业更为艰难，一些残疾人创业项目（如盲人按摩店）也无以为继。从生活上来说，由于需求表达机制不顺畅，外部援助不到位，残疾人在饮食、就医、出行等多方面存在困难。如，高龄老人因失明不能出门采购物资，也不能通过微信团购；听力残疾人无法及时了解疫情信息；依靠轮椅代步的肢体残疾人无法凭一己之力将送到小区门口或单元楼下的团购食材拿回家中，等等。

疫情期间，残疾人社区服务主要通过三种方式展开：一是民政和基层残联服务。如，浙江省基层残联开展"两问两送"活动，通过"问健康、送关爱"，了解残疾人身体状况，宣传疫情防控和保健常识；通过"问需求、送服务"，了解残疾人主要困难和迫切需求；特别针对重度残疾人生活不能自理或亲属被隔离后无人照料等情况，发动社区干部群众和助残志愿者，开展送菜、送药、送餐等关爱服务，确保残疾人基本生活无忧。二是公益组织线上陪伴。如，针对自闭症、唐氏综合征等心智障碍者开展的专业康复辅导、健康运动、社交礼仪、手工绘画等线上一对一活动。此外，公益组织还在传递信息、对接社区、持续跟进等方面发挥作用。三是居民志愿扶助。如免费接送残疾人、帮助递送生活物资等。

由于疫情造成的各方面压力和困难，残疾人社区服务的问题更加凸显。具体而言：

一是单向供给效率不高。疫情隔离期间，基层残联很难根据不同的群体特性给予残疾人个性化的、周全细致的服务保障。这是因为一方面，基层残联在深入残疾人家庭、全面了解残疾人信息上存在阻隔和人力限制；另一方面残疾人服务体系缺乏利益表达渠道，很多残疾人因不想"麻烦社区"或不愿意"与陌生人打交道"，而不会选择主动向社区反映需求。服务供给主体无法清楚掌握服务对象的真实需求，也就谈不上服务供给的有效性。

二是民间互助渠道不通畅。疫情中残疾人服务更多还是依循平时的行政机制,即以残联帮扶为主,民间力量参与较少。原因在于:一则,信息不共享。政府部门掌握注册残疾人群体的相关信息但并未向社会开放,公益组织能够联系到的残疾人群体十分有限。二则,行动不协同。交通封闭的情况下,公益组织很难上门入户为残疾人群体提供照护,只能帮助残疾人与所在社区对接,争取体制内帮扶。

三是紧急救助法律程序不完善。一则,针对残障群体的立法不严密。对于紧急情况下的社会救助制度,民法只有一些原则性规定,缺乏相应的细节条款和程序保障,而残障群体的脆弱性恰恰决定了他们对细节保障的要求远远超过常人。如,针对因隔离造成监护缺失的情况,民法总则第28条规定,由被监护人住所地的居民委员会、民政部门承担监护责任或指定监护人,但这一条款并未就紧急情况下如何申请、申请如果不作为是否有投诉渠道等进行规定,导致社会监护责任难以落地。二则,政府兜底的临时监护门槛过高。民法规定,只有在被监护人身心遭受严重损害、权益遭受严重侵害、处于危困的状态下,法院才会撤销监护人资格,并安排临时监护。但其实,只要被监护人处于无人照顾、可能危及生命健康的紧急情况,社会监护或政府临时监护就应该立即被激活。

综上,要建立在紧急情况下能够迅速启动的残疾人服务应急机制,一方面,基层残联应注意在平时对需要特殊照料的家庭进行需求登记、评估、反馈,特别关注社会支持网络薄弱、监护力量紧张的残障家庭,如父母年事已高、残障子女也步入中年的"双老家庭";另一方面,基层残联在特殊时期要大胆创新服务方式,如通过微信、短信、电话等方式了解残疾人所需所求,第一时间上报并跟踪落实;增设社区中心服务队伍提供上门支援;借助线上咨询问诊平台,解决残疾人就医健康需求。

与此同时,应充分利用民间资源,建立政府主导,社区、养护机构及相关社会组织多方参与的社区临时照护机制;鼓励和组织志愿者、社工开展就近陪伴,或进行一对一、二对一的扶助;支持专业机构依托线下资源、应用网络技术,为残障人士提供线上陪伴和增能。如,上海新途健康促进社在疫情隔离期间针对辖区内精神疾病患者家属推出在线健康支援服务,包括健康自测、网络问诊、送药上门等;在线生活支援,包括在线订餐、视频探视、菜园子分享等;在线社会支援,包括居家运动、营养膳食、微课分享等。又如,助残义工联合病痛挑战基金会与武汉东湖公益服务中心、"守语者"等公益组织共同组成抗击疫情残障义工支持网络，通过将疫情信息翻译成手语视频、插画手册，或处理成语音版本，为听力及视力残障者提供疫情无障碍信息解读服务。

2. 受疫情影响的准弱势群体

疫情封控管理情况下，需要关注的群体不再限于传统民政对象，也包括受疫情影响的准弱势群体，即那些在应急背景下（如医疗资源缺乏、交通隔断）出现的、单纯依靠自身力量无法克服困难或压力的人群，或者说属于暂时性困难群体。

第一类是受突发事件直接影响、日常生活秩序被打破而转变为弱势方的群体，如，衣食无着的滞汉外地人员、资金紧张的小微企业主等。对此，政府出台了一系列政策举措，给予现金补贴、房租减免、心理干预、出行服务等帮扶。

第二类是因经济基础薄弱而在疫情中处于弱势的群体，如拾荒者、小商贩、农民工等非正规就业人员。由于疫情冲击，这些人员或家庭丧失经济来源，同时存款消耗殆尽，只能节衣缩食、艰难维持。对此，民政部门已发文要求对符合条件的人员及时纳入低保，落实临时救助，为困难群众托住生活底线。但由于政策执行效率等问题，有待政府救助、社区帮扶、社会力量的多管齐下。

（1）孕产妇和慢性病患者。疫情期间，由于90%以上医疗资源向抗疫倾斜，常规患者就诊、用药受到影响。孕产妇面临特殊环境下正常产检、生产、哺育等方面的困难；长期或慢性病患者，如需要放化疗的肿瘤和血液病患者、需要血液透析的肾病患者、艾滋病患者、抑郁症患者、癫痫患者、精神病患者等，一定程度上面临按期治疗受阻及断医断药风险。

（2）困境农民工。困境农民工指受疫情影响滞留在城市、丧失经济来源的农民工群体，他们经济基础薄弱且几乎没有任何社会保障。加之家庭式迁移带来的子女教育、房屋租住等问题，困境农民工家庭生活压力更大，抗风险能力更低。特别是其中因病致贫、隔代抚养、单亲、丧失主要劳动力的农民工家庭，面对冲击几乎没有自保能力。

困境农民工的困境具体体现在：一是生计艰难。农民工群体本身经济条件较差，随着疫情持续，没工作更没收入，很多农民工只能依靠网上借贷、透支信用卡等方式勉强维持；二是缺少社会保障。由于不了解相关政策，农民工群体很难为自己争取到权益保障，特别是在国家低保和贫困线之上的人群难以获得及时救助。疾病治疗难度和生活负担显著增加；三是缺少社会支持，容易被误解、歧视甚至排斥。如有的社区贴出告示，要求"限外来人口三天之内搬离社区"据新闻报道，很多农民工回城后无法进入社区，没钱住宾馆，有的人只能在车里蜗居；四是受教育程度普遍不高，信息识别能力有限，防护措施不科学、不到位。比如有的农民工将一次性口罩反复水洗后重新使用；五是子女在教育资源获取方面处于劣势。很多农民工家庭由于缺少网络或电子设备，导致子女无法正常上网课，而家长也没有辅导学习的能力。

目前，国家已出台多项政策举措，如人社部牵头的"点对点"服务保障机制，帮助"已有工作单位和新确定工作岗位"的农民工返岗复工；各地也纷纷落实救助政策，为因疫情影响生存困难、就业困难农民工提供一次性临时救助金和其他补助。但是，大量没有签订劳动合同的非正规就业农民工，政策上的盲点也导致其难以获得这些扶助和服务。对此，社会组织的介入显得十分必要。如，农民工抗疫救援行动是北京市协作者社会工作发展中心（简称"协作者"）发起并组织的服务项目。该项目面向农民工及其子女，提供信息救援、物资救援和能力建设等救援服务。依托分布全国的服务网络，"协作者"主要通过在线形式开展服务，同时，也针对因缺乏防护用品而严重影响就医、就业和基本生活的情况，实施线下防护物资发放救援。

藉此，困境农民工的服务方向：一是生计援助。社区应特别关注辖区内居住的困境农民工及其家庭，为其提供必要的疫情防护和基本生活需要。对危及基本生存的家庭提供紧急救助，如倡导缓缴或减免房租，联系社会组织、企业等为其提供物资援助、免息低息借款等。二是社会保障。政府有关部门和社会组织应以多种形式对大病农民工家庭的临时医药费用、治疗费用、生活费用提供支持，并以此为契机建立健全非正式就业者的社会保障体系。三是公众教育。开展正确的舆论教育，促进公众对农民工群体的理解和关爱，同时及时对困境农民工开展心理干预。四是技术援助。结合不同群体特点，针对性地为其提供政策法规讲解、防护技巧在线培训，并延伸至如何寻求支持、如何避免网络诈骗、如何拓展就业渠道等方面。五是儿童服务。社区、社会组织应加强针对辖区内流动儿童、留守儿童及其家长的专业服务，包括需求监测、生活服务、教育服务、心理疏导等。

第四节　应急状态中的城市社区服务思考

风险不期而至，挑战无处不在。社区既是城市治理系统的末梢，也是公众生活触点最多的区域。社区管理和服务不仅关乎居民生活便利，更有可能成为应急处置的关键环节。

一、应急状态中的城市社区服务治理机制

城市社区服务的供给效果可视为社区治理成效的映照。反之，城市社区服务的问题，也能够从基层社会治理的问题中瞥见端倪。就新冠疫情的实践来看，城市社区服务在人员配置、组织结构、治理机制等方面均存在短板。一是社区服务"空壳""留白"多。据统计，全国近65万个城乡社区，仅400万社区工作者[①]，平均每个社区工作者服务350位居民。工作力量不足，服务人口庞大，加之工作量成指数级暴增，导致部分社区不堪重负。在一些新兴社区、移民社区，由于缺少物业配套，不仅必要的出入限制无法落实，就连"买个菜都没地方"。二是社区服务手段落后，技术水平不高。部分社区工作者不会熟练使用电子政务平台，倾向于人海战术、人工填报，抗疫效率较低；参与服务的社区工作者、社会组织、志愿者大都没有接受过专业防疫指导，"空白"上岗导致一些防疫措施流于形式或失败。三是常态化志愿服务缺位，群众参与有限。

藉此，加强和完善应急状态中的城市社区服务，根源上需从优化社区治理机制入手。

第一，加强社区突发事件应急服务水平。一是眼睛向下，重心下移，依托社区网格，最大限度地控制风险；同时，搭建对外链接平台，赋能社区。如组建全国性应急服务平台，提供相关经验模板、信息资源、专业技术、人才队伍等，以便应急支援、志愿服务、心理干预、专业社会工作等力量快速集结响应。二是建立公共卫生应急体系，优化社区应急保障系统，建立防疫物资、器材战略储备。将相关的企业和社会组织纳入应急管理体系中，加大支持力度。三是加强规划能力。包括早期预警、信息交互网络、物流和疾病检测设施建设

---

① 国务院新闻办公室：《抗击新冠肺炎疫情的中国行动》白皮书，2020年6月7日。

等。四是充分考虑次生灾害、衍生灾害的预防、救助和恢复，防止出现个案的人道主义灾难。

第二，强化社区多元利益主体互联互动。一是党建引领，行政力量和各种资源同步下沉社区，压实抗疫的属地化切块责任。同时关注基层疲惫、基层不作为和基层能力不足并存的困境，防止形式主义。二是引导支持居民自治与守望相助，构建社区新型邻里关系，同时探索社区动员长效机制。三是规范引导物业服务。通过党建引领、管理权下放，建立党组织与物业公司及业委会的联系、协商机制，探索小区物业治理新模式。

第三，提升社区现代化治理能力。充分运用大数据、云计算、区块链、人工智能等前沿技术，推动社区服务手段、服务模式、服务理念创新，加快基础设施迭代升级，努力实现社区服务科学化、精细化、系统化、智能化有机统一。

案例：上海：大数据+AI管控

1. 一网统管

"一网统管"是上海城市网格化综合管理平台。平台汇集了上海22家单位的33个业务系统，将云计算、物联网、人工智能等信息技术与社会治理深度融合。疫情发生以来，上海城运中心"一网统管"防疫专页在江苏路街道城运中心首家试点上线。江苏路街道辖区内的24幢商务楼宇、1000余家企业、977家沿街商铺，所有与疫情防控有关的信息一目了然。依托该平台，社区防控可以做到全覆盖、无死角。

2. 街道社区防控平台

浦东新区周家渡街道利用钉钉协同办公平台，建设了社区疫情防控工作平台，通过数字化房态图等手段，实现辖区内人员全面排摸。

如，街道通过数字化房态图的形式精准预警房屋到户到人的信息，以六色区分："绿色"表示未离沪外出户以及解除预警户；"红色"表示重点疫区返沪居家隔离户；"橙色"表示重点关注地区返沪落实居家健康管理户；"黄色"表示非重点地区返沪落实健康登记户；"蓝色"表示其他尚未返回或未取得联系户；"灰色"表示空关户。该"六色"预警标识系统，根据颜色排列，可以采用不同强度的防控手段，达到"守牢自己的门、管好自己的人"的效果。

3. 宝山"社区通"

宝山"社区通"是应用移动互联网与大数据分析技术建立的智能化治理系统。疫情期间，除"口罩预约"外，还上线疫情防控版块，对接最新工作要求，提供个人行程上报、提供疫情线索、寻求帮助等功能。作为政府在基层治理的互联网基建设施，社区通自2017年上线以来，已有66.6万余名居村民实名注册，覆盖全区453个居委、103个村、49万余户家庭。"实名制""组织化"等"地基"，使得社区通在短时间内推出"口罩预约""个人行程上报"等功能成为现实。

"口罩预约"功能。居村民在线提交预约信息后，居村委可在后台进行信息核实和预约确认，确认信息将反馈给居村民。基于居村民实名注册时已经核对过的信息，通过技术比对，保障预约信息的准确性。面向居村民提供的线上"口罩预约"服务，不仅减少了居委会人员的工作强度，还有效降低人员聚集，避免了交叉感染的风险。

"寻求帮助"模块面向居村民提供疫情防控相关服务，重点为居家隔离人员提供买菜、消毒等保障服务。

"个人行程上报"模块是以区卫生部门要求填报表格内容为基础，整合多部门需要填报的数据内容，新开发的智能化、结构化填报界面。近期返沪（来沪）的居村民在线填写行程信息后，居村委可查询并导出所需时间段内的个人行程上报数据，及时了解返沪（来沪）人员的行程详情，根据是否停留或途经湖北省、近期是否有发热、咳嗽症状等重要信息，判断返沪（来沪）人员是否应当纳入重点人员，针对性开展下阶段工作。

为对接基层实际需求，社区通还配套了三项人性化措施，包括设置权限保护居村民隐私，后台数据可以excel表格形式导出，便于居村数据整理、使用及上报。宝山区民政局则主动跨前，安排专人成立专班，对居村民在线申报的行程等信息进行梳理，供街镇（园区）归并到排查表中进行比对，帮助基层缓解排查压力，扩大排查覆盖面，提高排查效率和精准度。

二、应急状态中的城市社区服务协同治理

抗疫救灾是政府执政为民理念的主要体现，也是其执政能力和政治担当的试金石；但客观上政府并不具备独自承担所有风险的能力。有效的危机应对需要行政控制与社会自治同时作用。新冠疫情防控过程充分体现了多元主体的联

动关系：一方面，政府通过自上而下提供医疗救治、疾病防控等公共服务来对抗疫情，另一方面，各类社会组织及企业不仅提供物资补给，而且通过快速识别脆弱人群及其需求，给予针对性援助和服务，来实现社区层面的疫情阻断和对社会心理的抚慰。因此，在政府主导下有效吸纳更多社会资源参与，是现阶段一条切实可行的改革途径。而如何完善政府、社会、市场三种供给机制，如何激发社会动能涌现与协同，赋权社会的原则和边界在哪，是应急状态中社区治理与服务亟须解决的重大命题。

第一，明确政府在应急状态中的首责。政府在非常态应急管理中居于核心地位，负有主要责任。作为预防者，政府需在突发公共事件爆发之前进行及时必要的应急准备，包括：制定应急规划和应急预案；健全预警监测机制，通过对风险源的实时监测和分析，及时发现并警报。作为协调者，政府需在突发事件应急管理过程中，组织协调职能部门、社会组织、市场组织以及公众的权责关系和资源分配。作为善后者，政府需要在突发公共事件平息后关注两个事项：一个是恢复重建。政府应利用已有的社会资源，恢复社会正常秩序（包括生活秩序和经济秩序），建立心理疏导机制，对因突发事件引起心理恐慌的公众进行安抚；一个是总结反思。重点分析预警监测机制是否完善，预防准备工作是否充分，应急指挥协调是否有效，资源调配是否及时。

第二，明确多元主体关系定位，形成统一决策、分工负责、运行有序地治理网络。只有关系明确、分工清晰，各主体在应急救援中才能优势互补，而不是相互掣肘。定位明晰不仅指向多元主体之间的权限划分，也涉及政府内部的行政分权与协作。前者要求在政府主导前提下，明确企业和社会组织在应急管理中的职能、职责、义务、权限，整合目标，强化整体行动的效率；同时，适度分权、科学赋权，适当削减行政管控力度，变管制、命令为协商、引导和服务，激发企业、社会组织的主动性、积极性和创造性，提升各自行动的能力。后者要求理顺政府内部的府际关系、部门关系、条块关系，清晰界定各级政府和职能部门在防治疫情中的领导决策、战略部署、配置资源、动员社会、发布信息、维护公众权利以及监督反馈等角色。

第三，完善应急联动机制。现阶段，在政府主导的联防联控应急机制中，可吸纳社会组织、企业等为成员单位。如设立社会组织参与联动机制的联络组并制定专门联系人，同时邀请相关专家参与指导，使社会组织充分融入应急联动机制的决策体系和总体布局。这样既便于政府对社会组织的直接指导，也利于社会组织开展有针对性地组织动员工作，从而在物资、人员等方面全力配合政府工作部署。

第四，构建信息交流机制。信息是决策的基础，也是协同治理的基础。首先是建立全国性应急信息政府交流沟通平台，及时通报各地信息，总结各地政府在应急管理中的经验和教训，帮助各地政府更有秩和有效地组织应对。其次是依托互联网技术建立全方位、多层次、多渠道的应急信息共享平台，一方面为社会组织参与应急救援提供及时准确的信息服务，另一方面加强自下而上的信息反馈、经验分享，形成群策群力群防群治的应急治理机制。最后是提升信息公布的时效性与透明度。政府需要通过多种渠道向社会告知突发事件的相关信息，并及时更新动态，这不仅是对公众知情权的保护，也是减少小道消息和社会恐慌的有力措施。

第五，加强社会组织自身能力建设。首先，强化业务能力。社会组织应在组织机构和运行机制上加大改革力度，强化组织的管理能力，同时依托自身定位，不断提高专业能力、筹资能力及动员能力。其次，健全人力支援体系。突发事件应急救援及恢复工作都需要专业技术人员的介入。社会组织一方面要在招募高素质人才方面下功夫，另一方面要注重对成员的应急意识和应急能力培训。最后，建立完整的应急机制。社会组织应加强对突发事件的应急预案和演练，完善应急决策、执行、监督流程，努力实现人、财、物等资源在第一时间响应。

第五章　国外城市社区服务经验借鉴

国外城市社区服务大多是一种建立在社区自治基础上的、由多方主体参与、以多种形式供给的完整体系。依据不同的社会政治经济基础，各国所选择的具体供给方式又有所不同。其中，较有代表性的是美国市场化民营的社区服务、英国官办民营的社区服务、日本民办官助的社区服务，以及北欧的福利供给和新加坡以政府为主导的社区服务。

第一节　美国：市场化民营的社区服务

美国社区服务供给是建立在公私合作伙伴关系（PPP）基础上的、以市场运作为依托、以政府宏观管理为保障的民营化运作，非营利性社会服务组织是社区服务的生产主体和供给主体。

一、社会基础

美国政体是建立在联邦制基础上的三权分立制衡体制。从联邦政府到州、县和市，各级政府之间不存在严格意义的领导与被领导的关系，属于散权式管理。城市基本上都是自治市。各州下至各个市、镇，都有其独特的社区治理方式。城市社区实行高度民主自治，没有政府基层组织或派出机构，而是通过制定完善的法律制度，发挥社区自治组织、非营利组织、志愿者和市场作用，推动自下而上的民主参与式自治管理。

二、服务特点

美国拥有庞大的社会服务体系。其特点有三：

一是服务设施齐全，应有尽有。基本都配备有医疗所、养老院、幼儿教室、图书馆、健身中心，以及室外游泳池、花园、体育场地等。其中大部分设施由政府出资建设，居民可免费使用。

二是服务领域广泛，项目细化。包括针对老年人和残疾人提供照护服务，针对学前儿童提供托育服务，针对在校儿童提供夏令营组织服务，针对失业者提供职业培训和职业介绍服务，针对低收入者提供资助服务，以及针对所有居民利用提供的公共体育文化教育服务。

三是社区O2O（Online To Offline）服务发展迅猛。O2O是一种通过线下商务与互联网结合，高效连接供需双方的在线购买、上门提供服务的商业模式。美国社区O2O可提供的服务包括：信息服务，如邻里社交平台、网上预约订餐、房地产交易、旅途短租平台等；家政服务，如清洁、洗衣、草地修剪、幼儿看护等；便利店服务，主要是日用品买卖；快递服务。美国社区O2O的成功运行，源于线下门店的高密度分布和线上网店的操作便利。

三、运作机制

美国的社区，其自治程度较高。一般是在政府部门制定政策、社区居委会核心治理、非营利组织提供服务、社区企业参加帮扶、居民积极参与的大框架下开展活动。

（一）运作主体

地方政府的角色是政策引领与监管者。地方政府设有社区服务局，其职责有六：一是制定法律、规范，并在战略决策上影响社区发展方向。二是提供资金支持或项目推动。一方面针对社区公共产品和服务给予专项拨款，另一方面直接购买社区社会组织及相关企业提供的多样性服务。三是帮助社区建立社区委员会，并提供指导和评估。四是加强信息沟通，协调政府、社区委员会、社区组织、市民之间的关系。五是协调跨区域的资源分配、利益关系和矛盾争议，以实现区域协同发展。六是整合资源。政府有责任培育和壮大社区组织，并积极引导私营企业进驻社区。

社区委员会是社区工作的核心机构，负责社区日常事务管理。社区委员会是自治组织，其基本权利属于社区居民；依照社区管理条例（由社区居民共同制定）行使职权，任何决策都必须经由一定的民主程序方可施行；成员由社区居民直选产生，没有报酬，志愿服务；定期召开社区董事会会议和社区听证会，围绕社区发展事务展开讨论；聘请物业管理公司，负责社区公共环境卫生等事务。社区委员会虽然受政府财政资助，但并没有义务必须执行市政府的决策。

非营利组织是社区服务的具体承担者。社区内的非营利组织分为三类：一是传统的社区服务机构，如慈善组织；二是政府提供资金扶持的专业性社会组织，如社会工作服务机构、职业培训组织；三是志愿者发起的邻里互助组织。这些组织几乎遍布全美社区，提供小至垃圾处理、大至社区发展规划等各种专业性和差异性服务。非营利组织是政府购买服务的主要发包对象，其服务方式更为灵活，服务内容更加多元，规避了由政府一家独大所造成的效率低下、资源浪费等弊端。

社区企业是社区治理的帮扶机构。社区企业主要有两类：一类是私营企业下属的社区机构。美国企业本身具有回报社区的强烈意识，这些社区机构以其贴近性、灵活性，能为社区在医疗卫生、教育、养老等方面提供更为多元的选择。另一类是专门为社区小企业和中低收入人群提供金融服务的企业，如社区小企业发展中心、社区小企业投资公司、社区开发公司以及社区微型贷款中心。相比大型金融机构，它们更贴近社区且高效经济（多为政府资助，提供免费服务），能够更好地满足社区建设的需要。

社区居民也是社区事务的积极参与者和社区志愿服务的主力军。美国社区治理中，居民参与度和活跃度较高。其中，志愿服务是最广泛、最重要的参与途径。据统计，超过半数美国成年人一周至少参加一次志愿活动，志愿服务者遍布各行各业以及社会的各个阶层。

(二) 供给机制

美国社区的公共服务供给机制，很大程度上源于现代公私合作关系的演变与发展。即通过引入市场竞争机制，政府将原本由自己承担的部分公共职能推向市场，形成政府"掌舵"、市场"划桨"，公共部门、社区组织、非营利组织、私营组织和其他利益相关者共担风险、共享利益的公共服务供给格局[1]。

以纽约市为例，城市公共服务的供给包括三个环节：一是计划（planning）。即社区委员会在充分了解社区居民服务需求的前提下，提交社区

---

[1] 参见黄恒学：《北京社区公共服务建设研究》，中国人民大学出版社2016年版。

需求报告和社区规划，并就社区福利事务和其他涉及社区利益的问题与政府部门协商。二是融资（financing）。即社区委员会通过向专业机构咨询、评估、听证后依法编制财政预算，并向政府提交社区资金需求和社区支出预算，政府需针对资助额度提出建议，并在城市财政支出预算中优先考虑社区服务的资金支持。此外，社区委员会还可以与社区基金会、慈善组织、私人企业等建立伙伴关系，通过社会捐助、服务收费、银行贷款等方式，扩大融资。三是监控（monitoring）。即社区委员会有责任对社区服务相关的资金使用、项目方案、实施进展等进行评估。

城市公共服务的生产主要采取PPP模式，即项目运作的模式。具体有三种：一是政府购买服务，即政府依照法律规定的规范程序出资购买非营利组织或私营企业的服务项目。二是委托服务。即政府根据社区需求制定社区服务额内容和标准，然后委托非营利组织承担部分社区服务项目，社区委员会负责监督。三是公私合营。即以公私合营的形式设立专项基金，如儿童发展基金、医学研究基金等，通过基金进行项目运作。PPP模式的核心是通过决策和执行的分离，凸显政府、市场、社会各自的功能优势，从而使公共服务的供给更加高效和经济。

（三）资金构成

已知数据显示，美国社区服务的资金每年约为5000亿美元，其中70%左右来自政府财政投入，30%为服务收费和社会捐赠[①]。政府财政资金大部分投入于公共设施的建设和改进上，对于社区公共服务也不是简单的拨款，而是通过项目招标的形式，由非营利社会服务组织竞标，中标者获得项目资金。

总体而言，美国社区服务的供给机制，是在政府部门不放弃公共政策制定责任的前提下，通过引进市场机制，挖掘社会一切可以利用的资源来提高政府提供公共服务的能力。一方面，激活了市场机制和民间力量，从而刺激了经济活力，提高了行政效率，也从整体上减轻了财政负担，提高了服务的质量；另一方面，使公共政策的制定程序和实施标准更加公开透明，促进了民间组织的广泛参与，在满足人们多样化需求的同时，避免了公共资源的浪费和过度供给。

---

① 臧雷振：《美国、日本、新加坡社区参与模式比较分析及启示与借鉴》，载《社团管理研究》2011年第4期。

第二节 英国：官办民营的社区服务

英国的社区公共服务供给机制是建立在契约基础上的官办民营模式。社区作为公共服务的供给平台，与政府福利提供相结合，社区内各种组织活动都要与政府的福利政策对接，再由政府购买社区内各组织提供给居民的服务，构成"去机构化"的多元社区服务体系。

一、社会基础

英国实行内阁制，地方自治的传统历史悠久。英国地方政府的架构，有的是郡、市二级管理体系，有的是郡、市、区三级管理体系。各郡、市、区的治理结构虽然多样，但其治理关系都建立在地方自治的基础之上。

国家治理遵循"大社会"理念，奉行多方治理主体的伙伴关系。一是"赋权社区"，即赋予社区更大的财政自由权、发展规划决策权以及其他权力。如，地方政府为社区免费提供土地，由全体居民共同制定规划、自我管理、自我服务；社区有权接管此前由国家和政府所承担的社区服务，政府提供人力资源支持；成立以慈善为目的、公司化运作的资产公司，全部盈利用于社区服务。在"大社会"理念推行下，社区作为基层社会管理和服务的权能不断加大。二是"伙伴关系"，即对社区治理中多元主体之间的关系界定，这种关系存在于政府各部门之间、中央与地方之间、公共和私人及第三部门之间、政府与公民之间、公民与社区之间。1998年，英国政府通过COMPACT协议（The Compact on Relations betueen Covernment and the Voluntary and Community Sector《政府与志愿及社区组织关系协定》），为政府与民间团体的合作提供了基本框架。

二、服务特点

英国社区治理以服务见长。每个社区都设有独立的社区服务中心。社区服务中心由当地自筹资金建成，功能完备，能够针对不同群体提供各具特色的全方位的生活服务。如，为老人和少年儿童提供的看护照顾，为成年人提供的娱乐休闲和职业培训等。除此之外，社区服务还包括社区照顾、社区医疗卫生、社区公共安全以及社区发展服务。

三、运作机制

英国社区服务采取的是契约基础上的官办民营模式。即政府负责提供政策和资金支持，服务项目的主办则以契约形式委托给民间组织（社区志愿者组织、慈善团体、社会企业等），并通过签署《政府与志愿及民间组织合作框架协议》，加强与民间组织的合作。

（一）运作主体

地方政府主要负责有关政策的制定、立法保障、财政支持、服务购买和监管评估。社区委员会是社区的自治组织，在社区事务上与地方政府平等协商，联系紧密。

社区服务的供给主体是社区民间组织。完整的社区组织体系包括由政府举办的服务机构、政府资助的社区组织、民间团体举办的非营利性质的服务机构以及私营的、商业性的服务机构，其中，非营利性质的服务组织和志愿者组织是主要的服务提供者。

社会企业是英国颇具特色的社区组织形式。社会企业旨在通过创办商业模式的经济实体，为失业者提供就业机会和职业技能培训，同时刺激经济复苏和社区振兴。

（二）供给机制

社区公共服务的供给机制为"政府出资，社区办事"。政府提供政策和资金支持，并与社区组织就公共服务的供给签订合同，形成契约关系，如果违反合同，需承担相应的民事和法律责任。

社区服务供给路径是：服务项目申报—立项审批—资金投入—项目实施—项目监管。具体为：政府根据社区服务需求制定社区服务项目规划，并公开招标；社区组织申报社区服务项目；社区组织中标后，政府根据合同从每年的财政基金预算中拨付款项；社区组织依照合同开展服务活动；政府委托专门中介机构，对服务项目实施进行评价、指导和监督，对社区组织的设施配置、服务标准和服务价格等进行定期检查；服务活动结束后，政府根据服务效果确定下一年度的财政拨款，奖优罚劣，对提供优质服务的社区组织继续拨款支持，并增加服务项目，对服务效果不好的就减少或停止拨款。除提供资金支持外，政府还运用税收政策和法律手段，加强对社区民间组织的管理和监督。对于投入经费较大的社区公共设施，完全由地方政府出资建设。

总体而言，英国社区服务改革以"政府出钱、民间出力"的方式，既实现了社区服务的多元化供给，又达到了"去政府机构化"的目标。但是，随着市场化的深入，私人部门的作用日益膨胀，考虑到其自身的逐利性以及与公共利益的不一致，如何引导并合理规划私人供给的比例和限度，是个值得思考的问题。

第三节　北欧各国：高度制度化的社区服务

北欧各国的社区服务是与国家福利体制融为一体的，其服务组织具有高度的制度化特征。

一、社会基础

北欧各国的基层社会治理有两大特征：一是高度自治，二是合作共享。

高度自治。北欧各国大多为中央、省、市镇三级，不同层级之间只有管理范围的差异，没有领导与被领导的关系。具体来说，议会与中央负责统揽全局、管理国家；省政府和市镇政府在分权基础上担负公共部门的大部分职责，其中市镇政府即社区政府，拥有独立的经济权和行政权，负责社区事务和社会服务保障。

合作共享。北欧的基层治理主体十分多元，很多社会福利政策和制度都是由各级政府、政党组织、工会、跨国公司、中小企业、个人与家庭等共同制定的。此外，北欧国家提供的福利范围十分广泛，所有公民均被纳入社会福利体系，公平享有从免费医疗、失业救济，到家庭支持、教育援助等方面的福利服务。

二、服务特点

北欧社区服务设施的国有比例很高。作为高福利国家，北欧的社区大多建有公立的日托中心和康复中心，提供免费服务；老年公寓、养护所、庇护之家等也较为常见,优点是可以自由选择服务项目,但需要支付一定费用(通常低于市场价格)。养老设施大多由政府出资建造或接受政府资助,纯粹的私营机构比重极小。

家政服务是由市政府当局组织的法定服务。在北欧各国颁布的《社区服务法》中,家政服务被认为是一项公民权利。最初,它主要面向贫困多子的家庭,为其提供儿童看护及日常家务分担服务;此后逐渐扩展到病患、残疾人、老年群体及所有生活困难的人群。家政服务内容广泛,包括:传统的做饭、清洁、洗浴、购物等家庭服务,老弱病残孕人员的照护服务,以及家庭教育和家庭管理服务等。其中,传统家事工作占整个家务服务时间的80%左右。家政服务一般属于公共服务,收费很低。

专栏:北欧的幼儿托育服务

在发达国家和地区,托育服务被视为政府责任和家庭政策最重要的内容之一。据经济合作与发展组织(OECD)数据,2016年OECD35个成员国中,2岁以下儿童的平均入托率为33.2%。发达国家入托率均在50%左右,其中丹麦最高为61.8%,瑞典也高达55%。

丹麦将"日托"视为儿童的法定权利。主要以两种方式保障:一是提供设施服务。主要是地方政府设立的市政儿童托管机构,也有政府资助的家庭日托机构。除此之外,地方政府还为幼儿及学龄儿童提供临时托儿所以及户外游乐设施等。这些服务设施有些依托当地学校提供,有些就设在邻居家中。二是提供各种津贴(如儿童托管津贴)。家长可将之用于儿童照护,也可用于贴补家用,还可以自由选择是自己照看孩子,还是由社区或机构、公立或私人照看。家庭日托是丹麦家长选择较多的一种托育方式。它是由政府资助的基于社区的非正式照护。这类机构通常设立在社区,其中一些就安排在家庭日托工作者的家中(这一类申请者要经过政府关于家庭背景等方面的严格审查)。据统计,有四分之一的家庭日托工作者是自己有孩子的家庭妇女。家庭日托工作者受雇与政府,其在日托工作中所需的必要开支,如食物、纸尿裤、童车等,由政府提供或资助。每个家庭日托工作者通常服务3-5个孩子,其中可以包括自己的子女。

瑞典的家长合作社也颇值得借鉴。新世纪以来,在经济危机压力和新公共管理思潮影响下,瑞典政府开始尝试将儿童托管服外包给其他机构,以丰富和发展儿童照护模式，增加父母选择自由。在这一改革推动下，由父母、教师以及教会和企业组建的儿童托管机构获得合法地位，并开始在儿童托管服务中占据一定比例。家长合作社是其中较为独特的一种组织形式。它一般由一群志同道合或地理位置相近的父母组成，配备有专业幼儿教师负责教学，还有专业社工人员负责日常事务。家长合作社的父母参与程度很高，表现在：所有家长轮流担任董事会成员，参与合作社的管理和决策；与社区合作，组织和安排社会实践活动，如圣诞晚会等；当专业照护人员参加培训或生病时，及时补位，承担专业人员的职责。与传统市政儿童托管机构相比，家长合作社的优势在于，所有人都可以参与到服务供给的过程中，通过家长与服务提供者的双向沟通与合作，可以有效地提高服务质量和满意度。如今，瑞典有10%-15%的儿童托管服务由家长合作社提供①。

三、运作机制

北欧社区服务与其国家福利体制融为一体，制度化的市政服务和非制度化的民间服务亦紧密联系，互为支援。

（一）运作主体

北欧的社区公共服务属于政府主导、单一供给。市镇政府通过在社区设置官方性质的社区组织机构为居民提供服务。这些官方机构在职能上与政府规划基本统一，并依据政府指导与社会组织开展合作。

市镇政府是社区服务的供给主体。北欧的社区服务包括制度化的市政服务（如儿童日托）和非制度化的民间服务（如家庭日托），双重服务均由地方政府负责保障。政府职责包括：提供资金。如，出资建造和管理幼儿园、养老院；项目评估，包括对社区服务项目进行事前评估和定期观察，以决定是否提供及是否继续提供。

社会组织和私营企业通过竞标成为政府购买服务的承接主体，参与儿童看护、养老、医疗、教育、交通等领域的公共服务供给。在北欧，个人自立和福利权利的观念流行，无形中削弱了邻里互助和志愿主义，因此，民间自发组织的志愿团体较少，且大多服务于与政府有关的大型组织，如红十字会②。

---

① 根据网络资料整理。
② 林卡、仲鑫：《北欧国家发展社区服务的经验和启示》，载《浙江学刊》2008年第1期。

（二）资金构成

北欧社区服务的资金主要来源于中央政府拨款、市镇政府的税费收入以及部分服务收费。其中，中央政府对社区的拨款分为固定拨款和专项拨款，前者被列入国家财政预算，每年固定拨付；后者则依据社区申报的项目情况以及社区经济条件等进行拨付。税费收入包括财产税、所得税及其他费用。服务资金主要用于社区项目开展、社区服务机构运营和管理以及社区服务人员的薪酬。

总体而言，北欧高度公平的福利供给，在缓和社会矛盾、维护公平正义、实现财富共享等方面确实起到了积极作用，但由于福利和公共服务具有较强的不可逆转性，一方面政府福利负担不断加重，另一方面也导致"福利依赖"现象和公共服务供给的效率降低。为应对挑战，近年，北欧中央政府正尝试将福利供给的责任下放给地方，而地方政府也通过多种方式促使社区和居民承担更多的责任。

第四节　日本：民办官助的社区服务

日本的社区服务注重人性化和对弱势群体的关怀。其公共服务的供给以地方政府行政与社区组织自治相结合、民办官助为主要推动力。

一、社会基础

日本基层社会治理以自治为主。官方的"区域中心"与民间的自治组织齐驱并进，共同促进社区发展和建设。

"区域中心"是专门负责社区管理和服务的部门，隶属于市政府行政序列。其主要职责包括：讨论社区中长期规划；针对具体问题，把居民的意见反馈给区政府；对社区内的一些普遍性问题，与社区居民进行协商并提出解决方案。

社区自治组织包括町内会和居民管理委员会等。町内会是设置在地方自治体区域范围内，将所在区域所有住户和企业组织起来，通过解决所在区域的公共问题，代表所在区域进行共同管理的居民自治组织。居民管理委员会也被称为"住区协议会"，是更小范围的社区自治组织，旨在为辖区内居民直接参与相关事务管理提供支持,同时通过信息反馈使政府计划更符合该地区的实际情况。

二、服务特点

日本社区服务的重点是老人、残疾人、儿童等弱势群体,服务设施分类细致、数量庞大、覆盖率高。从内容来说,大体分为社区公共服务、社区非营利性服务和物业服务三类。

社区公共服务面向老人、残疾人、妇女儿童及低收入家庭等弱势群体,服务的方式有两种:一是家庭服务,即社区服务人员到服务对象的家中进行单独服务;二是设施服务,即将服务对象集中到相关机构进行集中服务。服务项目中有些是由国家买单的福利项目,需收费项目由提供服务的机构统一收取,政府给予相应补贴。

社区非营利性服务由活跃在社区的、小规模的、居民自发形成的社会组织提供,服务内容主要是生活互助,偏于福利性质,服务对象扩展到社区全体居民。

物业服务由房地产开发商全面负责,业主有什么问题都可以直接与开发商联系。社区内的具体事务,如公共设备维护检修、垃圾清扫整理等,由开发商以签订合约的方式另行委托给相关专业公司解决。

专栏:日本的"互助型"社区应急管理

作为一个自然灾害频发的岛国,日本构建了较为完善的应急管理体系。首先是针对性较强的法律法规。如,针对政府在应急应对中的时空局限,及时修改了《灾害应对基本法》中的"基本政策",要求社区居民在自救的同时,必须积极参与民间自发或地方组织的防灾活动,并对其职责、途径、地位做出详细规定。又如,为提高建筑抗震强度,连续三次修改《建筑基准法》。其次是互助型社区应急文化。"自助、共助、公助"是从政府到民间普遍认可的应急理念。其中,"共助"指借助社区居民、民间志愿者团队等力量从事救援,形成应急管理的互助循环。据统计,日本的自主防灾组织总数接近9.7万个,家庭覆盖率达56.1%。其中,社区"消防团"大部分由精干青壮年组成,是地区防灾和互助的骨干力量。最后是安全化基础设施。如应急公园、消防无线网等。其中,"共同沟"是日本安全化设施中的一大亮点。它是设置于道路下的一种隧道结构，能够同时容纳两种及以上公用设施设备，并留有检修通道。有利于保护沟下设施并固化路面，防止灾害中因路面坍塌造成交通瘫痪[①]。

三、运作机制

日本地方政府通过町内会实施社会管理和控制功能，并以社区为平台提供公共服务，町内会则通过承接政府公共服务，争取财政支持，维持自身可持续发展。

（一）运作主体

日本社区以自治为主，政府是社区公共服务的主要出资人和提供者，并对资金的使用制定了详细而严格的预算制度和执行程序；而社区自治组织及各类非营利组织、民间团体则是社区服务的生产者。

町内会在政府财政支持下开展各类与社区居民生活需求相关的公共服务，包括：维护公共设施，开展小区绿化和景观养护；举办各种文体活动；举办交通安全、应急救灾的讲座和日常演习；开展社区治安综合治理、青少年教育、社会福利工作；开展居民交流活动，听取居民意见并反馈给行政机构；协调社区内各种利益团体之间的矛盾冲突，达成社区共识。

日本非营利组织亦称特定非营利活动法人，自发成立、自主运营，通过参与地方政府招标，以项目合作的方式获取资金支持。非营利组织提供的服务范围与町内会有所交叉重叠，包括：社区建设服务、环境保护服务、灾害救援服务、医疗保健服务、社会教育服务、学术艺术及体育服务、地域安全服务等。与欧美的非营利组织不同的是，在日本，资金雄厚、规模较大的非营利组织发展相对较慢，而基于地缘性而崛起的各类妇女、儿童、青年"草根"组织较为发达。这些草根与非营利组织相互合作，为社区公共服务的供给提供更多选择。

（二）供给机制

日本社区公共服务具有民办官助的特点。以养老服务为例。日本的养老服

[①] 伍国春：《日本互动型防灾减灾志愿者制度建设研究》，载《国际地震动态》2010 年第 7 期。高梨成子：《灾害时关联组织》；大矢根淳，浦野正树，田中淳，等：《灾害社会学入门》，东京：株式会社弘文堂 2007 年版。林家彬：《日本防灾减灾体系考察报告》，载《城市发展研究》2002 年第 3 期。

务是建立在社会福利供给分权化的基础之上,鼓励民营资本参与的模式。为鼓励和引导民间资本进入,政府一方面建立市场准入制度、质量评价标准和服务信息公开制度,对私人企业加强监管;另一方面,出台激励政策,为私人企业提供指导、咨询和资金支持。政府组织、民间组织(如社会福利商业协会、社会福利协会等)、志愿者组织(家庭主妇、大学生等)、企业式老年护理等,与民营机构共同构建起公助+互助+自助的多层次养老服务体系。

物业服务由物业管理企业提供,居民管理委员会负责监督。居民管理委员会是社区居民自发组织、自主成立的民间组织,其成员由所有业主轮流担任,义务工作,没有报酬。居民委员会的工作包括收集业主意见、了解业主需求,监督和检查物业服务工作,以及管理账目。

(三) 资金构成

日本町内会的资金来源包括政府财政资助、会费和社会捐赠,其中社区居民每月缴纳的会费是最主要的资金来源,相当于中国小区的物业费。居民除每户每月缴纳400-500日元会员费外,还需缴纳一年850万元的分担金,用于町内活动费用[①]。根据日本相关规定,町内会也可向政府申请财政资助。以东京为例,对町内会的资金补助被列入区一级地方政府财政预算,分为两大类:一是町内会运营经费补助,按照实有家庭数目支付;二是服务项目补助,如基础设施建设、环境卫生、教育活动、集会活动等,均根据实际需要以年为单位支付。

总体而言,日本的社区服务不论是在组织机制还是具体工作的实施上都已经形成了较为完整的体系。相比西方,日本的社区公共服务一方面更强调行政色彩,另一方面也更强调社会福利的有偿提供。

第五节 新加坡:政府主导的社区服务

新加坡社区服务是以行政主导为基础的,政府、社区、市场混合型供给。

---

① 杨汀:《走进日本"居委会"》,载《环球》2019年第23期。

一、社会基础

新加坡是以政府主导基层社会治理的代表性国家。新加坡实行责任内阁制，行政、立法统一。由于国土面积狭小，全国并未有省市之分，而是划分为89个选区。选区的社区组织和社会团体是执政党最基层的政治实体，主要社区组织的领导成员由所在选区的国会议案委任或推荐。中央政府成立由专门的社区组织管理部门，对社区组织采取规范化管理。除充分的行政领导和政策优惠之外，政府还为部分社区提供不菲的建设资金。中央政府对社区事务的直接领导和深度参与，使新加坡的社区管理受到执政党和政府强有力的影响和控制。

二、服务特点

新加坡的社区服务分为社区行政事务服务、社区福利服务、社区商业服务。具体而言，社区行政事务服务面向全体居民，包括房屋登记、手续代办等，属于非营利性低偿服务。

社区福利服务主要面向老人、残疾人、儿童等弱势群体，建有社区诊疗所、残障工作坊、收容所、养老院等福利设施，并依托不同类型的家庭服务中心，如退休活动中心、幼儿托管中心、学生关怀中心、家庭教育中心等，为不同年龄段的群体提供专业细致的服务。家庭服务中心由于在政策、场所、设备、人员等方面得到政府财政支持，因此收费很低。

社区商业服务设施由政府批准、规划建设，实现商业与其他生活配套设施的相互配合。社区商业设施包括居民中心、社区商店、菜市场、小贩中心等。其中，居民中心是较大型的商业设施，集合了各类大中型商铺，为居民提供与"衣食住行闲"有关的优质服务；社区商店、菜市场和小贩中心一般设在居民住宅区内，就近为居民提供日常生活必需品和较低价的服务。

专栏：新加坡的邻里中心

在新加坡，每个社区都设有一个为居民提供从"油盐酱醋茶"到"衣食住行闲"各类服务的"邻里中心"。

邻里中心的概念最早在美国提出，其实质是以社区居民为服务对象，集合了多种生活服务设施的属地型商业模式。其根据社区物业的规模、类型和居住人口，配备相应的商业配套设施和社区生活服务功能，业态丰富。以新加坡第一乐广场为例。这是一个以家庭消费为主题的社区购物中心，营业面积仅2万平方米，却集合了150多家零售商家，涵盖餐饮、购物、娱乐、卫生、文化等10多种业态。

邻里中心模式保证了社区功能的复合与完整。首先，它摒弃了沿街为市的粗放型商业形态的弊端，也不同于传统意义上的小区内的零散商铺，而是立足于"大社区、大组团"进行的功能定位和开发建设；其次，它属于政府调控下的商业行为，不以盈利为主要目的，经费由政府补贴，经营和管理则由物业方委托专业运营商开展[①]。

三、运作机制

（一）运作主体

政府治理责任体现在从中央延伸到社区的组织架构中：

决策机构是政府的社会发展部、青年和体育部，负责编制全国社区发展规划、制定社会服务政策、建设基础设施、分配建设资金等。

指导机构包括人民协会、国家福利理事会、社区发展理事会和市镇理事会。其中，人民协会是全国社区组织的主管部门，负责贯彻政府施政意图、畅通官民之间的信息反馈渠道、规划和组织基层组织活动。国家福利理事会，管理全国近400个志愿服务团体，并通过公益彩票销售和社会募捐为这些志愿团体募集资金。社区发展理事会是社区公共服务机构，负责推动社区建设、扶持弱势群体、提供老年服务等。市镇理事会是社区物业管理机构，负责所辖组屋（公共住房）区的公共环境日常保洁、园林养护、公共设施维护和定期检修等。从职能和性质上来说，人民协会和国家福利理事会侧重管理职能，是法定机构；社区发展理事会侧重公共职能，但属于社团组织；市镇理事会承担市政物业管理职能，是非政府组织。

执行机构主要是基层社会组织，包括公民咨询委员会、民众俱乐部和居民委员会。其中，公民咨询委员会与选区对应，每个选区设立一个公民咨询委员会，主要职责是：负责选区内社区事务的协调；在人民与政府之间进行信息沟通，反映诉求；募集社区建设资金，援助社区建设项目；改善社区弱势群体的

---

① 根据网络资料整理。

福利供给；等等。民众俱乐部是人民协会的下属机构，负责为社区居民提供文化、娱乐、教育、体育、社交等活动的场所，如托儿所、家庭服务中心、邻里活动中心、乐龄托管中心、学生托管中心等。居民委员会是居民自治组织，实行居民自我管理、自我服务。主要工作有：处理家庭邻里纠纷，举办社区联欢会、民众对话会等活动，组织邻里守望、民防演练、家政课程等。从功能上来说，公民咨询委员会侧重"上情下达、下情上达"，发挥桥梁作用，密切党、政、民之间的关系；民众俱乐部侧重组织社区活动；居民委员会侧重社区邻里和睦和社会团结。

此外，各类民间服务组织、志愿者团体等，也积极参与到社区建设中，并通过专业服务承接政府招标的各种服务项目。

(二) 供给机制

新加坡采取以政府为主导的社区公共服务模式。具体表现为在政府主导基础上，根据居民对社区自治、社区服务和社区物业管理等方面的需求，运用自治机制、志愿机制、市场机制、宏观协调机制等，把政府、社区、社会、市场、企业和居民等与社区服务供给相关的力量整合起来，从而形成社区公共服务的多元化供给模式。

政府主导首先体现为政府的资源供给。一是制定社区服务政策，规划建设社区服务设施。即根据人口数量规划配套学校、商店、邮政、图书馆、医疗所、体育馆等便民生活服务设施。二是资金保障。社区公共基础服务设施建设全部纳入城市规划，所需建设经费由政府承担90%；社区公共设施配套和改造经费，以及社区日常运营经费，由政府以搭配经费的方式与社区组织分比例投入，一般为1∶5或1∶2（社区组织投入1新币，政府投入5或2新币）。此外，政府还承担社区专业社会工作者的薪资发放，以及通过税收优惠、购买服务、资金补贴等形式支持民间团体发展。三是人员保障。政府向基层社区组织（民众俱乐部）直接派驻政府工作人员，协助开展工作。

新加坡的公共服务供给强调政府的强力调控和垄断。政府在公共服务的生产、提供和监管中均处于强势支配地位，目的是以政府的计划性和权威性遏制公共服务市场化可能带来的分散性和盲目性，从而保证公共服务供给的健康、有序和高效发展。

总体而言，新加坡以行政为主导的混合供给模式，主要与其国土面积狭小、人口数量少、福利水平高，以及政府深度参与基层社会治理的传统有关。虽然这种国家治理的模式使社区自治成为有限自治，但社区服务建设也因此而获得政府强有力的支持。

第六节 总结与启示

一、国外城市社区服务的共性

前述可知，国外社区自治程度较高，社区服务的市场化程度也较高，政府在公共服务的供给上承担有限责任。具体而言，呈现以下特征：

一是政府职能的重新定位。公共服务市场化的实质是决策与执行、生产与供给的分离。在公共服务供给过程中，政府通过民主政治程序设定社会需要的优先目标，确定公共服务的数量和质量标准；与此同时，通过多种形式调动私营组织、非营利组织等社会组织参与。随着政府角色从社区公共服务的提供者向购买者转变，其职能也转变为政策制定者、财政提供者、资源整合者、服务监管者和组织协调者。

二是政府与民间的合作实行契约制。政府与私营组织、非营利组织等各类民间组织订立契约，以财政补贴、购买服务、委托协议等方式，鼓励民间组织参与社区公共服务供给，如违反合同则需承担相应的法律和民事责任。契约制保证了合同双方的独立性，有利于权责明晰，提升效率。

三是充分利用竞争机制。通过权力下放，并将竞争手段引入传统的公共服务供给领域，地方政府和各类组织都参与到公共服务中来，多个服务生产者之间形成竞争格局，从而重新激活公共部门的效率和效益意识。

四是立法先行，制度完善。各国保障公共利益不受损害，制定了完善的法律和政策，规范政府组织、社会组织及市场组织的行为，依法保证市场化供给过程中的公开透明、公平公正。

五是鼓励居民参与，培育自治精神。居民通过民主议事、志愿服务等形式积极参与到社区建设和社区管理中，极大地激发了民间资本的凝聚与投入。

二、国外城市社区服务的启示

社区服务市场化，特别是社区公共服务民营化，并不是一开始就为各国所选择、成型的。其始于20世纪70年代西方国家普遍面临的经济危机和管理危机。民营化的推力来自两个方面：一是，政府福利负担沉重，单一供给的公共服务效率低下；二是，作为公共福利和公共利益的守护者，政府不能放弃公共服务的供给责任。受这两方面矛盾的挤压，很多国家开始改革以往由政府单独、直接供给社区服务的模式，转为政府、社会组织、市场组织、社区、居民共同负责（见表5-1）。此举不仅大大减轻了政府的财政负担，也提高了社区公共服务的效率和质量。

表5-1　各国社区服务供给情况比较

国家（地区）	社区组织体系	资金构成	服务范畴	服务主体	公共服务运作机制
美国	社区委员会、非营利组织、社区企业	政府拨款、服务收费、社会捐助	社区家政服务、社区医疗卫生服务、社区教育服务、社区金融服务、社区公共安全服务、社区互联网+服务，等	非营利组织	市场化民营
英国	公共服务机构、政府资助的社区组织、非营利组织、私营组织	政府财政基金	社区养老服务（社区照顾）、社区医疗卫生服务、社区公共安全服务、社区公共住房保障服务，等	非营利组织、志愿者组织、社会企业	官办民营
北欧各国	市镇政府（社区政府）、社会组织、社工专业组织	中央政府财政拨款、市镇政府税费收入、服务收费	社区家政服务、社区养老服务、社区儿童照护服务、社区教育服务，等	市政府、中介组织和社团组织（非营利组织和私营组织）	福利供给
日本	町内会、居民管理委员会	政府拨款、社会捐赠	社区公共服务（包括家庭服务和设施服务）、社区非营利性服务、社区物业服务，等	非营利组织	民办官助

续表

国家（地区）	社区组织体系	资金构成	服务范畴	服务主体	公共服务运作机制
新加坡	人民协会、社区发展理事会、市镇理事会，以及公民咨询委员会、民众俱乐部和居民委员会	政府补贴、社会捐赠	社区行政事务服务、社区福利服务、社区商业服务，等	非营利组织	政府主导

中国社区公共服务在供给模式的改革上与国外有相通之处，但也存在显著差异。比如，西方国家大多已经建立了较高水平的社会福利制度和社会保障体系，目前主要是针对社区服务低效供给的问题，对部分公共服务"存量"进行改革；而中国的社会保障体系尚不健全，城乡公共服务基础薄弱且存在较大差距，公共服务改革主要针对供给不足的问题，围绕"增量"进行。尽管如此，我们仍然能够从国外公共服务改革的实践中获得一些启示。

首先，正确认识赋权社区的要义。前述可知，西方国家政府一方面支持和倡导社区自主治理，实现社区管理的自治化和公众化；另一方面，有关社区治理的政策仍出自政府，但鼓励社区居民参与决策过程并监督执行。因此，社区自治离不开政府，关键在于如何分工协作。政府的归政府、社会的归社会、市场的归市场。不过，在具体运作中，不能一刀切。

其次，明确政府角色和职能重点。政府对公共服务的提供承担主要责任，但供给方式可以多样化。在前述各国的社区公共服务供给中，政府通过制定完善的法律制度和给予配套的资金支持，协同非营利组织、志愿者、社区居民和市场等多方主体，共同提供多样化、多层次的社会福利和公共服务。政府宏观调控，并对资源的竞争性需求加以平衡；而服务机构则集中精力提供服务，充分发挥决策与执行的双重功能优势。

再次，培育和完善社区组织。在国外，社区组织被认为是社会自我发展、自我服务和自我治理的制度成果。社区组织能够向社区居民提供更符合需求的公共服务。针对目前中国社区组织发展中存在的问题，建议：一，推动社区组织向公共服务"企业"转型，走市场配置资源的道路；二，推动建设与发展半官方性质的"基础设施组织"，如日本的町内会、新加坡的人民协会，半官方性质的组织与社区生活息息相关，能够实现国家政策与市民社会的"嵌入"。

最后，确保对非营利组织的扶持有力、监管有度。多元社会治理下，政府不再是公共服务的唯一提供者；而社会组织由于其自身的灵活性、高效率以及不参与利益分配等特点，在提供公共服务时更有优势。且由于非营利组织始终把社区的需求放在首位，其服务范围不断拓宽，已经涉及居民生活的方方面面。但是，如何把握好扶持与监管的"度"是个难题。其一，公益慈善与志愿组织所拥有的最大资本是社会信任资本，政府要支持社会慈善的发展，更要培育慈善与志愿所植根的社会信任环境，加强对社会资本的监督与管理。其二，非营利机构的"声誉"靠行业自律来打造，由此涉及非营利组织的内部协调机制以及外部联合机制。这些问题中，最难的是如何把握扶持与监管的"度"。所谓"度"，就是约束条件下的最优，即在最大限度发挥非营利组织积极性的同时，又能对其进行及时有效的监管。

第六章　构建新时代城市社区服务体系

城市社区服务体系建设是一个复杂、长期的过程，牵涉政府、市场、社会、社区和居民之间的关系以及社区定位、社区组织体系、社区治理机制、社区服务平台和服务内容、社区服务运行和供给机制等理论和实践问题。本章对中国城市社区服务体系的体系架构、主体联动方式、实现路径等内容展开分析探讨，并提出构想。

第一节　城市社区服务体系架构

城市社区服务体系建设是一个系统工程。一个完整的社区服务体系包含设施体系、供给体系、资源体系、评价与问责体系四大子体系。

一、城市社区服务设施体系

社区服务设施是提供社区服务的物质载体和平台，其建设和规划影响社区服务的供给数量和水平，也是社区居民生活质量的重要体现。社区服务设施体系包括设施的规划、建设、运营和管理机制。体系建设上既要满足社区居民的基本需求，又要适应社区发展的多样性，同时在公共设施的空间布局和资源分配上体现公平公正。

根据《城乡社区服务体系建设规划（2016—2020年）》（民发〔2016〕191号）要求，中国城市社区服务设施建设正在形成纵分层次、横结网络的完整体系。具体来说，纵向上以居住区分级为基础，实行公共服务设施分级规划、分级配置，横向上以社区综合服务设施为主体、社区专项服务设施为配套、社区服务网点为补充，规划布局。

(一) 社区服务层级

依据2018年新版《城市居住区规划设计标准》(GB 50180—2018),社区服务对应居住区层级,分级配置。

城市居住区指城市中住宅建筑相对集中布局的区域①。根据居住人口规模或住房建筑面积,同时考虑城市居民出行能力、设施需求频率及其服务半径、服务水平的差异,居住区被划分为居住街坊、五分钟生活圈居住区、十分钟生活圈居住区和十五分钟生活圈居住区四个层级(表6-1),并据此配置公共资源(包括公共绿地)以及基层公共管理与公共服务设施、商业服务设施、市政公用设施、交通场站设施、社区服务设施、便民服务设施等六大类公共服务设施。

表6-1 城市居住区规划标准

距离与规模	十五分钟生活圈居住区	十分钟生活圈居住区	五分钟生活圈居住区	居住街坊
步行距离(m)	800—1000	500	300	—
居住人口(人)	50000—100000	15000—25000	5000—12000	1000—3000
住宅数量(套)	17000—32000	5000—8000	1500—4000	300—1000

数据来源:根据2018年新版《城市居住区规划设计标准》(GB 50180—2018)整理。

居住街坊作为最基本的生活单元,配建最基本的便民服务设施,包括物业管理与服务、儿童活动场地、老年人活动场地、室外健身器械、便利店(菜店、日用杂货等)、邮件和快递送达设施、生活垃圾收集点、居民停车场(库)及其他。

五分钟生活圈居住区指以居民步行5分钟可满足其基本生活需求为原则划分的居住区范围。通常由3—4个居住街坊组成,对接社区居委会,配置社区层级服务设施,包括社区服务站(含居委会、治安联防站、残疾人康复室)、社区食堂、文化活动站含青少年活动站和老年活动站、小型多功能运动(球类)场地、室外综合健身场地(含老年户外活动场地)、幼儿园、托儿所、老年人日间照料中心(托老所)、社区卫生服务站、社区商业网点(超市、药

---

① 《城市居住区规划设计标准》(GB 50180-2018)。

178

店、洗衣店、美发店等)、再生资源回收点、生活垃圾收集站、公共厕所、公交车站、机动车与非机动车停车库及其他。

十分钟生活圈居住区指以居民步行10分钟可满足其基本生活需求为原则划分的居住区范围,通常由3—4个五分钟生活圈组成。

十五分钟生活圈居住区指以居民步行15分钟可满足其基本生活需求为原则划分的居住区范围。通常由3—4个十分钟生活圈组成。1—2个十五分钟生活圈居住区对接街道办事处,配建街道层级的公共管理与公共服务设施、商业服务设施、市政公用设施、交通场站设施四大类设施。其中,基层公共管理与公共服务设施包括中小学、体育馆或全民健身中心、大中型多功能运动场地、社区医院或卫生服务中心、门诊部、养老院、文化活动中心、社区服务中心、司法所、派出所等;商业服务设施包括商场、菜市场或生鲜超市、健身房、餐饮设施、银行、电信、邮政等;市政公用设施包括燃料供应站、燃气调压站、供热站或热交换站、通信机房、有线电视基站、垃圾转运站、消防站、市政燃气服务网点和应急抢修站等;交通场站设施包括轨道交通站点、公交站点、机动车与非机动车停车库及其他。

生活圈居住区分级不是简单的空间划分,而是为居民配置相应的生活服务设施提供依据。因此,每个城市都可结合本市的社区规划对接相应的服务与设施层级。这种分级机制不仅便于对接城市基层管理体制,有利于社区服务设施的落实和管理,而且兼顾了服务设施的合理服务半径和运行规模,有利于充分发挥其社会效益和经济效益。

(二) 设施体系建设要点

随着城市化进程加速,城市空间不断拓展,人口规模快速增长,社区服务设施的需求总量也在大幅提升:一方面,经济总量和地方政府财政收入的增长,使人们对政府投入更多资金改善公共服务设施、推进公共服务均等化充满期待;另一方面,居民收入水平的提升和居住条件的改善,客观上也要求增加与生活服务相配套的硬件设施。然而在现实中,由于社区医疗卫生站点、托儿所、老年活动中心、菜市场、便利店、停车位(库)等服务设施供给不足,就医难、入托难、养老难、购物难、停车难、出行难等问题在各个小区普遍存在。这些问题正是社区服务设施供给不足的直接反映。

1. 以人为本，科学规划

社区服务设施配置不仅要通过人口规模、"千人指标"来确定供给规模，更重要的是，结合城市经济条件、社区人口特征等合理调节供给内容。

首先，社区服务设施建设要与经济社会发展水平相适应。东部地区的建设重点是进一步优化布局，完善社区服务设施，全面开展并逐步升级社区服务内容和档次；中部地区的建设重点是薄弱环节和群众必需、急需的民生领域，应结合本地实际，改善社区服务设施条件，有针对性地开展社区服务；西部地区的建设重点是为开展社区服务提供基本设施保障，应立足资源整合，优先保障社区居委会的办公条件和必要的社区活动场所。

其次，社区需求升级要求社区服务设施升级。一是休闲娱乐需求猛增。随着城市化和市场经济的快速发展，家庭生活需求和消费模式已经由小康向现代化转变，居民对休闲娱乐设施的需求不仅在数量上大幅增加，在品类上也日趋多样。因此，诸如社区图书室、健身房、球类活动室、棋牌娱乐室等文娱设施的比重需相应增加，部分高档社区也可适当规划恒温游泳池、室内攀岩、美容美发、咖啡厅、酒吧等休闲类商业设施。二是生活方式变革。如，购买力的提高要求社区有更便捷的小型超市，机动车的普及要求社区有更多停车空间，电动车及其他代步工具的使用要求配设更安全的充电装置。三是信息化影响。随着网上购物、网上支付等消费方式的流行，某些社区服务设施（如便利店、外卖等）提供24小时服务将是必然趋势。此外，党务、政务、网格、综治、城管、物业、民生等服务都可以通过各种智能技术和方式集为一体，打造智慧社区。

最后，社区需求分化要求社区服务设施分级分区。不同类型的社区，因为其主要居民在年龄、职业、经济状况、文化背景等方面存在差异，因此对于社区服务设施的主要诉求也有所不同。如，低收入社区的特殊人群相对较多，强调基本生活保障，对社会救助设施（如扶贫中心、慈善超市、再就业培训中心等社会保障设施）的需求较大；中高档社区需要在硬件设施升级的基础上，追求花园绿地、文体娱乐等精神需求；养老社区强调无障碍居住环境和适老化设施配置；创业社区强调信息化网络服务和年轻社交场所；新老城区强调将社区服务设施纳入规划，做到与小区建设同步设计、同步建设、同步使用。其中，老社区要立足资源整合，通过房产调剂、置换等方式，开辟社区服务场所，同时对已有服务设施更新换代。综上，城市设置服务设施指标，应在保证公共服务资源公平布局的前提下，充分考虑地方特色和多样性，满足不同社会属性的居民的需求，提高服务设施供给的效率。

2. 政府主导，多元投入

政府在城市社区服务设施的建设中发挥主体作用。表现有二：一是管理作用，即通过行政和法律手段，将社区服务设施专项规划纳入城市发展总体规划，综合考虑社区服务设施的布局与规模，并制定相应的监督和管理政策；二是保障作用，即资金保障和运营保障。作为社区服务设施建设的责任主体，政府应继续加大财政投入，将社区公共服务设施建设资金列入地方基础建设投资预算，同时拓宽资金来源渠道，多渠道筹集建设资金。对社区服务设施，特别是大型文体设施，要加强对后续经营的管理和投入，确保服务设施正常发挥功能。

多元投入即在社区服务设施建设中广泛吸引社会力量和社会资金，创新融资方式，积极推行公私合作，鼓励采取政府购买服务、BOT（建设—经营—转移）等多种方式支持社区服务设施建设。

此外，可考虑从科学界定服务设施的类型入手，落实多元主体的支出责任。根据服务内容和投资主体的不同，社区服务设施可分为公益性服务设施和经营性服务设施。前者一般由政府或社区组织举办，提供基本生活所需的服务，如社区卫生服务站、文体活动中心、托老所、垃圾投放站点、物业管理等。这类服务偏重于公益性福利性，因此不能完全市场化。后者则由商企组织或个人兴办，提供个性化服务，如小型超市、便利店、美容美发店等。这类服务在不同档次的小区需求不一，可由开发商根据小区实际情况自行开发，谁投资谁受益。如，托儿所或幼儿园可有社区居民共同出资建设，也可由企业或个人投资举办。

3. 资源整合，协同发展

社区服务设施，尤其是基础性公共服务设施，应该在空间布局上体现公共资源分配的社会公平和公正。但在现实中，人口分布与区域发展不可能达到完美均衡，人口集中区域可能没有足够的土地用于配建居民所需要的社区服务设施，而人口相对较少经济发展相对滞后的区域可能又没有足够的财力来完成社区服务设施配建指标。

资源共享是解决社区服务设施供给匮乏和重复建设的重要手段。一是调整城市中大、中、小型服务设施的布局与比例，使其趋于合理化，实现功能互补。二是扩大相邻社区的服务资源共享。如适度扩大社区卫生服务站、文体活动站的服务半径，降低单个社区的建设运营成本；提升公共绿地、广场、健身步道等公共空间的开放和利用。三是促进社区内服务设施资源共享。积极引导社区内机关、团体、企事业单位将内部服务设施向社区居民开放，如与周边学校分享教育场地、体育场地等，可以有效充实社区服务设施种类，提高设施利用率。

二、城市社区服务供给体系

社区服务供给体系指社区服务的供给主体及其运作模式。一般来说，供给机制可分为行政机制、市场机制、社会机制三种。行政机制即政府供给机制，以社会公平为目的，以公共财政为保障，以政府直接生产或直接提供服务为主要方式；市场机制即市场竞争与调节机制，以营利为目的，以服务收费补偿成本和支出，并推动形成社会服务产业；社会机制即以非政府、非营利的社会力量参与来开展社区服务，以利他为目的，以互助性服务和慈善捐赠为主要方式。在不同时间和条件下，三种机制作用的领域会有所变化。

（一）发展及现状

中国城市社区服务供给也并非一成不变。20世纪80年代中期以前，城市社区服务的主要动力源自政府，在行政力量推动下，全国各地建立起由各级社区服务中心组成的社区服务体系，政府财政包揽这一体系的硬件投资与建设，同时依托街道办事处和社区居委会等基层组织对公共服务资源进行配置与供给。这一时期，市场和社会力量发育不足，所能起到的作用十分有限。然而，随着市场经济发展和公众需求向更高层次升级，单一供给机制无法解决的一些问题（如数量、质量、效率、成本等）成为社区服务持续发展的阻碍。90年代以后，上海、广东等地的社区社会组织通过"公办民营"或"民营公助"的形式，以"政府主导、各方协作、市民参与、非政府机构管理"的服务管理运营模式，在社区服务供给中建立起平等合作的伙伴关系。之后，许多城市在探索社区服务多元供给和推动社区服务市场化方面做了大量有益尝试。政府、市场、社会三方合作的供给机制初见雏形。党的十八大以后，城市建设和社区发展开始进入以推进基层治理体系和治理能力现代化为主题的新阶段。贯穿这一发展阶段的政策脉络有两条：一是基层党组织在社区治理中的领导作用日益增强;二是从加强服务导向、重组社区组织架构、理清政社边界,到引入"社区自治""基层民主"等新的政策变量,逐步完成由行政化管理体制向法制保障的社区自治体制的转变。由此,社区服务的供给愈加多元。

现有的社区服务供给模式大致分为五种:一是,通过增强社区自治功能,以社区为载体承担部分政府公共服务职能,此举主要针对特定群体提供保障性公共产品和服务,如社会救助、廉租房等;二是,通过"政社分开""管办分离"等方式,推动行政体系内的社会组织转变为民办非企业单位,同时通过政府购买服务的方式,将部分公共服务转包给社会组织,如深圳"盐田"模式;三是,通过政府采购的方式,直接从市场上购买公共服务并向社区提供,或通过委托经营的方式,将政府负责的公共服务项目委托给符合招标条件的企业或社会组织运营管理。此举为专业服务机构参与公共服务供给提供了渠道;四是,通过民办官助的方式,将社会资金引入到社区公共服务领域,如私人诊所、民办学校等;五是,通过支持和培育社区便民服务业,方便居民在消费市场中直接购买自己需要的物品和服务。这五种方式在各地实践中均有所体现,并根据地域特点和条件有所不同,总的来说,以多项并举居多。近年来,随着政府在社区非公共服务领域的撤资和淡出,私人社区服务业发展迅猛。如天津市私人兴办的社区服务实体目前已占全市社区服务业的近三分之一。

(二) 供给体系建设要点

城市社区服务供给体系的建设思路是多元共治,合作供给。

首先,明确界定政府与社会组织、市场组织的权责分工,形成清晰的权责预期。并针对不同的社区服务事项,选择政府提供抑或社会、市场提供及其组合方式。选择的关键点在于政府购买服务本身的属性,是"公共产品""准公共产品"还是"私人品"。

其次,建立需求导向的供给决策机制。拓宽居民参与路径,增加居民发言权,增强政府精确回应、有效回应。包括社区成员会议、民主调查会、听证会等参与形式。

最后,通过政策设计,引导和激励企业和社会组织参与政府购买服务的提供。包括孵化、培育非营利组织、慈善组织、社工、义工组织,并以政府购买服务等形式予以支持;鼓励企业、个人及各类组织开办商业性社区服务项目,在构建15或30分钟"社区服务圈"的基础上,推进社区商业服务规模化、集约化、产业化，同时建立社区商业准入、监督、评价、考核和退出等一系列机制，规范企业经营行为，实现服务模式创新。

三、城市社区服务资源体系

社区服务资源体系是社区服务所具有的使其整体保持正常运行所需的各种功能的组合、联动和循环，是与人、财、物等因素相关的工作制度和工作程序的总称。这一资源体系包括资金资源、人力资源、社会资源及政策资源。社区服务的正常开展，有赖于资源的供给和有效利用。

（一）人力资源

人力资源是指与自然资源或物质资源相对的，以人的生命力为载体的一种社会资源，是人的脑力和体力的总和。这种社会资源的重点在于其所具有的价值能够贡献，而且能够被相关组织利用[①]。在社区中，凡是将自身价值投入社区服务的人都可被视为社区服务的人力资源。它既是社区服务有效运行的保障，也是决定社区服务质量水平的关键。

中国社区服务人力资源构成主要包括社区服务专职人员、社区服务兼职人员和社区志愿者队伍。

社区服务专职人员指专门从事社区服务并以此为职业的人，他们通常具备社区服务所需的专业知识和技能，在薪酬、福利和晋升等方面能够得到政府保障。社区服务专职人员又细分为专业管理人员、专业技术人员和专业服务人员三类。专业管理人员主要负责社区服务政策的执行以及相关事务管理。如在社区服务中心、社区服务站从事内部管理的人员；专业技术人员是专门从事社区服务某个领域工作的人员，一般来源于政府职能部门派驻或社区专门聘任。如，社区文化、教育、社会保险等工作人员；专业服务人员，指从事具体服务工作的人员，如环境美化、治安保安、养老看护等。这类人员多由进城务工人员及4050人员为主，服务理念、技术水平等亟待提高。

社区服务兼职人员指本职工作之余参与社区服务并收取报酬的人员，包括三类：一是与社区服务工作有交叉的政府公务人员，如政府职能部门、街道工作人员、居委会干部，主要是协助专职人员制定政策、监督工作进展、做好组织协调等；二是临时雇佣人员，一般适用于对知识技能要求较低的服务，如清

---

① 参见林莉，王岩：《人力资源管理》，清华大学出版社2012年版。

洁、建筑工人等；三是合同聘用人员，适用于对专业知识、技术等要求较高的服务，如特定项目培训、社区规划、财政审计等。

社区志愿者队伍指基于道义、信念、良知、爱心和责任，在不为物质报酬的前提下，利用自己的时间、精力、技能和资源，为他人、社区和社会提供服务的人员。主要在青少年教育、老年人护理、义务维修、职业咨询、治安巡逻等方面发挥重要作用。据民政部统计，截至2020年底，全年共有2401.4万人次在民政领域提供了5741.1万小时的志愿服务①，服务人次和服务总量较之以往有较大进步，但与社会需求仍有巨大差距。

（二）资金资源

充足的资金是社区服务顺利开展与发展的物质基础和保障。社区服务筹资是指为弥补社区服务成本，通过交易、募集、征收等方式向市场和社会筹措资金的活动。

中国社区服务的资金筹集机制较为多元。筹资主体早在1994年，上海社区服务经验交流会议就提出建立"社会筹集为主、政府资助为辅的多层次、多途径、多种经济成分并存的社区服务筹资机制"。目前社区服务的资金筹集主要以政府、非营利组织和商业企业为筹资主体。筹资对象包含针对社区服务项目的筹资和为社区管理及社区服务平台建设进行的筹资。前者指根据社区居民需求和社会经济发展水平而确定的社区服务项目，如老年服务、助残服务、救助服务、就业服务、卫生服务等。该类项目的筹资由政府财政性资金、个人付费、社会捐助、社保等专项基金及志愿服务构成。后者指社区服务落实过程中所需的人、地、物、事、组织等，如社区工作人员队伍建设、社区办公和服务用房建设、社区信息网络建设以及社区党组织、社区居委会、社区服务站等的工作经费。该类项目的筹资一般由地方政府负责，或纳入政府年度财政预算管理，或按照"费随事转"原则由相关部门转移拨付，或给予财政资金补助，明确投入范围、标准和分担机制。筹资渠道包括政府财政投入、社会捐助、福利彩票、有偿服务投入等多种方式。

1. 政府筹资机制

社区公共服务是国家基本公共服务在社区的实现形式，是具有公共性、基础性和均等性的公共产品。2007年发布的《"十一五"社区服务体系发展规

---

① 民政部：《2020年民政事业发展统计公报》，2021年9月10日。

划》(发改社会〔2007〕975号)指出,社区服务体系是政府行使社会管理职能和提供公共服务的基础平台,属于公共财政支持的范畴。因此,政府是社区公共服务的供给主体,政府财政投入是社区公共服务最主要的资金来源。

根据投入责任的不同(见表6-2),政府筹资责任也分为中央政府筹资和地方政府筹资。根据"谁受益,谁承担"原则,二者在明确各自服务供给范围的基础上,分别通过全国性筹资和地方性筹资为全国性公共服务和地方性公共服务提供资金。中央政府通过转移支付弥补地方政府财力缺陷和不均。

表6-2 社区基本公共服务财政投入支出责任①

服务性质	服务类型	社区服务项目	财政投入的责任划分
国家基本公共服务	基本公共教育服务	教育培训、早教、中小学生社会实践、科普等	国家分别按项目明确中央和地方按比例分担,或地方政府负责,中央财政适当补助。地方由相关职能部门负责
	基本劳动就业服务	劳动就业咨询、职业介绍、就业困难人员帮扶、自主创业就业、职业技能培训等	国家明确由地方政府负责。地方由相关职能部门负责
	基本社会保险服务	基本养老保险、基本医疗保险、失业保险、工伤保险、生育保险等	国家规定了各类保险缴费比例、政府补贴或财政补助标准。地方由相关职能部门负责
	基本医疗卫生服务	公共卫生和基本医疗、居民健康档案、转诊、急救保健、计划生育、独生子女家庭服务等	国家明确除药品安全保障由中央和地方共同负责外,其他项目由地方政府负责,中央财政适当补助。地方由相关职能部门负责
	基本社会服务	居家养老、就餐送餐、老年人信息档案、低保人员救助、临时救助、特殊群体帮扶、优待抚恤、退役军人服务等	国家明确主要由地方政府负责,少数项目由中央和地方共同负责,或中央财政适当补助。地方由相关职能部门负责
	基本住房保障服务	廉租住房、公共租赁住房、棚户区服务等	国家分别按项目明确中央、省、市、县各级政府责任

---

① 参见黄恒学:《北京社区公共服务建设研究》,中国人民大学出版社2016年版。

续表

服务性质	服务类型	社区服务项目	财政投入的责任划分
国家基本公共服务	基本公共文化体育服务	文化阅览、体育设施建设、群众性体育组织建设、体育健身、居民体质测试、健身宣传培训等	国家分别按项目明确中央和地方按比例分担,或地方政府负责,中央财政适当补助。地方由相关职能部门负责
	残疾人基本公共服务	残疾人出行、精神关怀、无障碍设施建设等	国家分别按项目明确中央和地方按比例分担,或地方政府负责,中央财政适当补助
社区基本公共服务	流动人口服务	流动人口信息采集登记、法规政策宣传、开具居住证明、就业维权、计划生育和服务流程告知、出租房屋信息采集登记等	由地方相关职能部门负责
	公共安全服务	公共治安、社区矫正、帮教安置、禁毒宣传、法律服务、消防安全、应急服务、警务设施和警力配备、物技防设施建设等	由地方相关职能部门负责
	环境美化服务	环境综合治理、环境保护等	由地方相关职能部门负责
	公用设施服务	市政公共设施建设、维修、更换服务(社区天然气、煤气、宽带、有线电视、电话等市政公共设施)、社区节能等	由地方相关职能部门负责
社区市场化服务	便民服务	商业便民、家政、代收代缴、心理咨询、信息网络等	以企业投资为主,地方政府根据政策对相关设施适当补助

政府的筹资渠道包括税收、国有资产收益、转移支付、收费、借贷、彩票等。

（1）税收。税收收入是政府为实现其职能需要，凭借政治权利并按照特定标准，强制、无偿取得的财政收入，它是现代国家财政收入最主要的来源。税收主要用于公共服务的开支，由政府根据公共需求进行分配。税收体现的是一种公共服务"免费消费，间接支付"的方式，因此个人缴纳的税费与其所获得的公共服务并不一定对等。

（2）国有资产收益。国有资产收益指政府凭借国有资产（如国有土地及其他自然资源）所有权而获得的租金、股息、红利等收入，以及国有企业的经营收入。

（3）转移支付。转移支付收入是地方政府重要的公共服务资金来源，其来自中央政府或上级政府的财政资金下拨行为。在中国，中央财政和省级财政掌握较为稳定和可靠的税收来源，能够通过转移支付，弥补落后地区和省级以下地方政府的财政负担，进而促进公共服务财政支出在纵向和横向上的均衡。

（4）专项资金和社会保险。公共服务专项资金是财政专门拨付的用于指定公共服务建设的专款专用资金，如社保基金、残疾人就业保障金、教育费附加等，它们有的来自政府公共资源资产收入计提或特殊商品交易计提[①]，有的来自政府专项收费。保险收入主要指养老、医疗机构通过基本养老保险和基本医疗保险出险支付获取的资金。

（5）收费。收费收入是政府在提供行政管理或公共服务时收取的规费（如护照费、登记费、排污费等），以及针对公共设施的使用所收取的使用费（如过桥费）。政府收费主要是为了弥补行政成本或回收部分公共服务成本。

（6）信贷、债券和彩票。信贷收入指政府通过信用方式向银行借取的贷款，债券收入指政府通过发行国债、地方债以及专门性公共服务债券取得的有偿性收入，彩票收入指政府通过发行各种福利彩票获取资金，在扣除发行成本和奖金后的剩余部分可用于公共服务筹资。

（7）非公共服务经营收入。指非公共服务经营所获得收入，如公立大学可以通过开办企业、出售专利等方式筹资。

2. 市场筹资机制

社区商业性服务是在政府许可下，由私人企业依法提供的营利性服务项目，它可以通过向消费者收费来弥补成本并获取一定利润。在社区商业发展的

[①] 张序：《公共服务供给的筹资机制：框架构建与有效性提升》，载《西南金融》2015年第8期。

早期，由于社区服务的福利性本质决定了它是利润率较低的领域，因此多数服务项目规模不大，收益有限，且很难吸引社会投资和银行贷款。但近年来，随着住房商业化带动房企发展，在一些经济发达的大中型城市，以房地产企业为供应商的有偿社区服务呈现出高端化、连锁化的经营趋势。

社区商业企业的筹资方式主要包括自筹、信贷和债券、服务收费、PPP（公私伙伴关系）项目筹资以及政府补贴和政府购买。

（1）信贷和债券。信贷本质上是社区商业企业的自有资金。社区商业企业可以通过发行债券获取公共设施建设和运营资金。如"资产支持证券化"（Asset-Backed Securitization）模式，即以项目所拥有的资产为基础，以项目资产可以带来的预期收益为保证，发行ABS债券，募集资金。

（2）服务收费。指向社区服务的消费者或服务设施的使用者收取的有偿使用费用。

（3）PPP项目筹资。PPP项目是企业通过与政府合作供给特定的公共服务。PPP项目的资金主要来源于开发商、运营商，其中，技术性公共设施（如医院）主要由运营商投资，社会性公共设施（如公交、地铁）主要由承包商投资。政府一般不投入资金，而是通过特许经营权授予、公共土地供应等方式为企业融资降低成本。PPP项目资金筹集主要通过股权筹资和债权筹资两种方式，其中，以银行贷款方式的债权筹资居多，政府贴息贷款、企业短期融资等未得到充分应用。

（4）政府补贴和政府购买。部分提供准公共产品的商业企业可依法依规获得政府提供的直接补贴或减税、奖励等形式的间接补贴。如，北京市规定，对符合资金支持条件的社区菜市场建设、改造所需资金，以企业自筹为主，市财政根据营业面积规模分类给予一次性补助。社区商业企业还可通过接受政府公共服务购买和外包获取资金。

3. 社会筹资机制

社会筹资的主体包括非营利基金会和非营利服务组织。前者可以说是社会服务资金的"蓄水池"，通过向企业和个人募集资金，不仅资助社区社会服务机构，也对政府部门的公共服务提供支持。非营利基金会有私人基金会、公募基金会、专项基金会等多种形式，筹资对象、范围各不相同；后者是从事具体公共服务项目的公益组织，除接受基金会注资外，还可通过接受社会捐赠、服务收费、经营、投资以及政府补助和政府购买等筹集资金。

（1）社会捐赠。指来自个人、企业、社会组织、慈善组织的捐赠款项。由于中国尚未形成社区服务的社会资金筹集机制，社会捐助氛围不浓，因此，此项属于非常态性资金来源，极其有限。

（2）政府补助和政府购买。社区社会企业可以通过财政补贴、现金奖励、税收减免等形式为服务活动筹资。此外也可以通过接受政府公共服务购买和外包获取资金。

（3）服务收费、经营和投资。社区社会组织可以通过提供低偿服务收取一定费用，也可以通过经营活动和商业投资实现创收，只是其获取的利润不用于分配而是用于公共服务供给。

（三）资源体系建设要点

1. 筹资机制

首先，在提高公共服务资金使用效益的基础上，广开财源。一方面，完善公共财政制度和支出结构，建立回应性、合规性、满意度三项标准，即决策上充分体现和回应社会偏好与需求，执行上严格进行财政约束和支出控制，效果上着重考察受益对象的反馈和评价，让每一分钱都有所价值；另一方面，积极利用国有企业利润上缴、建立公共服务专项资金以及发行债券、彩票等多种方式筹措资金，让更多的钱用于公共服务。

其次，政府与市场要建立风险共担、利益共享的良好关系，充分发挥PPP项目的筹资优势。一方面，政府应从政策上给予PPP项目以公平对待和全方位支持，明确风险承担机制，减少资本压力；另一方面，企业应综合考虑项目盈利前景、风险大小和自身管理能力等因素，充分发挥自身质量控制、技术创新、效率保障等优势，选择合适的PPP模式，加大社区服务的参与度。

最后，整合社会资源，扩大资金来源。社会筹资的主体不仅包括社区社会组织，也包括驻区单位，如高校等，他们同样可以为社区服务提供资金、人力、智力和技术支持。因此，要实现社区服务筹资的可持续和有效发展，不仅要发展壮大社会组织，发展多种筹资方式，还要求整合利用所有可用资源，夯实社区服务的物质基础。

2. 人力资源

首先，切实提高社区工作者整体水平和专业能力。第一，完善社区服务人员人事管理体制。理顺管理主体之间的权责关系，加强沟通，合理设岗，形成

第六章 构建新时代城市社区服务体系

工作合力；同时认真落实社区工作者工资待遇，建立健全带薪休假等制度，切实保障社区工作者的合法权益。第二，职业培训与学科教育双管齐下。鼓励社区工作者参加国家社会工作者职业水平测试，并为其创造条件参加专业继续教育培训；与此同时，科学规划学科教育，尝试建立政府资助、学费减免、奖学金补贴、对口就业补贴等政策措施，激励青年学生报考和从事社区服务工作，夯实社区工作后备力量。第三，培养造就社区工作职业化队伍。从完善资格认证体系入手，提高社区工作者的职业地位和社会声誉。一方面改进和完善社会工作职业资格等级与考试制度，另一方面推动社会工作职称体系建设，拓展社区工作的职业前景。第四，引入社工机构，寻求专业支持。加强社区组织与社会工作机构的人才融合、资源共享、工作联动；通过政策设计，鼓励和支持专业社会工作机构进驻社区，鼓励针对不同需求层次构建从低到高，具有不同规模、规格的社区社会工作机构，鼓励优秀专业社会工作者到社区执业，提供个性化服务。

其次，加快推动社区志愿服务常态化发展。第一，建立科学规范的社区志愿服务组织管理机制，明确目标和使命，合理分工，科学运作。第二，加快建立社区志愿者注册登记制度，采取多种方式为社区居民提供便捷的登记注册渠道，可通过配发社区志愿者卡等方式规范管理。第三，定期向社区居民发布志愿服务需求，通过购买服务、结对帮扶、邻里互助、"社工+义工"等方式，开展志愿服务。第四，应加强社区志愿组织法律保障，加大政策引导和资金扶持，同时引导志愿组织建立科学合理的发展规划。第五，建立社区志愿者表彰激励机制。建立规范的志愿者档案和志愿服务记录手册，建立道德银行或志愿服务"时间储蓄"、"服务转换"制度，加大对志愿者宣传表彰力度，可根据服务时长、贡献大小等，为杰出志愿者提供不同等级、不同形式的物质（经济补偿、社会福利优先等）或精神奖励（如荣誉称号、荣誉证书等）。通过多种形式的激励机制，充分调动社区居民的积极性，为志愿服务增添动力。

最后，提升居民参与意识，拓宽居民参与渠道。第一，加强社区服务项目与社区居民的利益关联性，提高社区组织解决社区问题的能力。居民利益社区化在客观上能够增强居民参与社区事务的动力和积极性。第二，搭建平台，为社区居民提供公共交流的空间和参与社区事务的机会。一方面，通过组织社区文化活动、志愿服务活动能加强居民见的交往和交流，增进社区感情；另一方面，通过开展社区选举、听证会、议事会等，引导居民在社区事务的决策、实施、管理实践中提升参与能力。第三,积极引导和培育社区社会组织发展,认可社区自治组织的地位,通过这些调动这些组织的积极性,提高社区参与效率。

四、城市社区服务评价与问责体系

评价与问责是改进和完善社区服务[①]的重要手段,也是社区服务体系整体性制度安排的重要组成部分。长期以来,社区公共服务供给存在评价难、问责难、可测性差、责任缺失等问题,原因正是缺乏科学有效的绩效评价与监督问责机制。

绩效评价与监督问责是两种不同性质的工作,二者密不可分,但各有其运行规律。评价为问责提供依据,问责以评价为基础。

(一)绩效评价体系

公共服务绩效,是对公共服务行为(投入)和结果(产出)的综合衡量。社区公共服务绩效评价主要针对社区公共服务主体在社区范围内开展各种公共服务项目所取得的成绩或成效进行考察评价,是对相关责任主体进行监督问责的前提和抓手。

1. 绩效评价指标

社区公共服务绩效评价体系通过一定的指标体系来实现,其基本架构包括评估指标系统、评估项目内容、绩效等级划分标准等,主要考核社区公共服务的责任主体、资金来源、运行保障和调整机制以及对居民服务需求的回应性。

(1)满意度指标。满意度指标是社区公共服务绩效评价的核心指标,能够直接体现社区服务的效果。满意度指标以社区居民(而不是政府及其工作人员或其他组织)的立场和价值选择予以确定,既要反映居民的服务需求,也要体现供需之间的匹配性。具体来说,包括居民对社区环境、治安状况、医疗保健、文化体育、社会保障、公共设施等方面的综合体验满意率等正指标,以及服务争议和纠纷、居民投诉次数等负指标。"社区居民满意"反映了以社区居民为中心的社区公共服务理念和服务价值,其评估结果很大程度上取决于政府和社区组织是否真正为居民办实事,所提供的服务内容是否具有广泛的社会共识且真正为居民所需。

---

① 本部分研究主要针对社区公共服务。

"社区居民满意"是社区公共服务的最终目标。社区公共服务的核心是以居民需求为导向,以居民参与为动力,以居民拥护为准则,努力实现社区居民困有所助、难有所帮、需有所应。"居民满意"作为公共服务绩效评价的运行尺度,具体体现在:绩效评价要关注公众导向;关注是否及时了解、回应居民需求;关注服务数量和项目类型是否以居民需求为依据;关注服务质量及居民对服务的满意程度;为社区提供居民参与、意见反馈和质询的平台;向社区公布评估结果;等。

(2) 4E指标。4E指标源自行政绩效指标,即经济指标(economy)、效率指标(efficiency)、效益指标(effectiveness)和公平指标(equity)。

经济指标考察社区公共服务的提供者在社区公共服务建设中的资金筹集及使用情况,目的是控制成本,合理支出。对政府而言,经济指标包括政府通过直接提供和间接提供(即通过购买服务方式或其他符合规定的方式提供)社区服务项目投入的资金,如基本公共服务项目支出、社区工作者薪资福利、社区服务设施运营经费、社区信息网络建设经费等。这些资金出自政府公共财政,需列入财政预算并在运作中强调公开透明。此外,经济评估还要求财政投入与地方经济社会发展水平相适应,实行动态调整。对社区组织而言,经济指标主要考核社区组织(包括物业公司)在社区服务建设中的资金投入和使用情况,如房屋管理及维护经费、环境卫生管理经费、社区文化建设经费、车辆管理经费等。这部分资金或实行市场化运作,通过社会资本筹集,或来自居民或业主共同出资,无论哪种筹资方式都要求公开透明,与居民支付能力相适应。

效率指标考察社区公共服务的提供者在一定时间内所完成的公共服务项目数量,是从产出角度衡量社区公共服务投入、运作及其社会效果等数量方面的测定指标。效率指标的建构需要将社区公共服务建设取得的成绩进行量化考核,要求社区公共服务供给既是经济的,又是有效率的。

效益指标考察社区公共服务的提供者为满足居民的服务需求而进行的各项投入与所取得的社会经济成效之间的比例关系,其中最重要的是社会效益,即社区公共服务只要满足了居民需求,产生了良好的社会影响力,传递了社会正能量,那么该项服务的社会效益就实现了。以政府购买为例,如果一项政府购买的公共服务项目既能让政府感觉"物有所值",又能让作为消费方的公众感觉满意,那么其就产生了社会效益。效益指标可包括社区秩序维护、社区居民就业率、社区居民人均绿地面积等。

公平指标主要针对基本公共服务供给，考察政府在不同社区之间以及同一社区内部提供基本公共服务的过程中是否能够贯彻公平原则，是社区居民在享有社区基本公共服务时得到公正公平的对待，同时也考察政府是否对社会弱势群体和特殊群体给予适当照顾。公平评估要求政府在履行基本公共服务职责过程中对享有基本公共服务权利的公民一视同仁，充分体现基本公共服务的基础性、福利性、均等性。

（3）质量指标。质量指标主要考察社区公共服务的提供者能否以较高标准来提供服务内容，为社区居民提供优质高效的服务。质量指标不仅要关注社区公共服务提供的过程，更要关注服务的最终结果。质量评估指标包含社区公共服务的决策质量指标和具体服务供给的质量指标。涉及服务内容及确定程序；服务及时性与准确性；服务态度的好坏；服务承诺的实现；服务提供的透明度；服务提供速度；服务品质；服务人员的素养和专业性等。

关于公共服务的质量评估，还可以考虑引入 ISO9000 标准，通过全面质量管理的理念对公共服务部门提供的公共服务进行质量管理体系建设。将标准的方法融入到政府的管理体制中①，不啻为社区服务评估体系的一种新思路。

2. 现状及问题

社区公共服务绩效评价是国家推行社区公共服务建设的一项重要政策。国务院在《关于加强和改进社区服务工作的意见》（国发〔2006〕14号）中明确提出，要加强对社区服务活动的监督管理，建立健全反映社区服务设施、服务管理、居民需求及满意度等工作评估体系。2012年以来，国务院先后印发《国家基本公共服务体系"十二五"规划》（国发〔2012〕29号）《"十三五"推进基本公共服务均等化规划》（国发〔2017〕9号）和《关于建立健全基本公共服务标准体系的指导意见》等文件，明确把"群众满意"作为基本公共服务均等化规划的指导思想之一，同时要求完善各级各类基本公共服务标准，构建涵盖国家、行业、地方和基层服务机构4个层面的基本公共服务标准体系，定期开展基本公共服务需求分析和社会满意度调查。实践证明，开展社区公共服务绩效评价，不仅有助于提升社区公共服务供给能力，而且有助于加强政府、社区组织与居民之间的沟通和联系，赢得信任，增进感情。

当下中国社区公共服务绩效评价体系建设相对滞后。具体表现在：一是绩

---

① 参见王树文：《我国公共服务市场化改革与政府管制创新》，人民出版社2013年版。

效评价的主体较为单一，主要是上级政府对下级机关或职能部门内部评估，社会监督和制约较少，社会公众及第三方评估机构的评估主体地位被普遍轻视或忽视；二是绩效评价的指标体系更多指向上级政府，向下机制不健全。社区公共服务在供给上更依赖于上级政府的激励和约束，测评指标多"重效率轻效益，重有形轻无形"，反映基层政府诉求和群众满意度的指标过少；三是以社区为单位的绩效评价较少，即使被纳入政府绩效管理体系中，也存在指标权重过小的问题；四是绩效评价的方式限于"评比式"评估、"运动式"评估，尚未形成制度化、常态化、法制化，随意性过大；五是绩效评价的结果运用不理想，评估结束后缺乏相关的激励政策，处罚机制也不完善，降低了评估的有效性。

究其原因有二：一方面，社区公共服务体系是伴随政府公共服务向社区延伸而逐步建立起来，在政府公共服务体系中，社区公共服务处于整个公共服务供给链条的末端。而目前政府绩效管理还处于试点和摸索阶段，这项工作推进到社区需要一个过程。另一方面，社区公共服务绩效评价是一项复杂的系统工程，需要政府、社区组织、居民共同参与，并在服务内容、服务方式、服务标准等方面形成共识。在这一共识还未达成之前，社区公共服务绩效评价很难向前推进。

（二）监督问责体系

监督问责指依法对责任主体在其管辖范围内应承担职责和履行义务的情况进行监督，并对否定性后果予以责任追究。社区公共服务的问责与监管应以绩效评价机制为基础，围绕社区公共服务主体的责任承担、资源投入、服务过程与服务质量、服务效率、服务改进等方面开展实施。

从监督问责的对象来说，涉及服务的提供者（政府或社区自治组织）、生产者（社区服务站或物业公司）和接受者（社区居民）三方。根据2004年世界银行提出的公共服务问责机制分析框架，上述三方构成公共服务的"问责三角"关系[1]，并形成四种基本的问责机制，即服务接受者与服务提供者之间的"表达"机制；服务接受者与服务生产者之间的"供给"机制；服务提供者与服务生产者之间的"协议代理"机制；以及服务提供者内部的

---

[1] 参见傅金鹏：《我国公益性社会组织提供公共服务的问责逻辑》，复旦大学2012博士论文年。

"管理机制"。

监督问责的环节应贯穿服务供给的全过程。即包括：在决策前对社区公共服务提供者所进行的服务需求调查、信息通报和前期论证行为进行评估；在公共服务供给过程中对社区公共服务的生产、提供的具体服务行为及其表现（包括服务态度）进行的评估；对公共服务行为完成后进行的反馈和质询。通过监督问责机制，政府和社区组织应就其社区公共服务的决策、行为和结果进行解释，如发生失职或失误，须据此接受相应惩罚。

《"十三五"推进基本公共服务均等化规划》（国发〔2017〕9号）明确将绩效评价和监督问责机制列为公共服务整体性制度安排的组成部分，并提出强化过程监管和民主监督。但目前最大的问题是多头监管和形式监管。首先，社区公共服务供给由相应的政府机关分头负责，部分存在职能交叠、权限模糊的情况。如，"医"和"养"是产业链上完全不同的两个行业，但"医养结合"的监管由卫健委和民政同时负责，遵循两套监管体系，涉及医疗费用报销等又由医保局负责。当社区公共事务涉及多个责任主体时，部门各自为政或互相推诿，很容易形成监管漏洞。其次，监督考核的方式以目标责任制为主，监督考核的依据以被监管对象自己总结的信息为准。下级出于美化自己的目的对成绩夸大而对失误隐瞒或弱化，上级又没有动力对实际情况进行了解核查，这样一来，监督考核只是流于形式，难有成效。

（三）评价与问责体系建设要点

1. 绩效评价

关键是建立两个体系：一是财政资金使用效率评价体系；二是建设和使用效果评价体系。

财政资金使用效率评价体系侧重于经济性评价，即公共服务的成本、效率与效益。这一评价重在看该服务项目是否属于财政支持范围以及财政支持的风险。不同阶段的评估重点不同：事前评估重点要看可行性以及是否属于财政资金支持范围；事中评估的重点是建立"止损"机制，纠正执行中的"错位"和资金的"跑冒滴漏"；事后评估的重点是要形成对后续预算资金安排的硬约束。

建设和使用效果评价体系侧重于社会性评价，即公共服务的品质、公平性、便利性与充足性。不同阶段的评估重点有所区别：事前评估重点看服务方案的可行性与公共服务的目标契合度；事中评估的重点是服务的动态绩效，以及被服务对象满意度。通过对服务绩效的动态监测和管理，帮助社区组织建立内部管理绩效和持续改进机制。

2. 监督问责

政府是社区公共服务责任主体，监管应以行政问责机制为切入点。实施督查通报制度，及时反映工作进度和实施情况；定期编发均等化工作专刊，对各级政府和职能部门履职情况进行动态监测、评价；将基本公共服务均等化纳入县、市（区）党政领导班子、各职能部门主要负责人政绩考核范围，强化内部激励和约束。

社区社会组织是承接政府购买服务项目的主体，监管重点应在于"运营合法性"，尤其是筹资和交易行为的合法性，如民间资产的流向，以及政府购买中的套利行为。社区市场组织应由政府相关部门依法对其加强监督。

具体做法：一是建立第三方评估机构的选择机制，包括资质"门槛"与竞争机制；二是综合运用信息技术、感应技术、检测技术为主导的现代化查验手段，加强对政府购买服务合同履行情况进行监管；三是监督社会组织的服务行为与质量，经第三方评估认定的不合格者，政府有权按照既定程序扣减或停止对相关服务的资助；四是建立服务机构、从业人员、服务对象信用记录，将服务质量等信息纳入全国信用信息共享平台，并在"信用中国"网站公示，加强守信联合激励、失信联合惩戒。

第二节　城市社区服务主体联动方式

社区服务的主体联动可以从四个方面来理解：一是主体多元化。政府、社会组织、市场组织、公众等都可以是行动的主体，既相互配合，又各自发挥优势；二是目标一致性。以共同目标为动力，通过组建灵活的协同治理网络达到共赢；三是协作性与机制性。各主体间不是上下级的控制关系而是平等的协作关系，主体间的权责、利益边界和行为规范通过机制明确；四是动态性。主体之间需根据时间、场所、领域的变化不断调整利益关系和互动方式，从而保持稳定的动态平衡。

新时代的城市社区服务，不仅需要政府加大投入与政策托底，更需要社会组织发挥灵活与专业优势，做好助力和补充。而如何界定政府、社会、市场三方角色，激发社会动能涌现与协同，却是城市社区服务体系建设面临的挑战。

一、城市社区服务多元主体

中国城市社区服务的主体由政府组织、自治组织、社会组织、市场组织及外围组织构成。其中，以街道办事处为代表的政府组织负责制定相关政策和服务标准，保障资金，生产和提供基础性公共服务；以居民委员会为代表的社区自治组织和社区服务类社会组织负责提供具有志愿性质的互助服务以弥补政府和市场供给的不足，同时承接部分公共服务；以商业企业和物业管理为代表的市场组织负责提供个性化、商业化的生活服务项目；以居民和驻区单位为代表的外围组织则提供资源支持。

社区服务多元主体之间如何协同联动，有赖于社区治理的制度环境、服务主体的组织化程度及其相互关系，尤其是政府主导与社区自治之间的博弈。社区服务主体间的关系可以归结为三种类型：

一是赋权关系。包括对街道办事处、社区居民委员会的赋权和对社区居民的赋权。前者表现为通过强化街道办事处的主导地位和扩大居委会自主权，调整二者的权力配置，基层政府在资金、人员、事务上给予社区更大的自由和支持，从而增强社区自治功能。后者表现为通过社区协商机制和民主管理，推动社区社会组织和社区居民，尤其是社区中的弱势群体，参与到社区事务中，从而实现政府、社区和个人的有效连接。赋权关系呼应国家角色的回归和社区自治。

二是契约关系。指政府以购买服务、外包等形式与社区社会组织或个人就某一项目或任务开展合作。这种关系以特定的项目或任务为中心，是一种弹性、动态、开放的连接方式。

三是组织式关系。指个人通过参加社区自治组织，借由社区自治组织与基层政府、社区居委会和其他社区组织的连接参与社区事务。组织式关系的通畅程度取决于社区自治组织本身的活跃度、组织领导的能力和能量，以及其与基层政府和社区的亲密程度。无论哪种关系，都致力于政府、社区、社会的有效连接，整合散落在社区的各种资源和力量，进而激发多元主体的集体行动力。

（一）街道办事处

街道办事处作为中国城市基层行政管理的末梢，是连接政府与社区的关键环节。依据《中华人民共和国地方各级人民代表大会和地方各级人民政府组织法》(2015年最新修订)第六十八条规定,市辖区、不设区的市的人民政府,经上一级人民政府批准,可以设立若干个街道,管理机构为街道办事处,是市辖区、不设区的市的派出机关。根据这一规定,街道办事处的属性是政府派出机构,不能直接行使行政权力;是政府授权机构,不能超越上级政府赋予的行政权限;是属地化管理机构,只能在辖区范围内开展工作;是政府的执行机构和办事部门,需承担具体工作的末端落实。

然而,自设立以来,街道办事处的有关权力关系和职责范围一直处于变动中。新中国成立初期,街道办事处被界定为不具有完全行政属性的基层行政组织,职能是协助区政府履职和为居民提供服务;改革开放后,街道办事处承担了大量从政府和单位剥离出来的行政事务,机构膨胀,职能超载,成为区下属一级的完全行政属性的"准政府"组织;社区建设时期,街道办事处开始兼具行政组织和社区组织的双重属性,其综合管理能力不断强化,除承担政府交办的有关事务、指导居民委员会工作、反映居民意见和要求三项基本工作外,还承担基层党建、城市管理、公共服务、社区建设、安全监督、应急管理、社会稳定、社会治安综合治理等多项职能。而与此同时,街道办事处并没有被赋予相应的法律地位以及独立的行政执法权和管理权限。现实中的权责不匹配,导致街道办事处缺位、越位、错位等现象十分普遍:一方面,街道办事处将许多本应由其承担的行政事务推给了居民委员会,挤压了居委会的自治功能;另一方面,街道办事处包揽了许多本应由社区自治组织和社会组织开展的文化活动、志愿活动和公益性活动,并通过经费来源、人员配置等方式直接干预这些组织的自主权利,严重影响了社区自治功能的发挥。

针对这一弊端,各地纷纷开展了街道办事处体制改革。主要路径有四:一是"由虚变实",即将街道办事处建成一级基层政府;二是"虚区实街",即将现有街道适当合并,扩大辖区面积后设政权实体,而将原区政府改为市政府的派出机关;三是"政社合一",即维持街道办事处派出机关的性质,强化综合管理职能;四是"大社区制",即撤销街道办事处,将几个小社区合并为大社区,由区政府直接指导社区工作。从理论上讲,第一种方式增加了一级政府层次,不符合行政组织扁平化的发展趋势;第二种方式制度改革的成本过高,可行性较差;第三种方式是街道办事处的理想建构,但依赖于政府赋权和职能转变,且无法回避街道办事处"权责不符"的现实;第四种方式既有利于服务资源下沉，也减少了行政层级，但需要一系列配套改革的支持，否则大社区只能成为街道办事处的替代品。综上，街道办事处体制改革是牵一发动全身的综合性改革，须结合本地政策规定和辖区特性、公共责任和公共需求，合理定位自身角色，明确主体责任和行动范围。科学定位街道职能，是理顺社区组织网络的前提。

（二）社区党组织

社区党组织是党在社区的基层组织，它不是经济组织和行政组织，也不是一般的社会群众团体。社区党组织成员由社区党员大会或党员代表大会选举产生，在街道党工委的领导下开展工作。

社区党组织是社区组织的领导核心。主要任务是理顺组织关系，整合组织资源。具体职责包括：宣传执行党的路线方针政策，组织干部群众依照上级决策部署完成社区工作；讨论并决定本社区建设、管理和服务中的重要问题和重大事项；领导社区居委会、社区服务站及群众组织，支持和保证其依照各自章程开展工作；联系群众、服务群众、宣传群众、教育群众，凝聚群众力量参与和谐社区建设；指导、组织、协调社区社会组织党组织、新经济组织党组织和驻区单位党组织开展党建工作；社区党员教育管理工作。

（三）社区服务组织

社区服务组织是政府在社区层面设立的非营利性公共服务平台，有社区服务站和社区工作站两种形式。社区服务组织在街道办事处的领导和政府职能部门的业务指导下开展工作，同时接受社区党组织领导和社区居委会的监督（或指导）。其职能包括：代理代办政府下沉到社区的公共服务；协助社区居委会开展社区公益服务；充分利用社区资源，组织开展便利服务；培育壮大社区公益性服务组织，支持引导社区社会组织发挥作用；定期向街道办事处、社区党组织（以及社区居委会）汇报工作，接受监督和评议。

社区服务组织是与社区居委会并立的、专门承接政府公共服务的社区平台。其设立的原初目的是为厘清政府、街道、居委会、服务站等组织角色。但从长远看，无论是"居站分离"还是"居站合一"，都只能作为一种过渡性制度安排：前者在实际工作中存在职能错位、越位、不到位等现象，容易导致互相推诿；后者由于在任务职责、人员、经费、办公场所等方面没有明确分开，容易导致居委会自治职能与协助政府履行公共服务的职能交叉混合。

二、城市社区服务中的政府组织

中国社区服务建设始于政府倡导。政府凭借其强大的行政权力、财政资源和组织资源，成为社区服务的整体规划者、制度建设者、资金供给者和监管者：一方面通过科学合理的制度建设，为社区服务提供有利的发展环境，规范发展方向；另一方面，通过资源分配、财政投入、设施建设等手段直接支持社区服务发展。

三、城市社区服务中的自治组织

社区自治组织是社区居民通过平等协商、信任合作的方式自主结合在一起，共同解决社区公共事务、实现社区利益最大化的地域性自治组织[①]。其特征有三：地域性，即社区自治组织只能在一定的区域范围内、面向本地区成员提供服务；排他性，即社区自治组织享有依法自主处理社区事务的权利，不受其他社会组织或个人的非法干涉；相对性，即社区自治是在党的领导和政府指导下、在社区成员监督下、在法律允许范围内的自治，社区自治组织应在这个框架内活动。

社区自治组织的自治功能体现在自我管理、自我教育、自我服务、自我监督。

"自我管理"指社区居民依法享有自主处理公共事务的权利，包括对自治组织的财务管理、人事任免以及社区事务的管理等。在财务管理上，社区成员享有社区公共财产的管理和收益分配权，居委会有责任维护和管理社区财产，定期公开财务账目；人事任免上，居委会及下设居民小组（如楼委会、院委会、楼门自治小组等）成员均由本居住地区居民依法选举产生，社区代表大会对居委会成员拥有依法罢免和撤换的权利；社区事务管理上，社区代表大会制定《居民自治章程》或《居民公约》，在居委会引导下依法依约自我管理。社区代表大会有权对涉及社区成员利益的重大事项进行民主决策、听证、协调和管理，确保居民合法权益。

"自我教育"指自治组织通过宣传法律法规和国家政策，提高居民法律意

---

① 解红晖：《我国城市社区自治组织研究综述》，载《宁波经济（三江论坛）》2013年第12期。

识；通过宣传好人好事，倡导尊老爱幼、邻里互助，提高居民公德素养和志愿风尚；通过社区矫正制度，开展青少年违法犯罪预防干预，劳教、刑释人员定期帮扶；通过社区治安综合治理活动，调解纠纷，维护治安。

"自我服务"指自治组织依托社区服务组织开展社区公共服务，力所能及提供公益性服务。具体包括：倡导并组织开展邻里互助活动；建立社区志愿者协会，壮大社区志愿者队伍；建立社区专职工作者队伍，提供专职服务；兴办便民服务事业，提供非营利性生活服务。服务涵盖就业指导、计划生育、环境卫生、低保优抚、科教文体等不同层次。

"自我监督"指自治组织的人员、机构、运行等均受到社区成员监督。自治组织成员由社区成员民主选举产生，其权利来自社区成员，因此其履职行为应对全体社区成员负责，自觉接受监督；社区成员有权对自治组织成员提出批评、意见和建议，有权对其履职情况开展民主评议，对有渎职行为的自治组织成员有权依法罢免。

中国社区自治组织分为两类：法定自治组织和民间自治组织。前者由行政力量推动，具有半官方性质，如社区居民委员会；后者属于民间自发组织，如业主委员会。这些自治组织扎根社会基层，不仅能够为社区成员有效有序参与社会治理提供途径和平台，而且通过发动群众为公共事务凝聚个体力量，成为社区管理和服务的生力军。

（一）社区居民委员会

社区居民委员会是得到政府承认并接受其指导的基层群众性自治组织。群众性表现在其成员由社区居民选举产生，不分民族、种族、性别、职业、文化程度、财产状况、宗教信仰等都可参加，其工作面向社区每一位居民；自治性表现在其依法享有一定的自主权和自决权，不受国家强制力干涉；基层性表现在其是设立在国家最低一级行政区划下的社会组织，直接面向群众，是国家政策落实的终端。据民政部统计，截至2020年底，全国基层群众性自治组织共计61.5万个，其中村委会50.2万个，居委会11.3万个，居民小组123.6万个，居委会成员61.6万人[①]。社区居民委员会是中国城市最为普遍的基层社会组织。

社区居委会兼具"官""民"双重身份。从法律定性上来说，社区居委会

---

① 民政部：《2020年民政事业发展统计公报》，2021年9月10日。

是群众性自治组织，但在实际运作中却带有强烈的行政色彩。表现在：首先，社区居委会的工作重点不是居民自治工作，而是街道指派或委托的任务以及政府职能部门交办的行政事项。"上面千条线，下面一根针"，大量具体事务性工作需要居委会落实完成，根本没有时间和精力开展自我服务；其次，居委会虽承担了大量行政事务，但并没有实现"费随事转"，特别是专职居委会人员的工资发放、社会保险等经费均来自上级政府财政拨付，其活动经费、人员配置、组织体系等都严重依赖基层政府。加之居委会自我造血能力匮乏，因此在与政府（街道）的博弈中只能处于被动。

（二）业主自治组织

业主自治组织包括业主大会和业主委员会。其中，业主大会是全体业主组成的会议式决策机构，享有物业管理事务的决策权和监督权。业主委员会是业主大会的执行机构，执行业主大会的决议并依法履行管理职责。2021年1月1起施行的《中华人民共和国民法典》，对业主大会和业主委员会成立的具体要件、程序要求均作出明确规定。

业主大会和业主委员会是建立在房屋产权私有基础上的物业区域内的业主自治性组织[1]，其法律地位在由2007年出台的《物权法》（2021年1月1日废止）中就已经确立。业主可依法设立业主大会，选举业主委员会，后者代表业主在本物业区域内依据"民主、自治、自律、公益"的原则对物业实施自治管理。具体职责包括：召集业主大会会议，报告物业管理实施情况；代表业主利益，反映业主诉求；依照市场规则聘请物业管理企业，对房屋及配套的设施设备和相关场地进行维护和管理；协助和监督物业管理企业和其他管理人员履行物业服务合同；监督实施业主公约。业主委员会接受地方政府房地产行政主管部门、街道办事处和社区居委会的指导与监督。

（三）其他自治组织

社区居民会议也称社区代表大会，是社区居民依法行使民主管理权利的组织形式。社区代表大会由社区居民代表民主选举产生，一般不接受行政干预。社区居民会议的职能是社区民主管理，具体包括：制定和修改《居民自治章

---

[1] 参见李伽：《探索不完全契约条件下的社区组织体制构建》，上海师范大学2004年硕士论文。

程》和《居民公约》；讨论、决定社区发展规划，并监督实施；听取、审议社区居委会年度工作报告和财务收支报告；监督检查社区委员会工作，并进行民主评议；依法罢免和补选居委会成员；讨论涉及社区居民利益的其他重大事项。

社区管理委员会是半行政化的社区管理自治组织，接受街道办事处授权，代行部分政府管理职权。社区管理委员会由社区成员民主选举产生，其职能范围在社区居委会的基础上增加了监督和协调，特别是可以监督社区组织和单位在社区服务中的履职情况。2000年深圳试行以社区管理委员会取代社区居委会，而在有的城市，社区管理委员会只是社区居委会的下属机构。

社区理事会是基于社区协商治理理念发展起来的民非组织。社区理事会成员由社区党组织、社区居委会、辖区单位、物业公司和居民代表推荐、自荐，后经选举产生。社区理事会以社区居民自主应对和协商解决社区公共事务为宗旨，主要职能包括：定期召开理事会成员会议，针对社区日常公共事务、社区发展规划以及社区内各类重大事件、突发事件等展开协商；招募组建志愿者队伍，开展各类公益活动；及时听取收集群众意见建议，及时监督、反映社区存在的问题。

无论是社区管理委员会还是社区理事会，都是社区在现行体制下组建的"半行政化"的新型管理组织。其一方面隶属于街道办事处，接受工作指导，承接管理职能；另一方面又是社区组织的核心：政府职能部门通过它提供公共服务，驻区单位通过它来参与社区事务、提供资源，物业公司通过它来明确服务职能，居民委员会、社区服务站等接受它的工作指导。在这种模式下，政府虽然按照政社分开的原则不再直接干预社区事务，并积极培育民间力量参与服务供给，但仍在政策资源、物资资源上占据绝对优势，社区管理委员会或社区理事会不能完全独立发展；同时，作为社区自治组织的居民委员会仍处于被指导的地位，无法实现其"自我管理、自我教育、自我服务"的法定功能。

四、城市社区服务中的社会力量

（一）社会组织

社会组织是以公民为主体的自治共同体。在中国，具有明确法律地位的社会组织有三类：社会团体、民办非企业单位、基金会。2017年12月，民政部

第六章 构建新时代城市社区服务体系

下发《关于大力培育发展社区社会组织的意见》（民发〔2017〕191号），要求"加快发展生活服务类、公益慈善类和居民互助类社区社会组织，重点培育为特定困难群体服务的社区社会组织"，并提出"对民生保障、社会治理、行业管理等公共服务项目，同等条件下优先向社会组织购买"。在这一政策指引下，社区社会组织迎来大发展，更多社会组织项目落地需要与社区服务结合。

当前活跃在社区层面的社会组织，可以划分为三个层次：第一层次是依照其性质，划分为"服务型、公益型和兴趣型"；第二层次是依照其来源，划分为"外来进驻型"和"内生孵化型"；第三层次是依照其业务的复杂程度，划分为"专业型"和"普通型"。其中，专业型社会组织因拥有某个方面的专业技能或资质，能够在公益慈善、公共事务和特殊群体服务领域开展活动，例如，困境人群的心理干预、社区矫正、法律援助、助医康复等。同时，专业型社会组织也能够适应社区服务由"补缺"向"定制"的转变，以公众需求为导向，提供个性化、差异化、多样化的优质服务。

社会组织是社区服务重要的生产者和直接提供者。基本公共服务下沉到社区，社会组织依托其专业技能，承接政府购买的基层社会服务项目或直接提供服务。但目前其服务能力和水平亟待提升。从目标人群来看，社会组织关注的重点是老人、残疾人、儿童、妇女等特定群体，还没有将普通居民的多样化需求纳入主要活动范围；从服务领域来看，社会组织主要集中在生活服务类、公益慈善类和文体活动类，而居民互助类、社区发展类领域的社会组织十分有限；从组织形式来看，作为社区服务主要提供方的社会服务机构（民办非企业单位）占比超过四分之三，而作为社会资金的"蓄水池"和社区社会组织的重要资金支持平台，社区基金会在全部社区社会组织中的比例较低。

究其原因，一是参与机制错位。国家政策虽多次提出发挥社会组织作用，但对社区社会组织参与社区建设的方式和程度缺乏细化，实践中，社区社会组织的活动多由街道办事处或居委会安排，参与方式被动，社会组织的参与热情无法充分发挥。二是行政依赖。社区社会组织一方面需要通过向政府靠拢寻求"合法性"，另一方面需要通过政府资助或购买服务项目获取资金资源，这使得社区社会组织更倾向于从政府需求而不是社区需求出发，确定服务项目和领域。三是自身实力不强。社区社会组织普遍规模较小、结构松散、专业程度不高，难以获得政府和居民的认可。

案例：桃源居社区公益体系

桃源居社区公益体系由社区基金会、公益中心和社区组织组成，旨在通过公益与商业结合，助力社区发展。

桃源居公益体系的三大主体定位明确，紧密联系，彼此支持。社区基金会由开发商出资建立，负责组织"输血者"和"风险投资者"，进行资本运作并确保公益资本保值增值；公益中心负责管理社区组织和社区资产，并将取得的利润捐赠给深圳桃基会。同时以多种形式为社区组织提供场地、物资、资金和人才支持；社区组织分为有盈利能力的民非组织，如社区体育俱乐部、社区餐厅，和需要依靠资助生存的公益组织，如老年协会、妇女邻里中心。这些社区组织都直接为居民提供服务。

桃源居公益体系充分体现了社区商业与公益资源的整合。即将商业思维引入公益机构，用能盈利的部分（社会企业、公建资产运作）补贴不能盈利的社区组织，并通过资本和资产的集中运作实现收益最大化。与此同时，与通过商业手段提供社区服务不同，公益组织的活动更强调居民参与、自治和互助，这也在无形中增加了社区的社会资本[①]。

（二）市场组织

市场组织指以营利为目的，通过生产活动和市场交换为社会提供产品和服务的非公共组织。社区服务的市场组织指在一定的社区范围内，通过市场化途径和经营性手段为社区居民提供商业服务的社区服务性组织，包括社区老年公寓、社区私人诊所、社区便利店、社区私立幼儿园等。这些商业服务性组织以营利为目的，实行自主经营、独立核算，并具有相应的法律资格。与其他社区服务主体相比，商业服务性组织的重要特征在于依据市场经济原则提供有偿服务，其营利性是基于等价交换原则且在有序营利的普遍规制下建立的广泛社会联系，满足了社区居民个人的利益需求。社区经营性商业组织业务宽泛，通常与辖区政府签订协议，受街道和相关职能部门监督和规范。

此外，大中型企业通过无偿提供服务、出借资产或资源、向公益组织购买产品或服务等方式回馈社区，也是近年来社区服务的一个重要来源。以新冠疫

---

① 《社区基金会案例研究：美国经验与中国路径》，载新华网 http://www.xinhuanet.com/gongyi/2018-07/18/c_129905556_3.htm。

情为例,除捐款捐物外,大中企业还为社区抗疫提供了大量志愿服务和技术支持。其中,志愿服务包括:①结合企业业务和产品,鼓励员工参与志愿服务。如,奇安信公司派驻1200多名员工入驻一线,为近千家单位提供免费网络安全服务、应急协同与指挥平台和疫情上报系统。②依托专业人才和专业技术,开展专业志愿服务。如,强生集团邀请骨科人员组成志愿者团队,利用专业知识和专业设备打印、组装25套3D义肢,提供给肢残儿童使用。③开发线上志愿服务项目。如轻松集团联合30万医生开通线上健康咨询,免费提供全天24小时一对一问诊服务。④支持本地社区志愿服务。一种方式是通过与政府合作切入社区服务,另一种方式是联合社区社会组织切入不同服务人群。如联想公益基金联合恩派公益发起湖北省社区防疫志愿服务小额资助项目,对湖北省内登记注册的社会组织、志愿组织等提供支持。"企业+社区+社会组织"的志愿服务新模式促进了三方联动,更好实现了资源整合与共享。

新技术参与指企业利用大数据管理、科技算法、远程控制等技术优势,在病例收集、远程诊疗、分布式管理、物资供应等方面发挥作用。如,阿里云联合支付宝、钉钉推出免费智能社区疫情防控小程序,帮助社区完成出入登记、健康打卡、疫情通知等工作;腾讯推出电子出入证,通过线上远程办理、线下无接触核验,判断通行权限、记录体温、判别高危人群。

五、城市社区服务主体联动优化思路

中国社区服务组织体系面临的主要问题在于,一是如何在强化行政主导、扩大社区自治的基础上,实现两种力量的平衡与整合,二是如何培育壮大社区社会组织,扶持社区经济组织,扩大社会参与。

首先,理顺基层政府与上级政府的关系。即厘清街道办事处与上级政府职能部门的关系。第一,从街道剥离专业管理职能。凡主体明确的专业管理事项回归职能部门,实行垂直管理,条专到底。第二,从街道剥离行政执法职能。街道办事处不是一级政府不具有行政执法权,执法工作应由上级政府和执法部门管理,街道保留监督权。第三,加强街道综合管理职能,上级政府应将相应的权利和资源下放到街道,权随事走,责权利统一。第四,对于职能部门在街道设立的派出机构,其人员、编制、工作和日常管理、考核均下放到街道,由街道负责,其中专业性较强的机构接受街道和主管部门双重领导。

其次,理顺政府与社区社会组织的关系。第一,应明确政府与社区社会组织之间的关系是合作而不是依附。基层政府要充分尊重社会组织的主体地位，采用不同合作方式，促使社会组织参与社区服务；而社会组织也应通过内部建设和链接外部资源，增强自身能力，逐步弱化对政府的依赖和依附，尽量保持自主和独立。第二，政府应积极引导和支持社区社会组织发展。通过深化社会组织登记管理体制改革加强登记管理，通过购买服务、招标、外包、授权等形式加大支持力度，通过业务主管部门、社区、第三方评估机构等实行有效监管；而社区社会组织也需熟悉国家政策和政府部门的工作导向，结合自身发展目标并形成活动项目，通过专业化的服务取得政府和社区的认可，同时避免过度行政化。

再次，理顺政府与社区自治组织的关系。即以"小政府、大社会"为目标，厘清政府组织的行政管理权和自治组织的自治权边界，解决矛盾，协调互动。第一，明确二者的关系是"指导与协助，服务与监督"，而不是领导与被领导的关系。街道办事处应改变干预方式，减少行政性事务的随意摊派，同时，退出对社区微观事务的管理，只进行宏观指导，促进居委会回归自治组织的属性。第二，社区党组织应以更高的姿态参与社区建设，保证社区健康发展方向，推进重大事务集体决策，尽量不干涉社区具体事务。现在有的社区采取联席会议的方式，通过定期组织社区党组织、居委会、社会组织参与的联席会议，通报情况，调试关系，但无法解决组织之间在权力分配、制约、监督上的问题。

复次，理顺社区自治组织与社区社会组织的关系。居委会与社区社会组织之间应该是支持、培育、指导、监督、协调的关系。第一，居委会应转变观念，认可社区社会组织的发展，在社区建设中，积极寻求合作而不是指派任务；第二，对于比较弱小的社区社会组织，居委会应提供场地、经费等支持，尤其是对于社区内分散的社区志愿者，可帮助其形成组织，发展壮大；第三，帮助社区社会组织扩大影响，树立形象，使其得到居民认可。

又次，理顺社区自治组织内部关系。主要指居委会与业主委员会的关系。居委会是居民自治组织，业主委员会是业主自治组织，二者在职能上有所重叠，但代表的利益群体有所不同。在现实中二者关系较为紧张，有的业委会对居委会的监督指导不予理睬，有的居委会对业委会的自治功能进行压制打击。因此，第一，居委会要正视业委会的地位和作用，支持业委会为小区利益开展的维权行为，同时，对业委会无力解决的矛盾问题要及时介入，协助解决；

第二，业委会要主动接受居委会指导和监督，重大决策要提前与居委会沟通并听取意见，及时反映社情民意，积极参与居委会决策。在这一过程中，居委会要充分尊重业主的自治权，避免以"领导"取代"指导"，把业委会当成自己的传声筒。

最后，理顺社区自治组织与市场组织的关系。主要指居委会与物业管理企业的关系。社区居委会是居民自治组织，物业管理企业是一种专业管理组织，二者因管理交叉、利益争夺而发生矛盾。解决思路是：第一，坚持居委会在社区管理中的主导地位，明确社区居委会的法律地位和基础性作用是物业管理企业所不能取代也无法取代的；第二，居委会应将属于物业管理企业分内的繁琐事项（如环境卫生、下水道疏通等）交由其全权负责，居委会依据《物业管理条例》（2018年最新修订）对物业管理企业进行监督和指导，物业管理企业有责任及时采纳居委会提出的意见建议并进行改进；第三，居委会应与物业管理企业密切合作，各展所长。居委会拥有广泛动员、组织群众的法律依据，而物业管理企业具有管理小区的技术专长、设备条件和经济实力。

案例：老旧小区自治改造的嘉明模式

嘉明花园小区位于湖北省宜昌市西陵区，始建于2000年，共有八栋楼280户居民。作为一个集合了三个房企单位、人员结构相对复杂的"无主"老旧小区，改造前，嘉明花园存在乱搭乱建无人管理、脏乱差无人问津、邻里之间少有沟通、公共园地屡被瓜分、安全隐患比比皆是、安全治安事件频发等不良现象。为破解难题，小区采取党建引领、业委会主导、社会联动的形式，自筹资金、自拆违建、自己引进物业，探索出一条成功的老旧小区自治改造之路。

嘉明模式的成功经验如下：

一是在责任主体上，以多元共治为核心。业主委员会是社区自治的主体，它代表小区业主的利益和意志，行使业主们委托的权力和义务为小区治理服务；党政、行政为社区提供政策保障、组织保障、重大改造项目的经费保障及重大问题和矛盾的协调解决；物业企业则依据合同约定履行物业管理和服务，并捐助改造经费。此外，政府、社会、市场三元共治还体现在资金筹集上的"三个一点"，即财政资金投入一点、辖区单位支持一点、受益业主缴纳一点。

二是在运作中，讲究策略，以自治为主导。首先，业主委员会（最初为自治小组）以小区居民最关心的环境改造为突破口，在短期内取得明显成果并与大家分享,有助于取得居民信任。其次,针对不易统一改造的事项,采取个别楼栋先行试点的方式,分步推进,不冒进。再次,通过建立民主选举机制、民主议事机制、奖惩机制以及小区居民公约,保障小区自治顺畅运行。具体为:针对具体改造事项,由业委会形成初步方案,向全体居民公布并征求意见,再根据意见修改方案,大大调动居民参与的积极性和主动性;最后,小区以楼栋为单位划分责任区,通过组建党支部,鼓励社区党员自愿认领责任区,以党员干部为骨干,带动群众。

三是在保障上,以社区党组织、居委会、网格员为后盾。社区党组织抓党务,为业委会工作提供政策保障、组织保障、经费保障;社区居委会抓自治,协助业委会与政府及相关部门衔接,协调业委会与居民的关系;网格管理站抓公共服务,协助业委会落实改造方案的具体事项。

在嘉明花园小区的自治过程中,街道和社区退居幕后,而由群众选举产生的业委会成为社区活动的组织者和居民利益的维护者,真正实现了自我管理和自我服务[①]。

第三节　城市社区服务体系实践路径

以"以人为本,服务社区"为原则,构建涵盖常态服务与应急服务两个类别,基本公共服务、便民利民服务、志愿服务与专业服务三个层次,劳动就业、社会保障、医疗卫生、文教体育、法律安全、物业管理、便民商业等多个领域的新时代城市社区服务体系。通过理顺体制机制,将共建共享、多元参与、经济民生、大数据和"互联网+"等纳入城市社区服务体系,切实提升居民群众的获得感和幸福感。

一、坚持和完善基本公共服务制度

一是加快梳理政府"基本公共服务清单"。主要包括:清理行政审批事项、清理中介服务事项;规范审批流程、规范行政收费制度;遵循"复杂问题简单化、简单问题制度化、制度问题标准化、标准问题信息模块化"的原

[①] 参见谭志松、王小萍等:《城市社区微自治的嘉明模式》,华中科技大学出版社2017年第1版。

则，对原有服务流程的各环节设置"三问"：一是能否取消它？二是能否合并它？三是能否以更有效的方式取代它？

二是结合市情财力和地方特色，对清单内容增域加项、提标扩面，针对存在的问题、短板，有效供给。增加基本公共服务的领域范围或内容项目。在国家清单规定的九大领域81个小项的基础上，增加人居环境、社会服务、消费安全等民生热点。鼓励依据自身财力和需求，将部分接近基本层次的非基本公共服务纳入清单范围，如全民健身服务、快递投递服务等。提高基本公共服务保障标准，扩大覆盖水平。条件适合的情况下，特殊福利可转化为普惠福利。如，义务教育阶段的学生营养膳食补助可从特困地区农村扩大到全体农村乃至城乡全体学生；基本养老服务补贴从低保家庭80岁以上老人和重度失能老人扩大到全体失能半失能的65岁以上老人；就业技能培训补贴扩大到全体劳动人口；等等。

二、构建社区服务的多元供给机制

社区服务体系建设应有权责分工与成本分担。

一是厘清政府角色，多元主体参与。明确界定政府与社会组织的权责分工，形成清晰的权责预期；针对不同的社区服务事项选择"政府"提供抑或"市场"提供及其组合方式；引导和激励企业和社会组织参与社区服务的提供。包括孵化、培育非营利组织、慈善组织、社工、义工以及市场化组织。

二是激发社会组织活力。建立准入与退出机制，降低准入门槛、简化登记手续；建立专业性公益组织的孵化体系以及扶持其发展的公益创投资源平台；将小微企业的金融扶持政策实施对象扩大至社会组织，解决其融资难问题；改革社会组织提供公益性服务的收费政策，使其能够形成"自我造血"、自我发展的机制；规范社会组织内部治理结构，健全管理制度，提高社会组织之间的竞争程度；建立社会组织协会，发挥社会组织同业的评估、自律与监管机制。

三是完善决策机制。探索在重大民生决策和项目决策、实施过程中引入征询社会公众意见的机制，充分了解群众具体诉求，摒弃"强制服务""单一服务"和"随意服务"；借助政务微博、微信公众号等新媒体，构建多渠道、多层次的民主决策平台；完善社区公益事业建设一事一议民主议事机制，依照"民主决策、量力而行"原则开展项目，提高群众议事、定事、办事、管事积极性。

三、助推社区服务政策与资源联动

社区服务供给失衡表现在两个方面：一是不同区域居民能够享受到的社区服务在数量、种类与水平等方面有巨大的差距。二是农民工进城后依然享受不到城市居民所享有的基本公共服务。解决途径是通过制度设计、市场配置、技术创新"三位一体"，推动服务资源流转共享。

一是财政投入合理布局。明确经费拨付依据，建立经费统筹机制，提高薄弱环节投入比例。如，广东惠州基于共同户籍基础，精确测算各个区域各项公共服务项目的财政资金投入规模，并通过细分财政供给层次、控制相应预算安排，使项目之间不会此消彼长、相互影响，从而实现公共服务供给在各个区域、本地与外地户籍人口全覆盖。

二是建设项目统筹规划。结合不同区域的人口、地理和经济条件，"按需编制"地方规划；以节约资源、信息共享为重点，将社区服务设施建设规划与统筹城乡发展项目、灾后重建相结合，做到功能配套、共建共享，避免重复建设。

三是开放部分公共服务市场。通过政府购买服务、特许经营、贷款贴息等方式，吸引社会资本和民营资本参与基本公共服务生产和供给；探索促进民办养老院、民办医疗机构、民办幼儿园的地方性法规和制度政策；探索公办民营、公建民营。

四是推进全领域合作。完善自上而下的行政沟通体系，鼓励区域部门之间横向联系；建立跨区域信息资源交换共享平台，推进区域就业网、社保网、医保网等互通互认；推动社会保障有序衔接，做好流动人口社会保险关系转移和权益保障；推动教育资源、医疗资源合作共享，试点"巡教""巡医"制度做法。

四、建立可持续的社区服务投入机制

社区服务，特别是基本公共服务的"买单者"主要是国家财政。社区服务资源配置的多种失衡，其实质是公共财政支出结构的失衡。例如，中心城区财政收入快速增长，而郊区财政增收能力有限，事权多而财权小。解决这一问题的思路是"调结构""建体系"。"调结构"的关键在"摆平"各利益群体对立冲突的利益诉求；"建体系"旨在建设过程中进行"纠偏"。无论是"调

结构"抑或"建体系",关键都在于"钱从哪里来、用到哪里去"。

一是优化公共财政支出结构。遵循"循序渐进,逐步到位"的原则,继续提高社区公共服务支出占全市财政新增财力的比重,加大对贫困地区、薄弱环节和重点人群进一步配置倾斜;建立财政支付"止损"机制,不让资金"跑冒滴漏"。

二是合理划分市区两级政府事权与支出责任。按照"谁的财政事权谁承担支出责任"的原则,确定市区两级支出责任及承担方式、分担比例;将社区各项服务标准、支出责任、覆盖水平等指标和任务,分解落实到各部门和各地市(县);按照谁使用、谁负责的原则,对基本公共服务项目和部分非基本公共服务项目全面实施绩效管理,不断提高资金使用效益和社区服务质量。

三是拓宽资金渠道,引导和撬动社会资金投入。积极运用财政贴息、补助及奖励等方式,吸引社会资本参与社区服务生产和供给;推进政府购买服务、政府和社会资本合作PPP模式,通过合理定价、风险共担机制,吸引私人部门参与,共建学校、医院、公租房、养老院等公共服务设施;探索以政府信用为担保,通过第三方公司发行股票、债券,利用资产证券化融资模式,实现社区服务基础建设项目融资。

五、探索现代智慧社区服务方案

加快社区服务信息化建设,就是将移动互联网模式引入到社区服务体系建设中来,整合基层服务功能,延伸基层服务网络,推进服务下移和外部连通。

一是深化"互联网+政务服务"。建设社区服务信息平台,实现数据信息"集中采集、多方使用",在全市互联互通和无障碍传递;推动数字政府与数字社区融合,统一工作流程,实现政务服务系统(受理、审批)—网格化系统(巡查核查)—监管系统(执法整治)—服务系统(主动上门服务)数据互通与执行管理双闭环。

二是深化"互联网+生活服务"。围绕民生关切,深化就业医疗、为老为小等社区公共服务事项,推进"数字赋能+新基建提升";成立社区网站或论坛,提供社区在线服务;开发并推广升级面向老人等特殊群体使用的TV终端、小程序,推动养老服务、物资采购、物业服务等实现"网上办""掌上办";利用各种智能技术和方式打造集党务、政务、网格、综治、城管、物业、民生为一体的智慧社区。

三是构建线下线上虚实结合的互动服务模式。积极研发智能家庭网络服务接入终端，集成接入社区周边餐馆、菜店、商店、洗衣房、学校、银行、体育馆、物业等服务网点，实现线上便捷的下单、预约、配送以及咨询、救援等服务。

六、提升社区服务的应急水平

（一）提升社区应急管理能力

一是健全社区应急管理法律法规。加强基层应急管理立法，包括为基层组织提供应急预案的指引模板、应急操作的基本程序，将培训演练及应急物资储备纳入基层组织职责范围。明确应急状态下社区居民行动准则。推动突发事件政社协同机制法定化，确保社会力量参与应急管理有法可依、有章可循。

二是完善社区应急机构联动机制。建立社区应急处置队伍，定期组织日常演练和能力培训；在"三社联动"的基础上，发掘群众骨干，建立户长制、楼长制以及长效的社区志愿者队伍，以便平时服务、战时应急；赋予居委会一定的财务和物资调配使用自主权，建立应急物资和资金储备、使用制度。

三是加强社区应急网络和设施建设。在社区建设规划中融入防灾理念，提高安全设施的日常利用率。加强社区智能终端设备配发，提高电子政务覆盖率。推广社区防灾智慧系统试点，引入各类高科技应急预警产品。

（二）强化社区尺度的生活服务

一是落实社区薄弱点全覆盖。平时要形成针对老弱病残群体的常态化帮扶，并为特殊时期的救援和救助做好预案。重点关照高龄、失能、空巢老人和残疾人以及患有基础病的老弱病残、孕产、急诊患者等弱势人群，摸清底数，建立帮扶名册和服务项目清单，必要情况下指定责任主体一对一服务，避免极端环境下的孤岛效应。

二是组织社区互助、自我服务。社区居委会应转变角色，从"保姆"向"组织者"转型，深度动员群众，积极发掘与培育社区精英，帮助他们形成组织，最终提升居民自我解决问题的能力。与此同时，社区应基于可能存在的各类需求，建立与外部资源的常态化互动渠道，以便非常态时期能够及时响应。如，引入专业社工组织，提供心理干预与人文关怀。

三是鼓励发展社区商业等生活配套设施。通过政策优惠、财政支持等鼓励社区便利店建设。支持社区菜店、菜市场、农贸市场、生鲜市场标准化、规范化建设和改造，支持全程透明的农产品冷链供应链。积极推动本地生活服务数字化运营，整合实体店与线上资源，开展全渠道经营，同时探索社区无人零售、无接触配送等创新模式。

参考文献

中文著作

1. 费孝通：《学术自述与反思》，生活·读书·新知三联书店1996年版。
2. 徐永祥：《社区发展论》，华东理工大学出版社2000年版。
3. 黄序主编：《城市发展中的社区建设》，中国城市出版社2002年版。
4. 黄恒学，等：《北京社区公共服务建设研究》，中国人民大学出版社2016年版。
5. 朱步楼、廖进主编：《社会服务与社区发展》，学习出版社2000年版。
6. 唐忠新：《迈向和谐社会的社区服务》，中国社会出版社2005年第1版。
7. 周兵主编：《街道管理体制改革与社区服务模式创新——成都市锦江区莲新街道的实践探索》，中国社会出版社2018年版。
8. 林莉、王岩：《人力资源管理》，清华大学出版社2012年版。
9. 王树文：《我国公共服务市场化改革与政府管制创新》，人民出版社2013年版。
10. 谭志松、王小萍等：《城市社区微自治的嘉明模式》，华中科技大学出版社2017年第1版。
11. 钟君、刘志昌、陈勇等主编：《公共服务蓝皮书——中国城市基本公共服务力评价（2018）》，社会科学文献出版社2018年版。
12. 钟君、刘志昌、陈勇等主编：《公共服务蓝皮书——中国城市基本公共服务力评价（2019）》，社会科学文献出版社2019年版。
13. 张欢、蔡永芳、高娜：《社区基本公共服务标准化探究》，人民日报出版社2017年版。
14. 王世强：《社区服务项目设计（修订版）》，中国社会出版社2017

年版。

15. 吴理财等：《文化治理视域中的公共文化服务体系建设》，高等教育出版社 2016 年版。

16. 于大鹏等：《物联网社区服务集成方案和模式研究——智慧社区的建设与运营》，国防工业出版社 2015 年版。

17. 彭成京：《互联网+社区——本地生活服务业创业实操手册》，电子工业出版社 2017 年版。

18. 汪碧刚：《新时代 新生活——2018 中国智慧社区发展报告》，中国社会出版社 2019 年版。

19. 申建军、刘志勇等：《北京市行政服务体系建设研究》，首都经济贸易大学出版社 2010 年版。

20. 葛蔼灵、冯占联：《中国养老服务的政策选择：建设高效可持续的中国养老服务体系》，中国财政经济出版社 2019 年版。

21. 赵秋红、郗蒙浩：《非常规突发事件应急管理体系的组织设计——理论、方法与应用》，科学出版社 2018 年版。

22. 民政部社会福利司：《全国社区服务经验交流会议文件汇编》，1995 年版。

23. 国家卫生计生委家庭司：《中国家庭发展报告 2016》，中国人口出版社 2016 年。

24. 中国疾病预防控制中心：《亚洲减少灾害风险北京行动计划》，亚洲减灾大会 2005 年 9 月。

中文译著

25. ［德］滕尼斯：《共同体与社会》，林荣远译，商务印书馆 1999 年版。

26. ［美］罗尔斯：《正义论》，何怀宏，等译，中国社会科学出版社 2006 年版。

中文期刊

27. 陈建胜、毛丹：《论社区服务的公民导向》，《浙江社会科学》2013 年第 5 期。

28. 于燕燕：《政府在社区服务中的作用》，《北京社会科学》2006 年第

217

6 期。

29. 范元伟：《上海市社区服务建设研究》，《上海党史研究》1999 年 S1 期。

30. 唐钧：《关于城市社区服务的理论思考》，《中国社会科学》1992 年第 4 期。

31. 张之望：《创建新型城市社区服务体系问题研究》，《社科纵横》2009 年第 11 期。

32. 徐超：《公立民办养老机构冷热不均》，《华夏时报》2020 年 5 月 25 日。

33. 杨林、邵文娟：《空巢老人的社区服务网络构建研究》，《劳动保障研究》2018 年第 1 辑。

34. 郑新钰：《南京打造"最向往养老之城"》，《中国城市报》2020 年 11 月 2 日第 18 版。

35. 夏学鉴：《中国社区服务的内容体系、运行机制和其他》，《社会工作》1998 年第 1 期。

36. 杨寅、罗文廷：《城市社区公共服务的完善与改革——以上海市普陀区长寿路街道为例证》，《浙江学刊》2008 年第 5 期。

37. 高鉴国：《城市公共社区服务的性质与目标》，《泰山学院学报》2003 年第 2 期。

38. 张素娟：《国外减灾型社区建设模式概述》，《中国减灾》2014 年第 1 期。

39. 朱庆生：《社区是突发公共事件卫生应急的基础》，《中国急救复苏与灾害医学杂志》2015 年第 11 期。

40. 孙乐琪：《2015 家庭发展报告：中国家庭平均 3.35 人》，《北京晚报》2015 年 5 月 13 日。

41. 解红晖：《我国城市社区自治组织研究综述》，《宁波经济（三江论坛）》2013 年第 12 期。

42. 张海：《基层治理视域下城市社区服务发展的历史思考——以上海市为例》，《中国特色社会主义研究》2018 年第 4 期。

43. 段慧霞、国云丹：《居委社工站与社工机构的定位与区别——以上海市浦东新区社会工作的实践为例》，《中国社会工作》2009 年第 33 期。

44.《中国社会福利事业发展报告 1992 年白皮书》,《中国社会报》1992 年 10 月 13 日。

45. 刘祖云:《香港与武汉：城市社区服务比较》,《华中师范大学学报（人文社会科学版）》2000 年第 1 期。

46. 王义:《学习借鉴深圳社区服务经验助推城市品质改善提升攻势》,《青岛日报》2019 年 4 月 2 日。

47. 卢爱国、陈伟东:《"江汉模式"新一轮改革：破解基层社会管理的体制瓶颈》,《领导科学》2012 年第 13 期。

48. 修宏方:《城市社区服务的现实困境及对策分析》,《学术交流》2010 年第 8 期。

49. 常艺、王颖:《社区卫生应急体系的概念与应用》,《中国急救复苏与灾害医学杂志》2015 年第 11 期。

50. 中国青少年研究中心"流浪儿童问题研究"课题组:《我国城市流浪儿童的基本特征分析》,《中国青年研究》2008 年第 6 期。

51. 刘中一:《从西方社会机构托育的历史趋势看我国托育机构的未来发展》,《科学发展》2018 年第 3 期。

52. 钟晓慧、郭巍青:《人口政策议题转换：从养育看生育——"全面二孩"下中产家庭的隔代抚养与儿童照顾》,《探索与争鸣》2017 年第 7 期。

53. 蒋永萍、陈玉佩:《重建并完善婴幼儿托育公共服务体系》,《中国社会科学报》2018 年 6 月 27 日。

54. 秦旭芳、宁洋洋:《21 世纪我国托育服务政策的能力限度与突破》,《教育发展研究》2020 年 第 12 期。

55. 康克佳:《残疾人出行不容易，如何才能让他们"说走就走"?》,《中国城市报》2019 年 8 月 21 日。

56. 林卡、仲鑫:《北欧国家发展社区服务的经验和启示》,《浙江学刊》2008 年第 1 期。

57. 张俊、王正玲:《上海一号课题 探索超大城市社会治理新道路》,中国社会报 2015 年 1 月 16 日。

58. 张序:《公共服务供给的筹资机制：框架构建与有效性提升》,《西南金融》2015 年第 8 期。

59. 钮文新:《亚行：中国因新冠疫情损失或高达 1.6 万亿美元》,《中国

219

经济周刊》2020 年 5 月 15 日。

60. 刘东、何苗：《上海"一号课题"出台始末》，21 世纪经济报道 2015 年 5 月 28 日。

61. 本刊首席时政观察员：《上海一号课题勾画治城新攻略》，《领导决策信息》2015 年第 3 期。

62. IUD 中国政务舆情监测中心：《社会治理的上海一号课题是怎么做的》，《领导决策信息》2015 年第 5 期。

63. 陈婧：《疫情之下小店经济如何突围》，中国经济时报，2020 年 4 月 1 日。

64. 臧雷振：《美国、日本、新加坡社区参与模式比较分析及启示与借鉴》，《社团管理研究》，2011 年第 4 期。

65. 杨汀：《走进日本"居委会"》，《环球》杂志 2019 年第 23 期。

66. 王国枫：《我国社区服务的科学定位》，《黑龙江社会科学》2005 年第 1 期。

67. 罗萍：《略论社会转型呼唤社区服务发展》，《武汉大学学报（哲学社会科学版）》1998 年第 5 期。

68. 省委政研室、省民政厅联合调研组：《十年探索结硕果"江汉模式"誉全国——武汉市江汉区推进社区管理体制改革创新调查》，《政策》2010 年第 8 期。

69. 骆倩雯：《九成社区工作者学历为大专以上》，北京日报 2018 年 10 月 11 日。

网络文献

70. 澎湃新闻：《434 万人，在上海实名注册的志愿者超全市常住人口 17%》，2019 年 12 月 27 日，http：//finance.sina.com.cn/roll/2019-12-27/doc-iihnzhfz8744819.shtml

71. 罗争光：《我国已有社区社会组织 39.3 万个》，新华网 http：//www.xinhuanet.com/fortune/2018-11/22/c_1123754433.htm

72. 《我国户籍人口城镇化率提高到 44.38%》，光明网，2020 年 10 月 7 日。https：//www.sohu.com/a/423068853_162758

73. 桥头发布：《帮扶有我，"最多跑一次"改革精准助残》，2020 年 10

月23日，https：//www.sohu.com/a/426893949_782482

74. 李丹：《我省全面推进"量体裁衣"式残疾人服务模式》，《四川日报》2015年4月6日，http：//www.sc.gov.cn/10462/10464/10797/2015/4/6/10331776.shtml

75. 习近平：《决胜全面建成小康社会 夺取新时代中国特色社会主义伟大胜利——在中国共产党第十九次全国代表大会上的报告》，中国政府网，http：//www.gov.cn/zhuanti/2017-10/27/content_5234876.htm

76. 《新冠疫情之外，也不能忽视相关心理创伤!》，2020年4月12日，https：//www.sohu.com/a/387419741_351332

77. 代丽丽：《中国15年患病人数增加20% 八成居民从不做锻炼》，《北京晚报》，2012年8月17日，http：//news.sohu.com/20120817/n350903704.shtml

78. 《央视：我国家庭医生重点人群签约率达60%》，https：//www.dxy.cn/bbs/newweb/pc/post/41216963

79. 《国务院关于发展城市社区卫生服务的指导意见》，中央政府门户网站，http：//www.gov.cn/zwgk/2006-02/23/content_208882.htm

80. 汪培清：《福州"榕医通"累计服务345万人 新增6项惠民举措》，《福州日报》，http：//www.cnr.cn/fj/jr/20191104/t20191104_524843621.shtml

81. 《创新服务模式 提升居民获得感》，海医会全科医学分会2020年8月1日，https：//www.cn-healthcare.com/articlewm/20200731/content-1134601.html

82. 《一分钟诊所亮相人工智能大会：不用挂号排队，坐下就能看病》，澎湃新闻，2019年8月30日，https：//baijiahao.baidu.com/s?id=1643267297471390083&wfr=spider&for=pc

83. 《民政部举行2020年第二季度例行新闻发布会》，国务院新闻办公室网站，2020年4月24日，http：//www.scio.gov.cn/xwfbh/gbwxwfbh/xwfbh/mzb/Document/1678545/1678545.htm

84. 央视网：《国务院总理李克强：关注"一老一小"改善养老托幼服务》，2020年5月7日，http：//www.chinallsy.com/Index/show/catid/12/id/2993.html

85. 中国民政微信公众号：《目前全国事实无人抚养儿童保障工作的总体

情况如何?》，2021 年 1 月 25 日。

86. 智谷趋势公众号：《一场深刻改变商业逻辑的疫情：谁将没落？谁将崛起？》，2020 年 3 月 2 日。

87. 图说《2015 年中国儿童人口状况》，2018 年 6 月，https://www.unicef.cn/reports/highlights-population-status-children-china-2015

88. 程铭劼，赵博宇：《谁来拯救带娃最难的 2.5 岁》，《北京商报》2021 年 1 月 25 日，https：//www.bbtnews.com.cn/2021/0125/384473.shtml

89. 董志雯、轩召强：《共抗疫情 上海宝山这个"社会治理神器"如何发挥"关键时刻关键作用"》，人民网，2020 年 2 月 6 日，http：//sh.people.com.cn/n2/2020/0206/c134768-33770100.html；

90. 《上海："一网统管"防疫复工两手硬》，央视网（新闻联播），2020 年 2 月 13 日，http：//www.chinanews.com/sh/2020/02-14/9090989.shtml

91. 《社区基金会案例研究：美国经验与中国路径》，新华网，http：//www.xinhuanet.com/gongyi/2018-07/18/c_129905556_3.htm

92. 未来智库：《2020 年托育行业白皮书》，2020 年 4 月 14 日，https：//www.vzkoo.com/news/3324.html?pid=

93. 教育部网站：《2019 年全国教育经费执行情况统计快报》，2020 年 6 月 12 日，http：//www.moe.gov.cn/jyb_xwfb/gzdt_gzdt/s5987/202006/t20200612_465295.html

94. 《2020 年婴幼儿托育产业现状及发展趋势分析》，2020 年 9 月 20 日，https：//www.sohu.com/a/416094443_120663713

95. 周长奎：《残联三十年 改革再出发——在中国残联改革工作部署会暨机关干部"走转改"启动会上的讲话》，中国残联，2018 年 11 月 30 日，http：//www.cdpf.org.cn/yw/ldjh/201811/t20181130_642829.shtml

96. 中国残疾人联合会网站：《2019 年残疾人事业发展统计公报》，2020 年 4 月 20 日，http：//www.cdpf.org.cn/sjzx/tjgb/202004/t20200402_674393.shtml

97. 中国残疾人联合会网站：《2010 年末全国残疾人总数及各类、不同残疾等级人数》，2012 年 6 月 26 日。http：//www.cdpf.org.cn/sjzx/cjrgk/201206/t20120626_387581.shtml

98. 中国残疾人联合会网站：《2006 年第二次全国残疾人抽样调查主要数

据公报（第二号）》，2007 年 11 月 21 日。http：//www.cdpf.org.cn/sjzx/cjrgk/200711/t20071121_ 387540.shtml

99. 民政部网站：《2018 年民政事业发展统计公报》，2018 年 8 月 15 日；《2019 年民政事业发展统计公报》，2020 年 9 月 8 日；《2020 年民政事业发展统计公报》，2021 年 9 月 10 日。http：//www.mca.gov.cn/article/sj/tjgb/

100. 国家统计局网站：《2019 年国民经济和社会发展统计公报》，2020 年 2 月 28 日。http：//www.stats.gov.cn/tjsj/zxfb/202002/t20200228_ 1728913.html

101. 国家统计局网站：《中国统计年鉴 2015》《中国统计年鉴 2000》《中国统计年鉴 2020》。http：//www.stats.gov.cn/tjsj/ndsj/

102. 国家统计局网站：《2010 年第六次全国人口普查主要数据公报（第 1 号）》，2011 年 4 月 28 日。http：//www.stats.gov.cn/tjsj/tjgb/rkpcgb/qgrkpcgb/201104/t20110428_ 30327.html 国家统计局网站：《第七次全国人口普查公报（第七号）》，2021 年 5 月 11 日。http：//www.stats.gov.cn/tjsj/zxfb/202105/t20210510_ 1817183.html？qt＝%E7%BB%9F%E8%AE%A1%E5%B9%B4%E9%89%B4

103. 《钟南山领衔发文：不排除超级传播者，个别潜伏期超三周》，科学网公众号，2020 年 2 月 10 日，https：//wiki.antpedia.com/n-2355920-news

104. 《从四进社区到四到家园：武汉城乡协调发展纪实》，人民网-人民日报，2007 年 8 月 20 日。http：//finance.cctv.com/20070820/109342.shtml

105. MBA 智库百科：城市社区词条。https：//wiki.mbalib.com/wiki/%E5%9F%8E%E5%B8%82%E7%A4%BE%E5%8C%BA